ZauberPower

für dein unwiderstehliches Business
und Leben

Simone Herzog (Hrsg.)

1. Auflage

2022

ZauberPower

für dein unwiderstehliches Business und Leben

IMPRESSUM

Lektorat: Melanie Kocer

https://www.simoneherzog.com

https://www.herzog-hypnose.de

Im Buch befinden sich zum Teil Links, die auf andere Webseiten führen. Details zur diesbezüglichen Haftung finden sich am Ende des Buches.

Dieses Buch ist meinem besten Freund Dimi gewidmet, der leider viel zu früh von dieser Erde gehen musste.

INHALTSVERZEICHNIS

VORWORT

Wusstest du schon, dass in dir deine große ZauberPower steckt, dir dein Leben so zu kreieren, wie du es dir wirklich wünschst?

Ja, höchstwahrscheinlich weißt du es schon.

Doch jetzt kommt die Frage aller Fragen: Lebst du schon in allen Lebensbereichen danach oder gibt es irgendwo noch Luft nach oben? Ich glaube, dass wir immer die Möglichkeit haben für noch schöner und noch größer und noch glücklicher. Egal, wie toll unser Leben jetzt gerade schon ist.

Und das ist ja auch der Spaß daran. Immer wieder neue Träume und Ziele zu haben und wirklich ganz bewusst den Weg dahin zu genießen. Mir macht es sowas von Spaß, immer wieder größer zu kreieren. Und dir bestimmt auch, sonst hättest du dir ja nicht dieses Buch gekauft.

Was wäre, wenn du wirklich alles haben kannst, was du dir wünschst? Was möchtest du dir noch alles kreieren? Was erfüllt dein Herz wirklich?

Und eventuell hast du schon viele Bücher übers Manifestieren gelesen und bist jetzt auf der Suche, hier irgendwas Neues zu entdecken. Und ich möchte dir einfach mit auf den Weg geben, dass es doch gar nicht darum geht, immer wieder etwas komplett

Neues übers Manifestieren zu lernen. So viele sind immer wieder auf der Suche nach Advanced Tools, weil sie glauben, dass es doch irgendwo noch ein fehlendes Puzzlestück für sie geben muss, dass es auch für sie noch leichter funktioniert. Doch im Prinzip geht es ja darum, die einfachen Tools, die du kennst, erstmal wirklich anzuwenden. Sie zu leben. Sie zu sein. Integriert und gelebt sind die Dinge erst, wenn du schon gar nicht mehr darüber nachdenkst. Du lebst sie, du wendest sie an. Du bist quasi einfach die ZauberPower auf zwei Beinen.

Und dazu soll dieses Buch dich inspirieren. Es soll dich unterstützen, dass du dir ganz leicht noch viel mehr kreierst. Es soll dich daran erinnern, wie magisch du in Wahrheit bist. Und dass du jede Situation, in der du gefühlt feststeckt, verändern kannst.

Und eigentlich ist es auch gar kein Feststecken. Es ist im Prinzip nur eine Entscheidung, die als Nächstes anstehen würde, die du nur noch nicht bereit warst zu treffen.

Was ist da wohl noch alles möglich für dich, wenn du die Tools, die du hier in diesem Buch erfährst, lebst?

Wenn dich eine bestimmte Frage in deinem Leben beschäftigt, kannst du dieses Buch auch einfach als Inspirationsquelle für Lösungen nehmen. Stell dir in Gedanken deine Frage und schlag das Buch einfach auf einer Seite auf, auf der es sich gerade gut anfühlt. Ohne nachzudenken - einfach Buch aufschlagen. Und was, wenn genau auf dieser Seite die passende Antwort für dich ist, die Leichtigkeit in deine Situation bringen kann?

Jetzt gerade, wo ich diese Zeilen hier tippe, ist es um die Jahreswende 2021 zu 2022. Immer um diese Jahreszeit wird mir besonders bewusst, wie viele Menschen es auch gibt, die noch nichts von ihrer ZauberPower wissen. Sie leben ihr Leben wie im Hamsterrad und sind unglücklich. Sie gehen einem Job nach, den sie nicht mögen, haben einen Partner an der Backe, der nur noch nervt oder sie sind ständig in Angst und Bange, zu wenig Geld zu haben. Manche glauben halt, dass es auch einfach so ist. So ist das Leben halt. Nicht einfach. Oder sie glauben halt, dass sie es nicht verdient hätten. Andere hätten halt mehr Glück im Leben als sie. Man hält halt irgendwie durch bis zur Rente und dann wird es schon eventuell von alleine besser werden. Doch die ernüchternde Wahrheit ist: es wird nichts besser werden von alleine, wenn du nicht die Wahl dafür triffst. Es wird keiner kommen, der dich rettet. Schade eigentlich, gell?

Und was, wenn du auch gar nicht gerettet zu werden brauchst, denn du hast selbst in dir alles was es braucht, um dir das Leben deiner Träume zu kreieren.

Damit fängt deine ZauberPower an. Radikale Eigenverantwortung zu übernehmen für dein Leben. Niemand außer du ist für das Leben deiner Träume verantwortlich. Spür mal was für eine Power diese Einstellung in dir entfacht.

Und lange Zeit habe ich auch nicht meine ZauberPower gelebt. Ich wusste nicht von ihr. Doch seit ich sie entfacht habe, ist es einfach unglaublich, wie rasant schnell sich mein Leben verändert hat. Von geil zu noch geiler. Und dennoch fühle ich da geht noch so viel mehr. Für uns alle. Kribbelige Vorfreude auf alles was da noch kommt.

Und all diese Tools, die ich seit Jahren lebe und anwende, teile ich jetzt mit dir. Dazu findest du hinten im Buch noch 30 Gastbeiträge von Co-Autoren, die dir ebenfalls ein Beitrag sind, noch mehr deine ZauberPower zu entfachen.

Von ganzem Herzen wünsche ich dir, dass du so richtig glücklich bist und dass du dich traust, nochmal mehr für das Leben deiner Träume zu gehen und deine Ziele nochmal größer zu machen. Dieses Leben wurde dir geschenkt – schau, dass du was obergalaktisch Schönes draus machst, das dein Herz so richtig hüpfen lässt.

Deine

Simone Herzog

P. S. Und von ganzem Herzen Danke an meinen Partner Heiko, meine Mom, meine Geschwister Andy, Bine und Jürgen, dass sie mich immer unterstützen. Und all meine wundervollen Freunde und Kunden. Es macht einfach mega Spaß, mit euch gemeinsam zu kreieren!

DU BIST DEINE ZAUBERPOWER

Wieviel mehr Beitrag bist du sogar für deinen Partner/deine Partnerin und für deine ganze Familie, wenn deine ZauberPower aktiviert ist?

Wenn du einfach glücklich bist und dem folgst, was deine Seele wow findet?

Wieviel erfolgreicher und leichter könnte dein Business und Leben durch deine ZauberPower sein?

Damit fängt deine ZauberPower an: Dass du dir bewusst bist, dass alles, was in deinem Leben ist, von dir erschaffen wurde, und dass alles, was du dir wünschst, von dir erschaffen werden kann - das Gute wie das Schlechte.

Und das ist jetzt der Punkt, an dem vielleicht bei dir in deinem süßen Köpfchen eine Stimme losgeht: „Aber Simone ... xy habe ich mir bestimmt nicht erschaffen. Das waren die Umstände, das war mein Chef, wegen meinem Exfreund, dank meinen Kindern konnte ich halt nicht, die Politik…".

Ups, das ist gut, dass dir diese Gedanken jetzt aufploppen, denn dann kannst du genau in diesen Bereichen nochmal hinschauen.

Es gibt einen „Trick" wie du herausfinden kannst, wie du es erschaffen hast. Schreib dazu einfach auf, was du genau über diesen einen Lebensbereich denkst. Schreib einfach mal drauf los. Und du wirst etwas Faszinierendes feststellen. Du hast das im Außen, was du im Innen glaubst. Lass einfach mal alles aufs Papier fließen, was dir einfällt. Und oft sind es auch versteckte Glaubenssätze, die dir erstmal gar nicht bewusst sind.

Das Tolle ist, dass du das, was du bis jetzt darüber glaubst, ändern kannst. Du kannst ganz einfach neue Glaubenssätze für dich wählen.

Erst änderst du den Glauben im Inneren - dann ändert sich dein Außen.

Alles ist das, was du glaubst, dass es ist.

Und vielleicht denkst du dir jetzt „Ja das ist nix Neues." Dann kommt hier die magische Aufgabe für dich, dir jetzt mal speziell einen Bereich anzuschauen, von dem du glaubst, das habe ich mir aber so nicht kreiert. Ein Bereich, in dem es nicht so gelaufen ist, wie du es wolltest.

Diese Bereiche sind so unglaublich spannend. Denn in ihnen liegt krasses Veränderungspotenzial.

In welchem Bereich glaubst du, das hast du dir aber nicht selbst kreiert?

Der Partner, der fremdgegangen ist?

Der cholerische Chef, der dich einfach nicht befördert, weil er deine ausgezeichnete Arbeit einfach nicht zu schätzen weiß?

Die Krankheit?

Die fünf Kunden, die letztens storniert haben?

Deine VIP-Angebote, die sich nur schleppend verkaufen?

Wo und an wen hast du alles deine Macht, deine ZauberPower abgegeben?

Wen machst du immer noch verantwortlich dafür, dass es nicht so läuft, wie du es dir wünschst?

Ja ich weiß, du hast dich schon viel damit beschäftigt, schon viel aufgelöst. Doch vielleicht gibt es noch einzelne Bereiche, in denen du enttarnen kannst, wo du deine Macht abgegeben hast. Wieviel Magie würde es in deinem Leben wohl kreieren, dir da deine Macht zurückzuholen? Was wäre, wenn du genau diese Situation jetzt verändern kannst?

Genau deswegen hast du dir dieses Buch gekauft, um deine ZauberPower voll und ganz zu leben. Nicht nur in einem Bereich, sondern in ALLEN.

Du bist so unglaublich machtvoll.

Erinnere dich an die Kraft, die wirklich in dir steckt.

„Ich bin die Schülerin/der Schöpfer meines Lebens! Ich lebe meine ZauberPower!"

Und übrigens gibt es auch nicht, das ist ein Glaubenssatz und das ist keiner. Jeder Gedanke ist ein Glaubenssatz, den du gewählt hast. Wow. Das bedeutet auch, wirklich alles ist veränderbar.

KLARHEIT IST DEINE ZAUBERPOWER

Weißt du, was du willst?

In allen Bereichen deines Lebens?

Die meisten Menschen wissen das leider nicht. Sie geben sich mit den kleinen Brötchen, die sie backen, zufrieden. (Ups. Ist nur eine Feststellung. Hab das selbst früher so gemacht.) Sie erlauben es sich nicht, zu träumen und schon gar nicht ihre Träume noch größer zu machen. Und sie erzählen sich, dass es schon ganz ok ist so. Das ist soooooo schade.

Doch mega cool ist, dass du anders bist, denn DU wirst dir ein Leben so kreieren, dass es mehr als ok ist. Eins, das dich wirklich von Herzen erfüllt und dich glücklich macht. Dein obergalaktisch geniales Leben. Du bist schon losgegangen. Und jetzt darf es einfach nochmal genialer werden.

Denn es ist ein Unterschied, ob wir nur rumträumen oder ob wir wirklich den Mut haben, für unsere Träume zu gehen.

Und genau das ist der nächste Schritt zu deiner ZauberPower. Klarheit reinbringen, wo deine wundervolle Reise hingehen soll. Und dann dafür losgehen.

Du weißt jetzt, dass du dir alles kreieren kannst, dass du ein unglaublich, machtvolles Wesen bist.

Doch was willst du überhaupt?

Wo soll deine Reise hingehen?

Was lässt dein Herz hüpfen?

Was macht dich glücklich?

Aus was bist du längst rausgewachsen?

Was passt schon gar nicht mehr zu deiner neuen Energie und darf sich jetzt verändern?

Klarheit ist deine unglaubliche ZauberPower, die leider oft unterschätz wird.

Ohne Klarheit ist das, als wenn du in einer Bar sitzt und nicht weißt, was du trinken möchtest und dir der Barkeeper deshalb einfach halt irgendein Getränk vor die Nase stellt. Könnte sein, dass du das Getränk dann voll widerlich findest. Könnte auch sein, dass du es magst. Fühlt sich nach einem Glücksspiel an.

Doch mit der ZauberPower Klarheit nimmst du dieses Spiel selbst in die Hand. Du gibst ihm eine Richtung. Und du bekommst das, was du wirklich haben möchtest.

Mit deiner ZauberPower sorgst du quasi dafür, dass du immer deine absoluten Lieblingsgetränke vor der Nase hast und dass du dir nicht mehr irgendeine Plörre runterwürgen musst, die dir eigentlich gar nicht schmeckt.

Das ist es. Deine ZauberPower ist, dass du dir bewusst wirklich das manifestieren/kreieren kannst, was du dir wünschst. Das ist quasi advanced. (Weil doch immer alle nach den advanced Tools suchen. Hihi.)

Bewusstes Manifestieren ist advanced. Manifestieren für Fortgeschrittene quasi. Denn du kreierst und manifestierst so oder so in jeder Minute. Auch dann, wenn halt alles beim Alten bleibt, weil du keine neuen Wahlen getroffen hast.

Bist du bereit für advanced? Bist du bereit, dein Leben in die Hand zu nehmen?

Wirklich das zu haben, was dich glücklich macht?

Yes, ich glaube schon, denn sonst hättest du nicht bis hierher gelesen.

Und es kann sein, dass wir nicht immer Klarheit haben, was wir überhaupt wollen. Ist ja auch nichts Schlimmes. Mir geht's manchmal auch so.

In manchen Bereichen weißt du es vielleicht sofort, in anderen wiederum fällt dir nichts ein.

Dann erlaube dir einfach mal zu fühlen, welche Energie du in diesem Lebensbereich einladen möchtest.

Spüre, wie du dich fühlen möchtest.

Bestimmt weißt du sofort, was du nicht willst. Was wäre, wenn du das umdrehst und stattdessen formulierst, was du wirklich willst?

Manchmal, wenn mir in einem Bereich Klarheit fehlt, frage ich auch einfach: „Universum, kann ich jetzt bitte Klarheit haben?" Ohne Erwartung, was dann passieren muss. Und meistens kommen mir sofort danach Impulse und Ideen.

Erlaube dir rumzuspielen, einzutauchen in die unendlichen Möglichkeiten, die du hast.

Fange an, dich damit zu beschäftigen, was alles möglich wäre.

Nimm dir den Druck, dass sofort Klarheit da sein muss. Erlaube dir, sie Schritt für Schritt zu entdecken.

Die Frage: „Wie will ich es haben?" hat in den letzten Jahren mein Leben komplett verändert. Was würde es auch dir kreieren, wenn du diese Frage zu deinem ständigen Begleiter machst?

Wirkt auch Wunder, wenn mal eine Manifestation schief gelaufen ist. Irgendwas ist nicht so, wie du es wolltest. Etwas prasselt auf dich von außen ein, auf das du erstmal gefühlt keinen Einfluss hast.

Ja klar - nimm dir einen Moment, um dich aufzuregen. Das tut ab und zu uns allen gut. Und du weißt ja, dass jedes Gefühl einfach nur ausgelebt werden möchte. Und dann atme tief durch und stell dir die Frage: Wie will ich es haben?

Das verändert sofort was. Das holt sofort deine ZauberPower hervor. Denn du bist niemals machtlos. Du kannst es dir jederzeit umkreieren, so wie du es haben möchtest.

Gooooooo du magisches Wesen. Dafür, wie du es wirklich haben möchtest.

ACTION IST DEINE ZAUBERPOWER

Nur vom Rumsitzen allein hat sich noch keiner sein Traumleben kreiert. Ups. Ja ist wirklich so.

Und versteh mich nicht falsch, Nichtstun ist was echt Nährendes, Entspannendes. Sollten wir alle immer wieder machen. Einfach sein, die Gedanken schweifen lassen, genießen.

Und doch ist es einer der wichtigsten Punkte deiner ZauberPower: Wirklich in Action zu kommen. Zu handeln.

Leider hört es da bei vielen schon auf. Sie hätten gerne alles. Erfolg, Reichtum, erfüllende Beziehungen zu anderen Menschen, ein Business, das fünfstellige Einnahmen am Tag kreiert, ihr Traumhaus, ein schickes Auto, die tollsten Reisen usw. Und wenn es darum geht, dass sie dafür was anderes sein und tun dürfen als bisher, ups, dann sind sie schnell nicht mehr so begeistert. Dann sind die Ausreden schneller als alles andere. Oder viele erzählen sich, dass sie ja schon alles gemacht haben, aber es hat halt für sie nicht funktioniert.

Ähhhhhhhh, das glaub ich nicht. Du hast dann einfach nur zu schnell aufgegeben. Oft ist es nur ein mini Ding, was du noch hättest verändern dürfen oder eine andere Handlung, die noch gefehlt hat.

Denn wir dürfen etwas anderes sein und tun, als wir es bisher gewesen sind und getan haben. Wenn das nicht so wäre, hätten wir ja schon längst, was wir uns wünschen.

Was darfst du ab jetzt sein und glauben, dass das, was du dir wünschst, zu deiner Realität wird?

Was ist dein nächster Schritt, um dein Ziel jetzt zu erreichen?

Bist du bereit, alles zu sein und zu tun, was es dafür braucht, um deine Träume zu verwirklichen?

Und jetzt kann es auch sein, dass bei dieser Frage dir ein Nein kommt. Ist auch ok. Vielleicht ist es ja auch gar nicht unbedingt dein Herzensziel. Vielleicht hattest du es bis jetzt verfolgt, weil du dachtest, das macht man halt so. Ist bei allen aus meiner Familie so. In meiner Branche ist das so. Oder so ähnlich.

Wenn sich was ums Verrecken nicht manifestiert, stell nicht dich und deine Kreationsfähigkeiten in Frage, sondern dein Ziel! Denn du weißt, dass du instant manifestieren kannst. Hast du schon so oft gemacht.

Also ich glaube, wenn wir wirklich etwas haben wollen, dann sind wir auch bereit, Gas dafür zu geben, so lange, bis wir es haben.

Und schau mal, was Gas geben mit dir macht. Fühlt es sich stressig für dich an? Was, wenn Gas geben nichts Anstrengendes ist? Was, wenn's Spaß macht? Was wenn's leicht geht? Was, wenn du nicht mehr zu stoppen bist?

Zu welcher Handlung warst du bis jetzt nicht bereit, von der du genau weißt, dass sie dich deinem Ziel näher bringt?

Du könntest auch direkt das Buch weglegen und genau diesen Handlungsschritt jetzt machen, den du vielleicht schon eine Weile vor dir hergeschoben hast.

Und desto mehr wir unsere ZauberPower aktiviert haben, desto mehr wir unsere Magie leben, desto öfter wird es passieren, dass du wirklich sofort manifestierst. Du kennst das, du denkst an etwas und zack ist es da. Doch sei auch bereit, wenn etwas nicht sofort kommt, bis über die Ziellinie zu gehen, bis du es hast. Doch dazu mehr weiter hinten im Buch.

Gooooooooooooooooo!

Deine Intuition ist deine ZauberPower

Deine Intuition ist immer richtig.

Du weißt das. Sie hat dir schon so oft gedient. Sie hat dir schon so oft den Weg gezeigt.

Wieviel schneller und leichter würdest du deine Wünsche und Ziele verwirklichen, wenn du auf deine Impulse hörst, die dir deine Intuition schickt?

Vertraue ihnen! Setze sie um! Und in Momenten, in denen du im Flow bist, kann es auch sein, dass dir ganz schön viele Impulse kommen. Es könnte dich eventuell stressen, allen gleichzeitig folgen zu wollen.

Du könntest dir auch einfach die Frage stellen: „Ist der Impuls für jetzt oder für später?" - Und dir auch hier vertrauen, dass du die Antwort fühlen wirst.

So viele Impulse sind viel kraftvoller, viel stärker, wenn wir sie sofort umsetzen, weil die Energie, aus welcher der Impuls heraus kam, direkt mitschwingt, wenn du sofort umsetzt.

Doch gibt es auch einfach Impulse, die du ganz entspannt später umsetzen kannst.

Und dann gibt's auch verrückte Impulse, für die musst du dich ganz schön aus deiner Komfortzone raus bewegen. Die sind ganz schön ungemütlich. Dein süßes Köpfchen will dir reinrutschen und erzählen, warum der Impuls doch nicht so gut ist. Doch was, wenn du genau auf diese Impulse hörst? Kraaaaaass was das in kürzester Zeit für Wachstum für dich kreiert.

Eine Herausforderung, deine Intuition zu fühlen, kann sein, dass du vielleicht nicht immer klar fühlen kannst, ob es deine Intuition war. Manchmal vermischt sie sich auch mit Zweifeln und mit Glaubenssätzen. Ich kenn das von mir von früher noch, als ich in der Festanstellung war. Da hab ich oft gar nicht richtig meine Intuition wahrgenommen, weil ich oft so im Stress war.

Unsere Intuition kommt zu uns, wenn wir entspannt und ruhig sind.

Nimm dir Zeit, dein ganzes System runterzufahren. Dich zu entspannen. Dinge zu tun, die dir Spaß machen. Dinge, bei denen du dich gut fühlst.

Und vielleicht denkst du jetzt, ja das würde ich gerne, aber ich hab nicht so viel Zeit. Wenn du deine ZauberPower aktiviert hast, weißt du auch, dass du die Hüterin/der Hüter deiner Zeit bist.

Nur du alleine entscheidest, wie du deine Zeit verbringst.

Wo vertrödelst du noch Zeit, die du viel besser nutzen könntest?

FOKUSPOKUS UND DANKBARKEIT SIND DEINE ZAUBERPOWER

Alles, worauf du deinen Fokus legst, wird mehr.

Deine fokussierte Aufmerksamkeit ist also auch deine ZauberPower, wenn du sie auf die Dinge legst, von denen du mehr kreieren möchtest.

Wieviel mehr kannst du noch deinen Fokus darauf richten, was du und wie du es haben möchtest, statt dich damit zu beschäftigen und zu grübeln, warum etwas nicht funktioniert und was dich alles nervt und du nicht haben möchtest?

Darin liegt so eine enorme Power. Das ist der Unterschied in deiner Energie, die dich zum Sog macht oder halt nicht.

Das ist das, was du unbewusst aussendest.

Ist dein Fokus auf dem einen Kunden, der gerade abgesagt hat, oder freust du dich einfach über die 11, die jetzt im Kurs sind?

Regst du dich darüber auf, dass nur zwei Leute bei deinem Live-Video zugeschaut haben oder freust du dich, dass du heute zwei Menschen inspirieren konntest und außerdem weißt du ja, dass die alle vom Replay noch dazu kommen?

Das waren nur mal ein paar kleine Beispiele.

Sei verdammt nochmal ehrlich mit dir. Wo liegt dein Fokus noch auf Mangel, statt die Fülle zu sehen, die schon da ist?

Das ist wie ein Muskel, den du trainieren kannst.

Zuerst immer alles zu sehen, was läuft und dann den Rest. Du wirst immer mehr von dem bekommen, was läuft.

Wieviel dankbarer kannst du sein für alles, was du schon jetzt in deinem Leben hast? Du wirst immer mehr davon bekommen, für was du dankbar bist.

Und wenn du dich auf Shit fokussierst, wirst du noch mehr Shit bekommen. So einfach ist das.

Ich mach das zum Beispiel seit Jahren mit meinem Kreationsbuch. Ich schreibe mir dort fast täglich rein, für was ich dankbar bin, was mich erfüllt und gefreut hat, was meine Erfolge waren, usw. Auch die mini kleinen Erfolge. Es ist unglaublich, was mir das kreiert.

Ein komplett neues Lebensfeeling.

Und nein, du brauchst nicht unbedingt ein Kreationsbuch. Wichtig ist, dass du es so machst, wie es für dich funktioniert. So wie es dir Spaß macht. Irgendwas zu machen, nur weil jemand dir sagt, dass du es so machen sollst, kreiert meistens nichts. Du darfst deins finden.

Was würde dir Spaß machen, was würde dich unterstützen, dass du deinen Fokus noch mehr auf der Fülle deines Lebens hast und darauf, wie und was du haben möchtest.

Wann hat dein Körper zuletzt gekribbelt vor Dankbarkeit? Wann hast du dich zuletzt so richtig erfüllt gefühlt durch alles, was du dir kreiert hast?

Was wäre, wenn du dieses Gefühl noch viel mehr in dir ankommen lässt?

Spür mal hinein, wo es dein Leben alleine mit diesem Shift innerhalb kürzester Zeit hin katapultieren kann.

Bleiben- Bleiben- Bleiben ist deine ZauberPower

Bestimmt kennst du dieses blöde Gefühl, wenn's dich aus der Energie raushaut.

Du hast zum Beispiel voller Elan ein neues Onlineangebot kreiert. Du hast losgelegt und zwei Posts verfasst. Es hat einer gebucht. Du hattest dir aber vorgestellt, dass sie dir die Bude einrennen. Du hast doch gefühlt, dass es mega gut ankommen wird - dein Angebot. Und jetzt sowas. Wie konntest du dich so täuschen? Jetzt geht's los. Deine Gedanken tanzen in deinem süßen Köpfchen Samba. Es interessiert wohl doch keinen. Ich sollte lieber weniger posten, sonst denken die Leute noch, dass ich es nötig habe. Ist wohl doch nicht so toll das Angebot. Ahhhhhhhh. Bullshit-Gedanken.

Zack, hat es dich aus der Energie gehauen.

Das ist so ein Moment, in dem du wählen kannst, dass du diesmal wirklich in der Energie bleibst. Bis über die Ziellinie hinaus.

Bleiben- Bleiben- Bleiben. Das ist eine Wahl, die du immer wieder treffen darfst.

Tiefstes Vertrauen in dich selbst.

Stopp dir diese Bullshit-Gedanken.

Dreh sie.

Lausche in dich, welche Impulse dir noch kommen. Setze sie um.

Wähle bewusst in der Energie zu bleiben bis über die Ziellinie hinaus.

In diesem Beispiel heißt das, bis dein Angebot nicht mehr zu buchen ist. Und das kann ja sogar noch bis nach dem Startdatum sein, das Kunden buchen könnten.·

Was würde es dir alles kreieren, immer in der Energie zu bleiben?

In schlechten Momenten, in denen die Energie kippt, es fühlen, es wahrnehmen und dann wähle es wieder zu drehen.

Das ist irgendwie auch wie so ein Muskel. Mit der Zeit geht das von selbst.

Selbst wenn das das einzige ist, was du aus diesem Buch mitnehmen wirst, wirst du merken, dass dir das schon wahnsinnig viel mehr kreieren wird.

„Ich bleibe- ich bleibe- ich bleibe!"

Bei welchem Ziel, welchem Wunsch haut es dich immer wieder aus der Energie?

Schau hin! Was sind deine Möglichkeiten darüber hinaus? Was wäre, wenn du dir sagst: „Ich bleibe" und dann kreierst du mit noch coolerer Energie weiter.

TIEFSTES VERTRAUEN IN DICH SELBST IST DEIN ZAUBERPOWER

Spür mal, was die Worte alleine schon mit dir machen:

„Tiefstes Vertrauen in mich selbst!"

Mach doch mal kurz die Augen zu und wiederhole diese Worte laut oder in Gedanken.

„Tiefstes Vertrauen in mich selbst! Ich vertraue! Ich vertraue! Ich vertraue!"

Das wird mega, deine Kreationen zu beschleunigen, wenn du dir vertraust!

Was könnte dir ein Beitrag sein, dass du dir noch viel mehr vertraust?

Wieviel mehr kannst du deiner Intuition vertrauen?

Wieviel mehr kannst du deinen Impulsen vertrauen?

Wieviel mehr kannst du dir vertrauen, dass deine Arbeit richtig gut ist?

Wieviel mehr kannst du vertrauen, dass sowieso alles zu dir kommt, was du dir wünschst?

Wieviel mehr kannst du vertrauen, dass das Universum dein Kreationspartner ist und dir immer das liefert, was du dir wünschst?

Wieviel mehr kannst du dir vertrauen, dass du wirklich jede ausweglose Situation drehen kannst?

Wieviel mehr kannst du dir vertrauen, dass du auch die großen Dinge kreieren kannst, die du haben möchtest?

Wieviel mehr kannst du vertrauen, dass, wenn du gefühlt hast, dass es sehr gut wird, es auch wirklich so wird?

Wieviel mehr kannst du dir vertrauen, dass du die ZauberPower in dir hast?

Tiefstes Vertrauen in dich selbst.

DEINE INTENTION IST DEINE ZAUBERPOWER

Mit welcher Intention gehst du deine Kreationen an?

Hoffentlich wird's was, wäre so eine blöde Intention, die du eventuell unbewusst deiner Kreation mitgeben könntest.

Ahhhhhh, Hoffen ist die Schwester von Zweifeln.

Was wäre, wenn du noch viel selbstbewusster an alles rangehst? Du weißt natürlich, dass es gut wird.

Es ist ein massiver Unterschied dabei in der Energie, die du ausstrahlst - je nachdem, welche Intention du mitgibst. Und die ist meistens unbewusst, schwingt aber in jeder Kreation mit.

Zum Beispiel, wenn du ein Business hast und du bei Facebook postest, um Kunden zu gewinnen:

Du könntest es unbewusst mit der Intention machen: Ach das funktioniert doch eh wieder nicht. Irgendwie klappt das nur bei den anderen. Facebook ist ja eh tot. Könnte es auch gleich bleiben lassen.

Oder du könntest es mit der Intention angehen: Es macht mir so Spaß zu posten. Ich weiß genau, dass meine Posts eine mega Inspiration sind. Mit jedem Post verkaufe ich so leicht und easy. Da buchen so viele. Ich freue mich voll auf sie.

Die ersten Glaubenssätze killen deinen Sog. Das zweite Beispiel kreiert dir mega Sog.

Wo gibt es noch Kreationen in deinem Leben, bei denen du unbewusst Intentionen mitgibst, die ganz und gar nicht förderlich sind?

Bist du bereit, diese mal wahrzunehmen und sie umzudrehen?

Geschwindigkeit ist deine ZauberPower

In Wahrheit bist du wahnsinnig schnell im Kreieren. Du weißt, dass du im Prinzip die Dinge sofort manifestieren kannst. Du hast das schon so oft gemacht. Was wäre, wenn du es dir jetzt auch bei den noch größeren Kreationen erlaubst?

Was wäre, wenn du die Glaubenssätze loslässt, dass es lange dauert, dass es schwer ist, dass es ein tiefer langer Prozess ist, dass es halt in diesem Bereich nicht so einfach geht.

Es ist immer das, was du glaubst, dass es ist.

Und in Wahrheit bist du unglaublich schnell. Doch vielleicht hast du dich langsamer gemacht, hast dich kleiner gemacht, um dazu zu gehören? Um nicht aufzufallen zwischen den ganzen Schnarchnasen in dieser Welt, die sich ebenso angepasst haben, um ja nicht aufzufallen? Nicht dass noch jemand neidisch wird, wenn bei dir alles wie am Schnürchen läuft?

Kann es sein, dass du dich selbst klein gemacht hast? Dass du ein wenig Angst vor deinen schnellen Manifestationsfähigkeiten hast? Dass du nicht unbedingt auffallen wolltest, weil das ungemütlich ist?

Und möchtest du das jetzt einfach mal loslassen und in deine Größe kommen?

Kreationen lieben die Geschwindigkeit.

Erfolg liebt die Geschwindigkeit.

Während du vielleicht immer noch überlegst, ob deine Businessidee überhaupt gut genug ist, haben schon mehrere andere Menschen mit der gleichen Idee Multimillionen gemacht.

Während du noch überlegst, ob du den Post raushauen sollst, hat schon ein anderer gerade über das gleiche Thema geschrieben.

Während du dir noch erzählst, dass deine Idee als Onlinekurs bestimmt keiner kauft, hat gerade da draußen jemand für den zehnfachen Preis, den du nehmen wolltest, diesen Kurs unter die Leute gebracht.

Und nee, das ist kein Wettrennen.

Es ist genug für alle da. Oft schwirren die Ideen einfach im Feld rum und werden sogar von mehreren gleichzeitig umgesetzt. Jeder macht es ja auf seine Art. Also lass dich auch nicht davon abhalten, wenn es schon etwas gibt, denn es auf deine Art und Weise zu machen, kann sonst niemand. Das kannst nur du.

Aber du hast bestimmt schon gemerkt beim Lesen der Beispiele, wie langsam dich sowas macht.

Hör doch einfach mal auf, dir alles zu zerdenken, was du machen möchtest.

Mein Motto ist nicht labern, sondern einfach machen.

In der Zeit, in der andere monatelang Pläne schreiben und noch nicht mal angefangen haben, bin ich schon fertig mit der Kreation und am Kreieren, was sich noch daran verbessern lässt. Oder auch sogar schon beim nächsten Projekt.

Weil ich's mir nicht zerdenke. Ich mach einfach.

Und ich möchte dich dazu einladen, dir auch noch viel mehr Schnelligkeit zu erlauben. Dir viel mehr „perfekt unperfekt sein" zu erlauben. Verbessern kannst du später immer noch alles.

Just gooooooooooooo.

Impuls und los geht's.

Spür mal diese Leichtigkeit dahinter.

Spür mal, wieviel mehr Spaß dir das macht und wieviel schneller du dadurch deine Ziele und Träume verwirklichen kannst.

Ja und manchmal braucht das Mut.

Ja und du darfst dafür deinen Perfektionismus über Bord werfen, der dich auch einfach nur davor beschützen will, dass du bewertet wirst.

Ja und es braucht auch, dass du bereit bist, Bewertungen zu empfangen.

Wieviel mehr Leichtigkeit kannst du in deine Kreationen bringen?

Wieviel mehr kannst du dir erlauben, wirklich so schnell im Kreieren zu sein, wie du in Wahrheit bist?

AGIEREN IST DEINE ZAUBERPOWER

Komme vom Reagieren ins Agieren. Wenn deine ZauberPower aktiviert ist, gestaltest du bewusst dein Leben. Dann passiert es dir nicht einfach so alles. Dann kreierst du.

Dann ist es wie ein leeres Buch, in dem du die Geschichte schreibst. Und zwar die Geschichte, die du wirklich schreiben möchtest.

In welchem Bereich fühlt es sich noch so an, dass dir jemand in dein Lebensbuch kritzelt?

Das kommt daher, dass du dir vielleicht noch viel zu sehr auf der Nase rumtanzen lässt. Dass du vielleicht nicht unbedingt weißt, wie du es in diesem Bereich haben möchtest. Oder dass du es zwar weißt, dich bis vor zwei Minuten aber noch nicht getraut hast, dafür zu gehen.

Wo wäre mal ein ‚nein' zu anderen, und dafür ein ‚ja' zu dir selbst angebracht? Wo ist es schon längst überfällig, Grenzen zu setzen? In welchen Bereichen weißt du nicht, wie du es haben willst? In welchen Bereichen kommunizierst du nicht klar, wie du es haben möchtest? Wo wird es auch mal Zeit, auf den Tisch zu hauen?

Vielleicht ist da die Angst, jemanden zu verlieren? Du glaubst, du könntest jemanden vor den Kopf stoßen? Du willst nicht anecken?

Doch wer am Ende darunter leidet, bist du?

Und für dich und das, wie du es haben möchtest, einzustehen, bedeutet nicht, dass du das ruppig machen musst. Das geht durchaus in einer ganz liebevollen, aber bestimmten Art. Du weißt, wer du bist. Du bist die ZauberPower auf zwei Beinen. Und du weißt, dass du alles haben kannst, was du dir wünschst.

Was wäre, wenn du aufhörst, dich mit weniger zufrieden zu geben? Was wäre, wenn du deine Bescheidenheit und deine Zurückhaltung einfach mal an den Nagel hängst?

Ja, es wäre womöglich ungemütlich, da was zu verändern. Doch es würde dich tatsächlich vom Reagieren zum Agieren bringen.

Lebe deine ZauberPower und fang an, dich an erste Stelle zu setzen. Denn niemandem ist damit geholfen, wenn es dir nicht gut geht und du nicht in deiner Kraft bist. Wenn's dir beschissen geht, bist du auch nicht unbedingt ein Beitrag für deine Kinder. (Falls du gerade gedacht hast, deine Kinder kommen immer zuerst, damit ist ihnen vielleicht auch nicht immer unbedingt geholfen, wenn es dir Energie raubt und du immer weniger in deiner Kraft bist.)

Bestimmt kennst du jemanden aus deinem Umfeld, dem es ständig nicht gut geht oder kanntest mal jemanden. Ist auch kein schönes Gefühl, sich ständig um jemanden Sorgen machen zu müssen.

Wenn du in deiner Kraft bist und es dir gut geht, profitiert automatisch dein ganzes Umfeld davon mit. Obwohl du es ja nicht für dein Umfeld machst, sondern zuerst mal darfst du dir erlauben, alleine für dich in deiner Kraft zu sein. Und das mit deinem Umfeld passiert automatisch.

Ich erleb das auch ganz oft bei Kundinnen, die viel mehr in ihre Kraft kommen, deren Business dann läuft, die plötzlich ein Haufen Geld mit ihrem Business verdienen. Schwups verändert sich der Mann mit. Er denkt größer und trifft auch größere Wahlen. Nur durch die Energie und die Glaubenssätze der Frau, die sich verändert haben.

Im Prinzip sind wir alle Influencer. Wir können gar nicht nicht unser Umfeld beeinflussen. Unsere Energie überträgt sich immer. Ob wir wollen oder nicht. Und dafür müssen wir noch nicht mal was reden. Unsere Energie ist einfach zu spüren. Auch übrigens zwischen den Zeilen, falls du ein Business hast und du dafür postest. Menschen spüren deine Energie hinter den Worten. Sie spüren deine Energie in Videos, da hast du noch nicht mal einen Ton gesagt.

Deswegen ist es auch ein mega Tipp, dass du dir dein Umfeld weise wählst. Die Menschen, mit denen du am meisten Zeit verbringst, haben unbewusst auch Einfluss auf dich. So als wenn's abfärben würde.

Gerade wenn du beruflich oder mit eigenem Business sehr erfolgreich werden möchtest, such dir ein Umfeld, das schon das erreicht hast, was du erreichen möchtest.

Angenommen dein Ziel ist es, jeden Monat 10.000€ zu verdienen. Stell dir vor du bist in einem Umfeld, in dem Menschen sind, die schon 100.000€ im Monat verdienen. Es wird nicht lange dauern, da kommt es dir spielend leicht vor, deine 10.000€ im Monat zu erreichen. Weil dir automatisch diese Menschen die Energie und Glaubenssätze dafür übermitteln.

Jetzt stell dir vor, du hängst hauptsächlich mit Menschen rum, die die ganze Zeit über ihre nervige Festanstellung jammern oder sich über ihren Chef aufregen und das schon seit Jahren so tun, aber irgendwie auch nicht den Mut haben was zu verändern. Sie erzählen dir lieber jedes Mal die gleiche Grütze, mal in Grün und mal in Gelb.

Du merkst schon, das hat eine ganz andere Energie.

Also lade dir auch neue Menschen in dein Leben ein, die schon das erreicht haben, was du gerne erreichen möchtest. Wirkt Wunder und ist sehr förderlich, deine ZauberPower zu leben.

Und falls diese Menschen dein „Ich bin nicht gut genug-Gefühl" triggern, wird's Zeit das auch endlich mal anzuschauen und zu heilen. (Springe zurück zum Kapitel *Tiefstes Vertrauen in dich selbst* und lass es nochmal wirken.)

Wieviel mehr kannst du noch anerkennen, was du schon alles erreicht und geschaffen hast? Wieviel mehr kannst du noch jeden noch so kleinen Erfolg feiern?

Das warst du. Du hast dir das kreiert. Du bist schon längst gut genug, doch hast es vielleicht noch nicht so richtig in dir ankommen lassen.

Und du hast auch jetzt, hier und heute alles bereits in dir, was es für weitere Erfolge braucht.

GLÜCKLICHSEIN IST DEINE ZAUBERPOWER

Weißt du eigentlich, dass Glücklichsein dein natürlicher Zustand ist?

So viele glauben, dass Dramen dazu gehören. Dass Gefühlsachterbahnfahrten dazu gehören. Oder dass Einkommensachterbahnen im Business ja ganz normal sind. Nur wenn wir krasse Tiefs haben, dann können wir das andere auch schätzen. Man kann ja nicht alles haben.

Kommen dir solche Gedanken/Glaubenssätze bekannt vor?

Du weißt ja, alles ist das, was du glaubst, dass es ist.

Wie sehr stehst du unbewusst auf diese Adrenalinkicks durch irgendein Schlamassel in deinem Leben?

Es lässt dich lebendig fühlen. Ups.

Und was könntest du stattdessen deinem Leben hinzufügen, das dich lebendig fühlen lässt?

Wieso fängst du nicht einfach an, zu glauben, dass glücklich sein dein natürlicher Zustand ist und dass es bei dir ab sofort nur noch steil nach oben geht?

Wieso solltest du von weniger als dem Besten ausgehen?

Was würde dir diese Energie kreieren?

Was würde es für dein ganzes Leben kreieren, wenn du dich immer wieder selbst in diese Energie zurück holst und du jeden blöden Gedanken drehst?

Wenn du jedes Gefühl, jeden blöden Gedanken erstmal da sein lässt, ihn fühlst, ihn wahrnimmst, verändert er sich sehr schnell. Schieb nichts weg. Auch das möchte einfach wahrgenommen werden. Und dann wählst du neu, wie du dich jetzt fühlen möchtest. Was du jetzt stattdessen denken möchtest.

Deine eigene Frequenz ist deine ZauberPower

Manchmal passiert es, dass wir die Frequenz von anderen kopieren. Gerade von Menschen, die wir toll finden. Vielleicht auch unbewusst von Familienmitgliedern.

Oder von Menschen, die den Erfolg mit etwas hatten, was du auch haben möchtest, wie zum Beispiel deinen Coaches. Und du beginnst die Dinge genauso zu machen. Doch ist es wirklich deine Frequenz? Nö, meistens nicht.

Letztens fragte mich eine wundervolle Frau, was sie überhaupt für ihr Business posten könnte? Sie hätte ja nicht diesen Luxus und keinen Porsche. Ähhhh what?

Das kommt daher, dass es ganz viele Coaches da draußen gibt, die genau das posten. Und es passt zu ihnen. Sie stehen da drauf. Und bei manchen, die das sehen, bildet sich der Glaubenssatz, dass sie nur so erfolgreich werden können.

Ist Quatsch. Zeig dich und dein Sein. Es gibt niemanden, wie dich. Du bist sowas von einzigartig.

Und wenn du glaubst, dein Leben ist zu langweilig zum Posten, dann lass das mal los. Du kannst einfach vor einer weißen Wand sitzen für deine Videos und mega erfolgreich werden. Und gleichzeitig kannst du ja auch was dran ändern, wenn du dein Leben langweilig findest. Nicht weil du es dann posten könntest, sondern weil du hier bist, um das tollste, schönste, größte Leben zu leben.

Deine Einzigartigkeit ist das, was dich wahnsinnig anziehend macht.

Was könnte dir ein Beitrag sein, noch mehr du selbst zu sein?

Was ist deine Art Business zu machen, die du dir jetzt einfach mal erlaubst?

Wie kannst du einfach noch mehr in deiner eigenen Frequenz sein?

Was hältst du noch von dir zurück, weil du dich an anderen Menschen angepasst hast und du ja nicht zu sehr auffallen möchtest?

Wer bist du, wenn du einfach du selbst bist?

Deine wahre Größe ist deine ZauberPower

Bist du bereit, nochmal mehr in deine wahre Größe hineinzugleiten?

Hand aufs Herz, du wundervolles Wesen, wie oft machst du deine Wünsche, Ziele und Träume kleiner, dass sich ja niemand aus deinem Umfeld schlecht fühlen kann?

Bei wem ist es dir unangenehm, wenn er/sie weiß, wie krass erfolgreich du jetzt schon bist?

Hinter diesen Antworten steckt mega Transformation.

Wenn du dich für dein Traumleben entscheidest und du wirklich groß spielen willst, kann es sein, dass du auf Widerstand treffen wirst.

Sie werden es dir versuchen auszureden, weil sie glauben, dass sie es ja nur gut mit dir meinen. Manche werden vielleicht denken, dass sie dich immer schön auf den Boden ihrer Tatsachen zurückholen wollen. Sie werden dich vielleicht fragen, ob du den Hals nicht voll genug bekommst. Sie werden dir eventuell blöde Kommentare in den sozialen Netzwerken schreiben.

Andere werden nichts sagen, aber du wirst trotzdem ihre Gedanken fühlen können.

Und was, wenn's Wurscht wäre?

Merk dir diesen magischen Satz: Was, wenn's Wurscht wäre?

Der bringt so viel Leichtigkeit und Entspannung.

Du lässt dich einfach nicht stoppen.

Was wäre, wenn es ok für dich ist, dass andere sich mit deinem Erfolg unwohl fühlen könnten?

Was wäre, wenn du dich für nichts und niemanden mehr klein machst?

Denn du bist nicht hier um klein zu spielen.

Du bist hier für DEIN Leben, das DEINE Seele wirklich wow findet.

Und genau damit wirst du ganz viele andere Menschen inspirieren, dass es für sie auch möglich ist.

Doch du kannst niemanden inspirieren, wenn du dich stoppen lässt, wenn du dich zurückhältst.

Das ist so krass next Level, wenn du bereit bist, wirklich groß zu spielen, egal was dein Umfeld sagt.

Du bist schon längst bereit, noch mehr in deine wahre Größe zu gleiten.

KRASS SELBSTBEWUSSTE MOVES STÄRKEN DEINE ZAUBERPOWER

Wieviel selbstbewusster könnten deine Handlungen sein?

Wieviel mehr kannst du in das Vertrauen gehen, dass du dir tatsächlich alles möglich machen kannst?

Wieviel mutiger kannst du deine Entscheidungen treffen?

Wieviel mehr könntest du dich trauen, auch wirklich großen, verrückten Impulsen zu folgen, bei denen dir sofort dein Kopf reinrutschen möchte?

Krass selbstbewusste Moves stärken enorm deine ZauberPower.

Und wenn du das jetzt hier gerade liest, erinnere dich doch auch mal daran, welche krass selbstbewussten Moves du schon bisher in deinem Leben gemacht hast.

Lass sie nochmal Revue passieren. Erkenne sie an. Lass dich stärken davon. Sei stolz auf dich, was du schon alles gerockt hast.

Und welcher nächste, krass selbstbewusste Move steht jetzt bei dir an?

Goooooooo!

HIGH ENERGY- HIGH POTENTIAL ALS DEINE ZAUBERPOWER

Andrea Jessen

Andrea Jessen Keller, AAA FINANZ- und IMMOBILIENEXPERTIN Consulting & Mentoring; Manifestations- und Transformationsqueen. Ich lebe und arbeite seit vielen Jahren am Zürisee. Ich verstehe mich als Koordinatorin von Herz, Geist, Seele und Körper. Ich konnte schon immer ganz viel und wollte schon immer ganz viel. Was dazu führte, dass ich viele Jahre versuchte, das Eckige in das Runde zu pressen. Heute weiß ich, dass ich damit nicht alleine da stehe. Und ich begleite Menschen auf ihrem Weg weg von der Klippe, raus aus dem Labyrinth und Kuddelmuddel, runter vom falschen Pferd, rauf auf den Berg, rein in das beste Leben, was es gibt.

Webseite: https://andreajessen.com/

Facebookseite: https://www.facebook.com/andrea.jessen.90

High energy - High potential als deine ZauberPower

Alles ist Energie. Als ich diesen Satz das erste Mal gehört habe, konnte ich damit nicht wirklich etwas anfangen (Anscheinend stammt er ursprünglich von Albert Einstein). Inzwischen glaube ich, dass ich verstanden habe, was damit gemeint ist (was jedoch nicht heißt, dass ich rundherum und immer happy grinsend durch die Gegend renne).

Eigentlich wollte ich erst einen Buchbeitrag hier reingeben, der sich im Jahr 2014 zugetragen hat. Doch dann habe ich mir die Frage gestellt, was kreiert mir mehr? Und was kreiert dir mehr? Eins, zwei, drei, Simsalabim ... wie entsteht ZauberPower?

Sodass ich mich dann für die volle Fülle entschieden habe. Hihi – Ein Doppel-Moppel.

Welche Dinge, die ich selbst mal gelernt habe, sind für mich total leicht und selbstverständlich? Und welche Dinge tue ich selbst mit großer Routine und mehr oder weniger täglich?

Und welche Probleme haben mich vor einem, drei, sieben und zwölf Jahren nachts nicht schlafen lassen? Und was hat mir geholfen?

Und zwar nicht die Scheibchentaktik, sondern die eine außergewöhnliche Sache, die entscheidend war, um das wiederkehrende „Problemchen", welches sich immer wieder in neuem Kleid zeigte, dauerhaft zu lösen.

Bei mir war es die Erkenntnis: ANERKENNEN WAS SCHON DA IST. Und was das mit Energie zu tun hat. Und wie wir wieder lernen, die richtigen Entscheidungen zu treffen.

Dankbarkeitstagebuch, Spiegelarbeit, Meditationen, Higher Self Healing, Selbstanalyse, Fremdanalyse „Ja, Sie brauchen jemanden, der Sie liebt!" – Ach herrje, in was für einem tiefen Loch steckte ich damals, als die Psychotante mir diese Worte sagte. Das wusste ich zu dem Zeitpunkt selber, dass ich kreuzunglücklich war und keine Nacht schlafen konnte, weil ich mich mit meinem Kind unter der Brücke enden sah.

Doch was mir viel zu lange niemand sagte, ist, dass ich aufhören soll, mich falsch zu machen. Dass ich nie zu laut, zu viel, zu schön, zu bunt und zu toll war.

Dass es mir nie gelingen würde, es allen und jedem und wem auch sonst, Recht machen zu können und dass das auch nicht meine Aufgabe ist.

Meine Aufgabe ist es, mich glücklich zu machen. Und das hat nichts mit Egoismus zu tun, sondern mit SELBSTLIEBE.

Was mir beigebracht wurde, war gut mit Zahlen und Geld umzugehen. Aber was ein Selbstliebekonto ist, habe ich erst viel, viel später erfahren. Und wie oft bin ich davor an dem Spruch vorbeigegangen: „Das einzige was sich vermehrt, wenn es verschenkt wird, ist LIEBE." – Doch irgendwie kam es bei mir nicht an oder ich habe es nicht verstanden. Oder es hat keiner so zu mir gesagt, dass ich es verstanden hätte als: „Wenn du es in dir vermehrst und dir angedeihen lässt, in dir, deine Liebe zu dir selbst." - Denn dann sprudelt es quasi aus dir heraus. Und dann ergießt es sich aus dem Vollen über dein Umfeld und in dein Leben. Doch wie das geht, war ein langer Weg.

Es war mein Weg. Und heute weiß ich, dass einer der Schlüssel war, der mir dazu gefehlt hat, es leichter und früher in mein Herz zu lassen, dass ich eben viel zu lange versucht habe, mich passend zu machen für das Außen. Passend für meine Familie, passend für meinen Partner, passend für meine Arbeitgeber. Ich habe mich zerrissen und war zerrissen. Im Bestreben endlich so leben zu können, wie ich es mir immer vorgestellt habe. Heute weiß ich, dass ich schon lange so lebe, wie ich es mir immer vorgestellt habe. Dass ich alles in meinem Leben selbst geschaffen und kreiert habe. Dass ich mit dieser magischen ZauberPower geboren wurde zu manifestieren, mich mit dem Universum zu verbinden und alles in mein Leben ziehen kann, was ich mir wünsche.

Anders als heute geschah das Manifestieren jedoch viele Jahre aus dem Mangel heraus. Mit Glaubenssätzen, von denen ich lange geglaubt habe, sie seien Werte und erstrebenswert. Doch was ist daran erstrebenswert, nicht nach größer, weiter, bunter, lauter, höher und nach den unendlichen Möglichkeiten zu fragen und mehrdimensionaler zu denken?

Und dass ich Geld und Wohlbefinden getrennt habe.

"Wenn ich so erfolgreich bin wie, dann..." ... "Wenn ich das und das erreicht habe, dann..."

Was, wenn ich nie die Liebe eines anderen erringe, die ich mir wünsche? Was, wenn ich nie das Familienmitglied bin, dass den anderen angenehm ist?

Vor einiger Zeit hat mich die Frau meines Bruders aus der WhatsApp-Gruppe der Familie entfernt. Sollte mich das nun schockieren oder ärgern oder traurig machen? – Was macht es tatsächlich mit mir? Eine Sekunde lang ein Stechen in der Brust. Ich fühle hin, wie es sich anfühlt. Es fühlt sich nicht schön an. Warum fühlt es sich nicht schön an? Weil sie mich nicht mehr dabeihaben will. Warum will sie mich nicht mehr dabeihaben? .... Mein Frage- und Antwortspiel geht noch etwas weiter und tiefer und am Ende kann ich ehrlich zu mir sein und sagen: „Ich mag dieses Gefühl nicht, nicht dazu zu gehören." Weil ich damit wieder an den Ursprungsschmerz komme, nicht gut genug zu sein. Doch in dem Moment, wo ich es zulassen konnte, hat sich der spitze Schmerz in meiner Brust aufgelöst.

Eins, zwei, drei, Simsalabim ... so entsteht ZauberPower!

Indem ich mich wieder auf die Kraft- und Energiebringer fokussiere. Auf die vielen wertschätzenden, fordernden und fördernden Menschen, die ich inzwischen in meinem Leben habe - Herzensfamilie versus Geburtsfamilie. Was, wenn wir anerkennen, dass wir alle irgendwie miteinander verwandt sind und nicht die direkte Linie maßgebend ist?

Je mehr wir uns auf etwas fokussieren, umso mehr Kraft erhält es. Und das gilt sowohl für die Energie gebenden als auch die Energie ziehenden Gefühle. Energie gebend sind z. B. Freude, Dankbarkeit, Stolz, Hingabe, Neugier, Lust, Humor, Träumen.

Denn egal wie es im Außen zugeht, ich suche und finde immer meine Kraftinseln.

Während ich hier sitze und diesen Beitrag schreibe sind „unsere" Vögel auf unserer Terrasse unterwegs. In der Nachbarschaft I-A-t der Esel und auf dem See ziehen einige Boote ihre Gischtspur durch das Wasser. Soviel Fülle, im Kleinen und im Großen. Das Leben ist immer für uns. Manchmal nicht leicht erkennbar. „Einfach kann jeder – Du wolltest es doch herausfordernd."

„Einfach kann jeder" – auch so ein blöder Spruch. Einfach kann eben nicht jeder. Denn einfach bedeutet, auch die kleinen Wunder zu sehen. Das Wunder, dass mein Körper meiner Seele ein Zuhause gegeben hat. Das Wunder, dass mein Körper weiß, dass ich ein- und ausatmen muss.

Und ja, ich habe lange geglaubt, nur wer sich anstrengt und abmüht, kommt ins sprichwörtliche Paradies.

Bullshit!!!

Habt Ihr schon mal erlebt, dass jemand überheblich wird, weil man ihn gelobt hat? Dass er nicht weiß, wie er mit diesen Wortgeschenken eines „Boa, bist du toll!" umgehen soll, weil er überschüttet wurde mit Anerkennung? Ich habe erlebt, dass Menschen die Anerkennung und den Dank abtun mit „Nicht dafür!" oder „Dafür muss man doch nicht Danke sagen, das ist doch selbstverständlich!". Nicht, weil sie es gewohnt sind, mit Lob überschüttet zu werden und kein Lob brauchen, sondern weil sie unsicher sind und es ihnen unangenehm ist, dass man sie ins Licht stellt. Ich konnte auch lange kein Lob geben und auch nicht gut annehmen. Hatte ich mir abtrainiert. Mittlerweile habe ich es wieder antrainiert. Und ich sage bewusst „antrainiert". Denn wie das Meiste im Leben, braucht es dafür Übung. Wie schon erwähnt, kann man das mit einer Vielzahl von verschiedenen Tools angehen. Ich habe die große Werkzeugkiste.

Bei mir hat es den großen Durchbruch gebracht, aus vollem Hals zu singen. Wohlklingend und schön und in einem Chorprojekt. Mit Auftritt und CD-Aufnahme. Große Bühne.

Und immer wieder nach mehr zu fragen.

Wie will ich es haben?

Ich liebe es, wenn die Leute um mich herum gut drauf sind. Also kriegen sie meine gute Energie und mein fröhliches, lautes Hallo und ein Lächeln. Ich liebe es zu sagen, wie ich es haben möchte. Ich liebe diese ZauberPower, wenn wie von Geisterhand das Gegenüber aufblickt und fröhlich antwortet.

Wie kann es noch besser werden?

Indem ich mich weiter stretche. Sowohl körperlich als auch geistig. Beim Sport frage ich mittlerweile meinen sweet magic Body, was er heute für Bewegung möchte. Und das entspannt total. Weil so muss ich nichts mehr. Beim Essen lasse ich mich darauf ein zu essen, wann und auf was ich Lust habe. Keine sinnlosen Regeln mehr „Es wird gegessen, was auf den Tisch kommt." Und ich weiß mittlerweile, dass ich ein kluges Körperchen habe, was sehr gut weiß, was es braucht. Und ein kluges Köpfchen, für das ich auch gut sorgen muss. Indem ich ganz viel Wasser trinke. Denn das Köpfchen besteht zu 80 % aus Wasser.

Und für mein magisches Leben stretche ich immer wieder, mal in kleinen, mal in größeren Schritten meine Behaglichkeits-Zone und meine Unbehaglichkeits-Zone.

Mein schlaues Köpfchen hat ein unendliches Wissen. Aus diesem und aus früheren Leben. Und alle diese Erinnerungen wollen mein Wunderkörperchen davor bewahren, etwas zu tun, was nicht „gut kommt". Denn diese Millionen Gehirnzellen wissen wie's läuft.

Doch das ist auch unser größtes Hemmnis. Der größte Verhinderer. Denn das oberschlaue Hirnchen meint „Alles ist besser als das Unbekannte!" – und deshalb fällt es uns als Erwachsene so wahnsinnig schwer, uns zu neuen Ufern aufzumachen. Gemachte Erfahrungen seit frühester Jugend oder sogar schon als Ungeborene im Bauch der Mutter sind nach Meinung unseres Unterbewusstseins besser als ins Unbekannte zu steuern. Denn das Unbekannte wird von unseren schlauen Zellen als weitaus risikoreicher eingestuft als jede schlechte Erfahrung. Ziemlich gaga, ist aber so. Und das kann sogar dazu führen, dass wir lieber im Dramadreieck bleiben und weiter in den Rollen des Opfers, Helden oder Verfolgers verharren. Je nachdem, was wir in unserer Kindheit gelernt haben, wie wir die notwendige Zuwendung von unseren Eltern/Bezugspersonen erhalten. Und da 98% dieser Prozesse im Unterbewusstsein ablaufen, fällt uns zwar auf, dass wir irgendwie immer wieder in ähnliche Situationen geraten, aber es gelingt uns nicht, den Repeat-Knopf aufzulösen.

Es braucht schon eine Portion gute Argumente, Anreize, tolle Tools oder schlaue Begleiter, die es dem/der Einzelnen ermöglichen, die verbliebenen 2% Bewusstsein dazu zu nutzen, die 98% Un(ter)bewusstsein zu bewegen.

Das sind der Mutmuskel und der Wohlstands- und Füllemuskel. Ach ja und der Freudemuskel gehört unbedingt auch mit in den Trainingsplan. Denn, wenn es uns gelingt, unbelastet Freude und Spaß zu kreieren und neue Interessensgebiete zu erschließen, kreiert das eben auch neue Wissensspeicher im Gehirn. Das menschliche Gehirn besteht aus rund 100 Milliarden Nervenzellen. Und jede dieser Zellen hat wiederum über eine Vielzahl von tausenden Kontaktstellen Verbindung mit ihren Nachbarzellen.

Wenn also eine Information kommt, für die es noch keinen Speicherplatz gibt, wird über die Synapsen ein Speicherplatz kreiert. Wird diese Information wiederholt, wird der Speicher von analog in digital umgewandelt. Und das kostet Energie. Somit hat das Gehirn so ein weiteres Interesse, nicht ständig neue Erfahrungen machen zu wollen, denn das kostet viel mehr Energie als auf bereits gemachte Erfahrungen zurückzugreifen. Und jetzt kommt meines Erachtens der Schlüssel für das Schloss zu dieser verschlossenen Tür. Wenn wir lernen, erfahren, begreifen, dass in unserer heutigen Zeit viel mehr gute Erlebnisse unseren Tag und die Zukunft bestimmen als potentiell schlechte, dann braucht sich unser Hirn auch nicht mehr zu fürchten und jede unbekannte Situation erst mal mit einem DANGER –Schild versehen.

Wir können darauf vertrauen, dass wir intuitiv und somit weiter aus dem Unterbewussten heraus handeln, aber eben nicht unbewusst aus dem Mangel, sondern unbewusst aus der Fülle.

Und dafür braucht es eine (neue) Lernzeit. Und den Wunsch, den Weg zu genießen. Und großzügig mit sich zu sein und sich viel mehr zu erlauben als bisher und auch mal „Schei* drauf" heraus zu brüllen.

Schei* auf die Ansichten, was sich gehört und wie es zu gehen hat! Schei* auf anständig. Schei* auf wer A sagt muss auch B sagen. Wer A sagt kann auf B schei*en und es gibt noch 24 andere Buchstaben.

Nimm wichtig, was dir gut tut. Achte dich und werde dir darüber klar, was dir guttut. Und beweg' dich von der Couch. Es sei denn, du bist lieber im Club der Jammerer. Also ich bin lieber im Club der "most beautiful marvelous wonderful Leader". Queen and King of richness, abundance, lavishness and luxuriance.

Seit ich das begriffen habe, kann ich mir die tollsten Dinge vorstellen. Und wenn ich sie mir vorstellen kann, dann kann ich sie mir auch ermöglichen. Und es macht einen Heidenspaß. Viel mehr als ich mir jahrelang erlaubt habe. What the bullshit... Geht es irgendjemandem auch nur einen Hauch besser, wenn es mir nicht gut geht?

An Wochenende habe ich mal meinen Ideenmuskel trainiert. Ich habe 15 Dinge aufgeschrieben und wie man diese auf 15 Arten tun, zubereiten, kochen, zusammenstellen usw. kann. Und die 15. Challenge hat mir am besten gefallen: 15 Orte, wo ich gerne Champagner trinken möchte!! Es war so schön es sich auszumalen wo und wobei das sein kann.... Fantasie ist eine ZauberPower!

Vor einiger Zeit hat eine meiner Wegbereiter-Begleiterinnen gesagt. „Du bist für was Großes bestimmt. Ich sehe den Löwen in dir". Und ich kann fühlen was sie meint. Es fühlt sich fantastisch an. Jeden Tag, jeder Schritt. Ich genieße es, dieses Leben zu leben.

Mit fünfzig fand ich, dass jetzt ein guter Zeitpunkt wäre, die Erde zu verlassen. Ich habe mir anschließend einiges an Shittishit kreiert, was mich mehrere Jahre beschäftigt hat. Ich bin ja schließlich die Manifestationsqueen.

Und heute denke ich, dass ich noch zu tun habe und noch einiges erleben möchte. Und bereit bin, mir noch ganz viele wunderbare Gelegenheiten zu kreieren. Zu genießen, dass ich die Wahl habe, gutes, klares Wasser zu trinken oder wenn ich Lust habe Brizzelblubber.

Und zuletzt als kleine Anregung: Meine 15 Orte, an denen ich Champagner trinken möchte:

1. Am Strand

2. In der Küche

3. In der Champagne

4. In meiner Hängematte

5. Am Fuß des Kilimandscharo

6. Im Sandkasten mit meinen Enkeln

7. Auf der Picknick-Decke

8. Im Whirlpool

9. Auf dem Golfplatz

10. Auf meiner Schaukelbank

11. Vor dem Kamin

12. Über den Dächern von New York

13. Auf dem Sterbebett

14. In Mexico

15. Im Dschungel von Indien

Was würde dir Wohlfühlen, Erholung, Luxus und High Energy kreieren?

Wie du mit ganzheitlichem Ahnenhealing deine ZauberPower für dein Business und als Heilerin ins unermessliche steigerst

Lenka Langner

Lenka Langner geht als mediale Heilerin mit Tiefgang und Leidenschaft zur Ahnenheilung dahin, wo wahre Heilung stattfinden kann. An den Ursprung des Themas.

Lenka wurde als erste von 2 Töchtern einer tschechischen Mutter und eines deutschen Vaters in eine Medizinerfamilie geboren.

Schon früh erkannte sie, dass der schulmedizinische Weg für sie nicht der Weg ihrer Erfüllung und Heilung sein sollte und so machte sie sich auf den Weg, herauszufinden, wo Heilung wirklich nachhaltig geschehen konnte auf allen Ebenen.

Ahnenhealing ist für sie der Weg der tiefsten Heilung und Transformation und bringt das im Menschen zu Vorschein, was viele Menschen bereits vergessen haben. Sich selbst in seiner ureigenen Schöpfungsform.

Heile deine Seele in der Tiefe, befreie deine Ahnen von ihren Verstrickungen und Heilung wird im Feld möglich. Für dich und deine Familie.

Webseite: https://cosmic-healing-academy.de

Facebookseite: https://www.facebook.com/Lenkalangner.de

Wie du mit ganzheitlichem Ahnenhealing deine ZauberPower für dein Business und als Heilerin ins Unermessliche steigerst

In meinem Kapitel geht es um dich und das, was dich bisher noch begrenzt hat, deinen Weg selbstbestimmt und frei zu gehen und dein Business mit Leichtigkeit und Spaß zum Erfolg zu führen.

Du willst endlich das tun, was dir wirklich Spaß macht und Menschen auf deiner Reise mitnehmen, traust dich aber noch nicht wirklich, dich zu zeigen, wie du wirklich bist?

Und du willst deine ZauberPower für dich so steigern, dass du für deine Lieblingskunden endlich sichtbar wirst?

Dann sind diese Worte hier für dich.

Als ich 2016 das erste Mal auf Facebook das Thema Onlinebusiness hörte, war ich innerlich hin- und hergerissen. Etwas zwischen "Das ist sicherlich Betrug!" und "Wow, was, wenn sowas für mich auch möglich ist?" ließ mich neugierig in diese Welt hineinschnuppern.

Es faszinierte mich einerseits, andererseits machte es mir auch Angst.

Muss ich erst meine Seele verkaufen, um sowas auch zu tun?

In mir tobte ein kleiner Sturm, und meine Glaubenssätze zum Thema Geld und Erfolg schienen mich mit aller Gewalt in meiner kleinen, bequemen Komfortzone halten zu wollen.

Aber die Neugier und der Wunsch nach Veränderung in meinem beruflichen Alltag siegten und so kam ich zu meinem ersten Marketingtraining.

Ich gebe zu, ich war von dem Gedanken irgendwann völlig besessen, mein Onlinebusiness, das bis dahin aus einer kleinen Hypnosepraxis bestand, die ich neben meiner Teilzeitanstellung betrieb, innerhalb von maximal 12 Wochen so aufzubauen, dass ich davon leben konnte.

Heute weiß ich, dass viele Menschen an dieser Stelle schon scheitern, denn ich erlebte es live im Training mit, wie viele schon in dieser Phase aufgaben oder sich gar nicht erst wirklich dazu bereit erklärten, umzusetzen.

Doch ich war schon immer sehr ehrgeizig und so setzte ich um und arbeitete Tag und Nacht das Programm durch.

Das ist inzwischen alles über 4 Jahre her und mein Business läuft mittlerweile zu 90% online, bis auf ein paar wenige Stammkunden meiner Praxis, die es einfach lieben, mich live und real vor sich zu haben.

Das größte Hindernis auf meinem Weg von der therapeutischen Praxis hin zu meinem Onlinebusiness war wohl die Herausforderung, mich zu zeigen. Die Welt da draußen, in der ich bis dahin unterwegs war, schien mir so normal und bodenständig im Gegensatz zu dem, was mir online begegnete.

Jeder schien plötzlich Porsche zu fahren und eine Villa am Meer zu besitzen und mindestens 100.000€ im Monat ganz easy zu verdienen. Das alles klang sehr verlockend, aber es fühlte sich nicht immer echt und authentisch an und ganz ehrlich - heute weiß ich, dass diese Dinge zwar toll sind, aber nicht mir und meiner Lebensweise entsprechen.

Und so wählte ich für mich, den echten und authentischen Weg zu gehen und mich so zu zeigen, wie ich bin. Nachdem ich herausgefunden hatte, wie ich diese Selbstzweifel und Ängste verändern kann.

Denn ich hatte große Zweifel, neben all der Konkurrenz überhaupt bestehen zu können.

Was hatte ich den schon vorzuweisen? Bin ich überhaupt gut genug, um meine Lieblingskunden von mir zu überzeugen?

Und was, wenn meine Familie mich für verrückt hält, wenn ich plötzlich nicht mehr nur über private Dinge schreibe, sondern über meine Arbeit und Angebote?

Neben all meinen Geldglaubenssätzen ploppten da auch jede Menge Glaubenssätze zu mir und meinen Gaben auf.

Hellfühlig - die spinnt doch! Hellsichtig?

Na klar, die hat sie nicht alle!

Vielleicht kennst du ja diese Gedanken auch von dir?

Was sollen die anderen denken?

Was, wenn sie mich dafür verurteilen und ausgrenzen?

Und wahrscheinlich hast du diese Erfahrung in diesem Leben sogar schon mal gemacht. Vielleicht nicht wegen deiner Gaben, aber womöglich, weil du als Kind mal nicht brav warst?

Oder du warst immer zu laut, zu leise, zu frech, zu brav, zu… Du weißt, was ich sagen will.

Und jetzt steckst du in dieser alten Geschichte fest und weißt nicht, was du tun kannst, um da wieder rauszukommen.

Ich bin mir sicher, du hast schon ganz viel gemacht, schließlich bist du als Heilerin, Therapeutin oder auch Coach wie ein Schwamm, der Wissen aufsaugt. Und so hast du schon viele Dinge ausprobiert, vielleicht mit Hypnose und Meditation?

Womöglich warst du bei einem anderen Heiler, hast dir Reiki-Sessions oder Teta-Healings geben lassen. Und womöglich praktizierst du all das auch selber und machst alles Mögliche selbst bei dir und doch kommst du nicht an die Essenz deines Themas.

Das ist wie mit dem blinden Fleck im Rückspiegel - Du siehst nur das, was in deinem Feld sichtbar ist. Und so arbeitest du immer wieder an deinem wahren Thema vorbei.

Das mit der Umsetzung ist immer mein Thema gewesen. Ich habe gerne umgesetzt, bin aber dann ins Stocken geraten, wenn es mein bekanntes Terrain verlassen hat.

Dann habe ich Ausreden gefunden und mich in Selbstsabotage zum Meister gemacht, nur um nicht das Neue auszuprobieren.

Ich weiß, du kennst diese Muster auch von dir.

Es fing schon in der Kindheit an. Die erste Übernachtung bei der Freundin. Alles war so aufregend und spannend, bis es dunkel wurde und die neue Erfahrung gemacht werden wollte. Plötzlich hattest du Bauchweh und dir wurde übel. Dein Papa holte dich dann ab und dir war es total unangenehm, dass du es nicht geschafft hast.

Diese Erinnerung blieb dir erhalten und so dauerte es ziemlich lange, bis du den nächsten Versuch gewagt hast. Bei mir war es das erste Pfadfinderzeltlager, bei dem ich übernachten sollte.

Nachts mussten meine Eltern mich abholen, was mir so peinlich war - aber die Angst saß so tief, dass die Neugier keine Chance hatte.

Und so geht es dir jetzt jedes Mal, wenn du einen ganz besonderen Post über dich schreibst und ihn dann doch nicht veröffentlichst, weil du Angst hast, dich zu zeigen, wie du wirklich bist. Und natürlich denkst du dabei nicht an die gescheiterte Übernachtung bei der Freundin, aber die Emotion dahinter bleibt die Gleiche.

Ich kenne diese Zweifel. Und ich weiß, wie sehr du dich dafür selber verurteilst, dass du es, trotz der ganzen Kurse und Programme immer noch nicht schaffst, dich einfach zu zeigen und sichtbar zu werden.

Wir alle haben diese Urangst in uns, abgelehnt zu werden. Und wenn wir uns für uns selber abgelehnt fühlen, dann ist das ein kaum auszuhaltender Schmerz.

Ich weiß noch, wie traurig ich war, wenn ich von meiner Mutter ins Zimmer geschickt wurde, weil ich etwas falsch gemacht hatte.

Und niemand war da, der uns gesagt hat, dass nichts mit uns falsch ist, sondern dass Mama gerade einfach selber mit sich Probleme hat.

Eine meiner wichtigsten Erkenntnisse der letzten Jahre ist die, dass wir am Ende alle schlechten Erfahrungen, die wir gesammelt haben, auch wieder heilen können in uns.

Und dass es, entgegen der landläufigen Meinung vieler Therapeuten (und ich darf das so sagen, da ich selber Therapeutin bin) nicht Jahre brauchen muss, um Kindheitstraumata zu heilen.

In meiner Arbeit als Heilerin und Medium gehe ich sogar noch viele Schichten tiefer, bis in die Gedächtnisstrukturen deiner Ahnen.

Denn alles, was sie erlebt haben, ist auch in deiner DNA abgespeichert und zeigt sich dir auf ganz unterschiedliche Weise.

In meiner Arbeit mit meinen Kunden darf ich immer wieder die bewegende Erfahrung machen, wie vielschichtig unser Wesen ist und wie unendlich groß unsere Seele ist.

Wenn wir all das in unser Leben einbeziehen und uns täglich auf unsere eigene, unendlich große Schöpferkraft besinnen, dann erkennen wir auch, wie großartig unsere eigenen

Selbstheilungskräfte sind und dass uns keine Grenzen gesetzt sind, uns zu entwickeln.

Mit meinem Beitrag möchte ich dir Mut machen, dich zu zeigen mit deinem Können, deinen Gaben, deinem Wissen.

Wir alle sind nicht ohne Grund gerade jetzt auf dieser Erde. Deine Seele hat gewählt, diese Erfahrung jetzt zu machen und auch, dich mit deiner Botschaft an die Welt zu wenden. Meine Botschaft ist es, dass du als Körper-Seele-Geist-Wesen dazu bestimmt bist, andere Menschen dahin zu begleiten, wo sie sich wieder selber fühlen und ihre eigene Wahrheit leben können.

Und um diese Botschaft mit der Welt zu teilen, darfst du bei dir selber anfangen und deine Angst, Unsicherheit und Selbstzweifel zu heilen.

Du wirst auf dem Weg der Heilung erkennen, dass die meisten deiner Sorgen nie deine waren, du sie aber perfekt von deinen Ahnen übernommen hast. Und daran ist auch nichts falsch, denn sie haben dir ja auch eine lange Zeit gedient und dir geholfen, den Weg bis hierher zu gehen.

Wir sammeln Erfahrungen, um an ihnen zu wachsen.

Und du bist hier, um dich und andere von diesen alten, abgekauften Geschichten zu heilen.

Und mit ihnen auch die Ahnen zu heilen, in dieser und kommenden Inkarnationen.

Du hast es in der Hand, deine Ahnenlinie von Mangel, Angst und Selbstzweifeln zu befreien.

Den Anfang kannst nur du bei dir selber machen.

In diesem Sinne - Lass dich nicht länger klein halten von Deinen Selbstzweifeln.

Du bist ein göttliches Wesen in einem irdischen Körper.

Wenn du dir das täglich bewusst machst, gibt es weder Neid noch Konkurrenz noch die Sorge, nicht gut genug zu sein.

In diesem Sinne wünsche ich dir ein Erfolg - Reiches Leben.

Deine Lenka

Power zaubern durch gute Entscheidungen!

Heidina Witulski

Coach, Coaching-Trainerin, Dipl.-Supervisorin, Klinische Linguistin und Familientherapeutin. Ich hatte 19 Jahre eine Sprach/-Sprech- und Stimmtherapie-Praxis und bin seit 2001 als Coach selbstständig. Meine Schwerpunkte: Beratung von Führungsfrauen, selbstständigen Frauen, Beratung bei Burn-out oder schweren Erkrankungen, Persönlichkeitsentwicklung, Krisenbewältigung und Neuausrichtung, Team-Coachings/Team-Entwicklung.

E-Mail-Adresse: info@coaching-badoeynhausen.de

Webseite: www.coaching-badoeynhausen.de

Facebookseite: https://www.facebook.com/heidina.witulski

Power zaubern durch gute Entscheidungen!

Wir alle treffen täglich Entscheidungen: Welchen Weg wir einschlagen, welche Kleidung wir auswählen, wen wir wann anrufen, welches Produkt wir einkaufen usw.

Die meisten Entscheidungen treffen wir unbewusst oder aus dem Impuls heraus. Einige nach kurzen Überlegungen.

Manche auch ganz gefühlsorientiert. Aber darum soll es hier nicht gehen. Hier geht es um die Entscheidungen, die nicht so leicht fallen – vielleicht weil sie eine größere Tragweite haben oder weil sie schwer zu treffen sind aufgrund von Ambivalenzen oder Bedenken und Risiken.

Meistens handelt es sich um Themen, die wichtig sind für unser weiteres Leben:

Heiraten oder nicht? Den Job nehmen oder nicht? Die Wohnung kaufen oder nicht? Ins Ausland ziehen oder nicht?

Kennzeichnend sind also häufig Situationen, die wir als Dilemma bezeichnen können.

Es gibt zwei Optionen, zwischen denen man hin- und hergerissen ist und die sich nahezu gleichwertig gegenüberstehen.

Die hier vorgestellte Technik des Tetralemma kommt aus der indischen Philosophie und wurde früher dazu verwendet, bei Rechtsstreitigkeiten die Standpunkte zu klären.

Diese Struktur hilft vor allem, aus festgefahrenen Denkmustern und Überlegungen auszubrechen und flexibler zu werden, was eine Lösung angeht.

Zu König Salomon, dem Richter, dessen Weisheit sprichwörtlich war, kamen zwei Nachbarn, die miteinander im Streit lagen.

Der erste trug seinen Standpunkt vor.

Der Richter hörte aufmerksam zu und sagte zu ihm, als er alles gehört hatte: „Da hast du recht."

Dann hörte er den anderen, der alles ganz anders vortrug. Er hörte aufmerksam zu und sagte auch zu ihm, als er alles gehört hatte: „Da hast du recht."

Der Wesir, der dem aufmerksam gefolgt war, konnte nicht mehr an sich halten und sprach dem König leise ins Ohr: „Die Aussagen der beiden widersprechen sich völlig. Sie können doch überhaupt nicht beide Recht haben!" Da wandte sich der König ihm zu, lächelte und sagte: „Da hast du Recht."

Aus: Claus Blickhan: Wege aus dem Konflikt: Vom Dilemma zum Tetralemma, 2005 Im Tetralemma geht man von vier Positionen aus. Das bedeutet, dass es im Modell darum geht, den ursprünglichen Rahmen – Entscheidungen zwischen zwei Möglichkeiten – zu erweitern und zu ergänzen. Damit erweitert sich die Perspektive und der Denkrahmen.

Die erste Position lautet: Das Eine.

Das ist die erste Überlegung, die Standardlösung, das Bekannte, das Übliche etc.

Die zweite Position lautet: Das andere.

Das ist die Alternative, das Neue, das Gegenteil zum „einen".

Die dritte Position lautet: Beides Hier wird eine Meta-Position eingenommen und von außen auf beide bisherigen Möglichkeiten geschaut und versucht beides gemeinsam zu betrachten und zu überlegen, wie beides berücksichtigt werden kann:

— durch zeitliche oder räumliche Abfolgen/Strukturen

— durch Sequenzen — mal das eine — mal das andere

— Ressourcentransfer — welche Stärken hat jedes einzelne Modell und wie kann ich diese vereinbaren bzw. im jeweils anderen Modell nutzen?

— Synthesen, die zu einem Konsens führen können

Die vierte Position lautet: Keins von Beiden.

Was wäre, wenn keins von beiden richtig wäre? Hier wird von außen geschaut, in welchem Kontext diese Situation entstanden ist. Vor welchem Hintergrund ist dieses Dilemma entstanden? Diese Möglichkeit eröffnet die Option, gar nicht mehr im alten Muster zu denken und sich nicht mehr in den üblichen Bewertungs- und Interpretationsschemata zu bewegen.

Dann gibt es noch eine andere Position: „Auch das nicht".

Hier schaut man noch einmal auf alle vier Möglichkeiten und stellt sich die Frage: Wenn das alles gar nicht die richtigen Möglichkeiten wären — wenn diese Situation vielleicht eine ganz andere Grundlage hat — was, wenn es gar nicht um dieses Thema geht? Was ist das Thema, was hinter diesen Entscheidungsprozessen stehen könnte? Was danach käme? Was der dahinterliegende Sinn sein könnte?

Wie kannst du vorgehen, wenn du eine solche Übung machst?

Wenn du einen Coach hast, der mit dieser Methode arbeitet – dann gibt es nichts weiter zu bedenken. Wenn du die Übung alleine machen möchtest, dann beschrifte 5 Moderationskarten bzw. Papiere mit den Überschriften:

DAS EINE – DAS ANDERE – BEIDES – KEINS VON BEIDEN – und AUCH DAS NICHT.

Platziere die Karten auf dem Boden in einem Viereck und „AUCH DAS NICHT" außerhalb und stelle dich jeweils neben eine Karte und gehe in Gedanken und Gefühlen in die jeweilige Option. Hierbei ist es wichtig darauf zu achten, dass du tatsächlich NUR DIE EINE OPTION innerlich bearbeitest und sie dir völlig vergegenwärtigst und so tust, als wärst du bereits in dieser Situation, die diese Option darstellt, also eine Vorstellung von der potentiellen Zukunft.

Frage dich dann:

- Wie fühle ich mich?

- Was denke ich über die Situation?

- Was denke ich über mich?

- Was tue ich dann?

- Wie entwickelt sich das weiter?

- Wie fühlt sich das im Körper an?

- Wie reagiert mein Umfeld auf die Situation?

- Wem werde ich ähnlicher?

- Wem werde ich unähnlicher?

- Was macht mir besonders Freude daran?

- Was gefällt mir nicht so gut?

Beschreibe deine Antworten im Präsens: „Ich bin…, ich tue, ich fühle… und notiere sie auf einem Papier. Wähle als Abschluss eine Geste dazu oder evtl. erscheint dir ein Wort, eine Farbe oder ein Symbol passend. Mache dir Notizen dazu.

Verfahre so mit den anderen Feldern. Abschließend kannst du spüren, was für dich am passendsten war, ggf. die Unterschiede herausarbeiten. Welche Option hat sich am besten angefühlt – wo fühltest du dich am lebendigsten?

Wo fühltest du am meisten Freude, Leichtigkeit, Glück? Was war am stimmigsten? Falls jemand – eine Freundin zum Beispiel - dabei ist, könnte sie dir mitteilen, wie sie das von außen wahrgenommen hat – welcher Gesichtsausdruck, welche Körperhaltungen sind ihr aufgefallen? Welche Veränderungen in der Stimme gab es?

Ergänzend kannst du auch alle Karten noch mal mischen mit der beschrifteten Seite nach unten, sie wieder am Boden verteilen, ohne dass du siehst, was darauf steht. Stelle dich in die Mitte und schließe die Augen. Dreh dich etwas und spüre in welche Richtung es dich zieht – wo es sich gut anfühlt. Das ist für alle diejenigen, die zu sehr im Verstand entscheiden und oft nur die Fakten prüfen. Gute Entscheidungen sind immer in Übereinstimmung mit dem Gefühl.

In der Regel bist du mit dieser Übung bezüglich deiner Entscheidung klarer und sicherer.

Manchmal ergeben sich aus dieser Arbeit auch andere Themen, die dieser Entscheidung zugrunde liegen: Wie sehr vertraue ich dem Leben? Wie sehr vertraue ich mir und meinen Fähigkeiten? Wieviel Freiheit für Veränderungen gestehe ich mir zu? Darf ich einen ganz eigenen Weg – anders als andere gehen? Darf ich meinem Herzen folgen? Darf ich eigenverantwortlich eine mutige Entscheidung treffen? Darf ich anders sein, als andere das von mir erwarten? Zum Teil sind es auch Themen aus den Feldern Selbstwert und Familienloyalität, die bei dieser Arbeit auftauchen.

Wenn du mit dieser Übung zu einer für dich stimmigen Entscheidung gekommen bist, dann wären weitere Schritte bzw. Überlegungen dazu hilfreich, um diese Entscheidung zu konkretisieren.

Dazu ist das Modell der „5 logischen Ebenen" nach Robert Dilts gut geeignet. Danach sollten auch noch die nächsten Schritte festgelegt werden. Betrachte deine Entscheidung, die getroffen hast und frage dich:

- Wenn ich diese Option wähle, wo bin ich dann?

- Mit wem bin ich in Kontakt?

- Wie sieht die Umgebung aus?

- Wie bin ich in dieser Situation?

- Welche Fähigkeiten und Kompetenzen habe ich dann? Welche brauche ich noch?

- Wie sieht mein Tagesablauf aus?

- Welche Tätigkeiten bestimmen meine Situation?

- Welche Abläufe kommen vor?

- Wie gestaltet sich mein Alltag, meine Freizeit?

- Welche Werte und Regeln bestimmen mein Leben?

- Welche Dinge sind mir wichtig?

- In welche großen Zusammenhänge ordne ich mich ein?

- In welche Organisation/Firma/Netzwerk – wo fühle ich mich zugehörig?

- Was ist der Sinn meiner Tätigkeit/Situation?

- Was ist die Aufgabe, die ich damit erfülle?

- Was ist der höhere Sinn für mich dann?

- An was glaube ich, wenn ich in dieser Situation bin?

- (im Sinne von Spiritualität/Religion, o.ä.)

Dann bleibt dir jetzt noch die einzelnen Schritte festzulegen, die zu tun sind: Was wäre ein erster kleiner Schritt, der in den nächsten Tagen erfolgen kann? Was kommt dann? Woran merkst du, dass du da angekommen bist, wohin du möchtest? Welche Kriterien kannst du wahrnehmen? – Was kannst du sehen, hören, fühlen, riechen, schmecken? Wann genau möchtest du was erreicht haben? Schreibe dir alle Schritte und Zeiten dazu genau auf. Achte darauf, dass alles, was du dir notierst, sich für dich gut und stimmig anfühlt und formuliere im Präsens und ohne Verneinungen. Also nicht: Ich würde gerne irgendwann mehr aufräumen. Sondern: Ich sauge die Wohnung mittwochs und freitags und putze samstags das Bad.

(Literatur:

Varga von Kibéd und Insa Sparrer: Ganz im Gegenteil –
Tetralemmaarbeit und andere Grundformen systemischer
Strukturaufstellung für Querdenker und solche, die es werden
wollen. Carl Auer Verlag, Heidelberg 2003)

BLING! BLING! MIT ZAUBERPOWER ZU MEINEM WOHLFÜHLGEWICHT!

Jasmin Marszalek

Jasmin Marszalek, Psychologische Beraterin, Hypnotiseurin, Abnehmcoachin & Mama dreier Kinder. Ihre Leiden der Übergewichtigkeit, die sich durch ihre Kindheit bis ins Erwachsenenalter zogen, hat sie geheilt und in ihrem Prozess ihre Berufung gefunden.

E-Mail-Adresse: praxis@ganzheitlichesabnehmen.de

Webseite: www.ganzheitlichesabnehmen.de

Facebookseite: www.facebook.com/ganzheitlichesabnehmen

Bling! Bling! Mit ZauberPower zu meinem Wohlfühlgewicht!

Meine Kindheit

Durch die Trennung meiner Eltern zog ich, als 3-Jährige, in ein neues Leben. Im Laufe meiner ersten Lebensjahre zogen wir so oft um, dass ich allein fünf verschiedene Grundschulen besuchte. Für mich war das kein Problem neue Freunde kennenzulernen.

Gegen Ende der 4. Klasse ging es darum, wie es weiter geht.

In meiner Grundschulzeit wurde ich oftmals gemobbt. Ich wusste mich zu wehren, doch es tat dennoch weh.

Meist kam die Verspottung von Klassenkameraden, die selbst übergewichtig waren. Auch vonseiten meiner Familie wurde mein Körpergewicht kritisiert.

Das verletzte mich so sehr, dass ich sprachlos da stand. Mein Wunsch war, in eine Kinderkur zu fahren, extra zum Abnehmen.

Ich stellte mir vor, wie es wäre, wenn ich während der Sommerferien die Kur besuchte und dann schlank in die Schule zurückkehrte.

Ich stellte mir vor, wie alle mich bewunderten und ich geliebt werde.

Doch weshalb es nie dazu kam, weiß ich heute nicht mehr.

Ich nahm für mich selbst ab. Beschäftigte mich schon früh damit.

Eines Tages kam der Tag, der mir bis heute im Kopf blieb. Der Tag der Beerdigung meiner Großtante. Mein Papa stellte mich einem unbekannten Mann vor. Er war so stolz und sagte: „Schau, das ist meine Tochter!" Niemals zuvor tat er irgendetwas in dieser

Richtung. Ich freute mich sehr. Auf der anderen Seite wurde mir klar, okay, ich muss also schlank sein, um geliebt zu werden.

Ich kam nach den Schulferien wieder in den Unterricht. Was ich dort erlebte, war für mich ein weiteres Zeichen, nur schlank geliebt zu werden. Ich wurde plötzlich gesehen.

Ich wurde um Hilfe gebeten. Sie bewunderten mich und dann auch meine schulischen Leistungen. Davor interessierte es keinen. Natürlich fühlte es sich unfassbar gut an. Ich fühlte mich wie im 7. Himmel.

Meine Jugend-Thema war bei mir weiterhin Essen oder Nicht-Essen. Mein Kopf war zermürbt von diesen Gedanken. Als wir ins Schullandheim fuhren, besorgte ich mir Alkohol. Ich wollte trinken, vielleicht auch ein bisschen dazugehören, cool sein. Ich wurde von meinen Mitschülern gefragt, ob ich auch etwas für sie besorgen kann. Klar. Ich wurde gebraucht. Da bin ich doch gerne da. Ich fand es genial, gesehen zu werden. Dazuzugehören. Ich trank. Ich wurde sentimental. Sagte: „Ich bin so fett!" Ich weinte. Meine Klassenkameraden sagten: „Du hast so toll abgenommen. Du bist nicht fett!" Mein Kopf: Ach ja, also war ich wirklich fett. Ihr lügt mich doch alle an. Ich bin immer noch fett! Dann nahmen sie mir die Flaschen weg, um mich zu schützen. Das war furchtbar. Denn ich wollte mich betrinken. Mich betäuben. Meinen Schmerz für kurze Zeit verdrängen. Ich hatte so viel Wut in meinem Bauch. Irgendwann war ich so erschöpft und schlief ein.

In der Pubertätszeit hatte ich auch so meine Flausen im Kopf. Ich trieb mich herum, um mich zu finden. Ich hatte keinen festen Freundeskreis, sondern schloss mich mehreren an. Die Vielfalt.

Ich wollte mich nie festlegen. Ich war innerlich so individuell und so war es für mich auch wichtig, individuell zu entscheiden, was mir gut tut. Ich lernte gerne neue Leute kennen. Ich war sehr offen. Das kam mir natürlich zu Gute.

Dann kam eine Zeit, in der ich mich sexy fühlte. Dann kam wieder ein Einbruch und ich wollte abnehmen. Das behielt ich für mich. Soll ja keiner erfahren. Langsam verzerrte sich mein Selbstbild nach und nach. Von der männlichen Seite habe ich viele Komplimente erhalten.

Auch meine Mutter versuchte viel auszuprobieren an Diäten. Daher war ich von Kindesbeinen immer top informiert, was es alles auf dem Markt gibt. Sie nahm mich überall hin mit. Auch in den Fitnessstudios war ich dabei. Wiegen wollte ich mich dort nie. Ich hatte wahnsinnige Angst davor. Ich war bei den Treffen von WW dabei. Und und und.

So langsam endete meine Schulzeit und ich sollte mich entscheiden, wie es weitergeht. Ach ich hatte so viele Facetten. Am liebsten wäre ich selbstständig. Mein eigenes Business. Über mich selbst entscheiden. Welch ein Traum. Irgendwann werde ich das schaffen. Vielleicht ein eigenes Restaurant. Auf jeden Fall was, wo ich entscheide, etwas, was mir liegt. Doch die Basis bietet eine fundierte Ausbildung. So wurde mir das eingetrichtert. Doch all das, was ich mir wünschte, bekam ich nicht. Ja zum einen der Wunsch zur Veranstaltungskauffrau. Dafür hatte ich den falschen Abschluss. Als Bauzeichnerin. Dafür hätte ich eine Schule besuchen müssen, für die meine Mutter kein Geld hatte. Ja was mache ich dann? Einfach das, was meine damalige beste Freundin machte. Kaufmännisches Berufskolleg.

Ich hatte absolut keinen Plan, was mich dort erwartete. Es klang so trocken. Na ja, besser wie gar nichts. Dort angekommen. Ein großes Gähnen und ein großes Fragezeichen. Hä?! Was soll ich damit?! Trocken. Langweilig. Zahlen. Soll und Haben. Keine Ahnung, was das sollte. Mit Guthaben auf der Bank konnte ich nicht dienen. Das wurde mir von Seiten meiner Mutter auch nicht vorgelebt. Hier war Minus das einzige Zeichen, welches mir mitgegeben wurde.

Nach einem Jahr dachte ich, was mache ich nun?! Okay, dann suche ich mir eine Ausbildungsstelle. Ich bewarb mich in der Gastronomie. Probetag in einem Restaurant. Vorstellungsgespräch in einem 4-Sterne-Hotel. An beiden Tagen erhielt ich die Zusage. Im Restaurant für die Ausbildung. Im 4-Sterne-Hotel für ein 4-monatiges Praktikum. Im Januar darauf könnte ich dann die Ausbildung beginnen. Ich entschied mich für das Praktikum, da ich dort größere Chancen für mich sah.

Ich zog also von zu Hause aus. Erst in das Hotel. Dann suchte ich mir eine eigene Wohnung, denn dort fühlte es sich an wie in einem Gefängnis. Auch wenn ich noch nie in einem Gefängnis war ;-) Natürlich gab es auch Dinge, die mich fasziniert haben. Das Edle, schickes Outfit, der Kontakt mit Menschen, die Manieren, das Hochwertige. Doch kurz darauf brach ich ab. Unter diesen ausbeutenden Umständen wollte ich nicht arbeiten. So zog ich wieder zurück nach Hause und bewarb mich für eine Stelle als Mitarbeiterin im Gastrogewerbe. Ich liebte es. Ich wusste einfach, dass ich es kann. Ich habe mich so großartig, so einzigartig in diesem Element gefühlt. Ich hatte auch Kollegen, die sich lieber in der hintersten Besenkammer aufhielten. Mir war Teamwork wichtig. Ein Füreinander. Ein Mitwirken. Was ich hier wieder erfahren durfte, war Ausbeutung und Falschheit. Ich kündigte. Ich ließ mich krankschreiben. Das macht man so, wenn man kein Bock mehr hat. Das hat mir meine Mutter schon früh unbewusst gelehrt. Okay, so ganz ohne Arbeit ist es ja auch doof. Ich fing über eine Zeitarbeitsfirma in der Produktion an zu arbeiten. Das hat so wahnsinnig Spaß gemacht. So toll.

Doch ich sollte ja auch etwas für die Zukunft tun. So bewarb ich mich auf eine Schule. Berufskolleg für Produkt-Design. Sehr vielfältig. Zeichnerisch, handwerklich, computertechnisch, Vorträge halten. Kurz darauf schmiss mich meine Mutter von zu Hause raus. Sie ging in eine Kur und ich machte mich schnell auf die Suche nach einer Wohnung. Da ich ja nicht mehr willkommen war und keine Unterstützung erwarten konnte, trug ich mit einem Getränkestapler meine neuen Möbel ein paar Straßen weiter in meine neue Mietwohnung. Ich hatte kaum Geld. Nur den Unterhalt meines Papas. In meine Schule habe ich weiter fahren müssen und allein für die Fahrkarte ging schon einiges an Budget flöten. Dann noch die Miete, Telefon- und Internetanschluss und was sonst noch an Luxus so anfällt. Dann zog es mich in die Schuldenfalle. Ach das kannte ich ja von meiner Mutter und meinem Stiefvater. Doch Rechnungen konnte ich nicht mehr öffnen. Die Angst davor war zu groß. Ein Jahr besuchte ich das Berufskolleg für Produkt-Design. Ich wohnte auf dem Dorf und bis ich dort in der Schule ankam, verging eine Ewigkeit. Wir hatten täglich Mittagsschule und somit war ich auch sehr spät zu Hause. Dann noch Hausaufgaben. Das war mir irgendwann zu viel. Dann ging ich einfach öfter mal nicht in die Schule. Ich bewarb mich auf den letzten Drücker für eine Ausbildung. Mir war egal, was es war, Hauptsache ich verdiene Geld. Im August 2007 hatte ich ein Vorstellungsgespräch zur

Kauffrau für Versicherungen und Finanzen. Der Chef fand Gefallen an mir und sagte mir gleich zu. Mittlerweile hatte ich auch wieder Kontakt zu meiner Mutter und sie bot mir an, bei sich einzuziehen, da sie in die Nähe meines Ausbildungsortes umziehen werden. Ich stimmte zu. Kurz darauf schmiss sie mich wieder hinaus. Mein Chef bot mir seine Hilfe an und kam zu den Wohnungsbesichtigungen mit, kaufte mir eine Waschmaschine, die ich bei ihm abarbeiten konnte. Er baute sie mir auf. Ich liebte es Sekretariatsaufgaben zu übernehmen. Ich liebte die Telefonkontakte, Besuche der Kunden, in Hotels chic angezogen zu den Vorträgen der Finanz- und Versicherungsgesellschaften zu fahren. Abends mit meinem Chef an einer Bar eine rote Weinschorle zu trinken. Es fühlte sich so luxuriös an.

Ich suchte einen Mann, mit dem ich eines Tages eine Familie gründen und heiraten kann. Ich lernte meinen jetzigen Mann kennen. Mein Chef fand das nicht so toll. Er mochte meinen Freund nicht, obwohl er ihn nicht kannte. Ich solle mir überlegen, was mein Traummann habe und was mein Freund hat und schauen, ob das wirklich meinem Traum entspricht. Von da an ging es bergab in meinem Ausbildungsbetrieb. Wobei ja, okay, die schulischen Leistungen waren nicht so der Burner. Waren ja auch das langweilige Rechnungswesen und Finanzen dabei. Das war ja, wie du bereits weißt, nicht mein Gebiet. Doch in der Praxis war ich top. Es kam sogar so weit, dass wir vor Gericht landeten. Ich mochte diese ganzen Anwaltsgeschichten nicht. Ich kannte das durch meine Mutter. Sie liebte es, vor Gericht zu gehen. Für mich hingegen war es ein Gräuel.

Ich suchte schnell nach einer neuen Arbeit. Es sollte ja Geld reinkommen. Ich kündigte meine Wohnung und zog zu meinem

Freund. Ich bewarb mich zur Produktionshelferin. Erfahrungsgemäß machte mir das ja Spaß. Vorstellungsgespräch lief. Der Chef bot mir an, anstatt als Helferin doch eine Ausbildung dort zu machen. Ich könnte gleich ins 1. Jahr einsteigen, da ich ja in meiner vorherigen Ausbildung schon im 2. Lehrjahr war. Es war April. Also bis September nicht mehr weit bis zum 2. Lehrjahr als Industriekauffrau. Gäääähn. Ja schon wieder so etwas Totlangweiliges, dachte ich. Auf der anderen Seite wurde mir ja immer gesagt: Du brauchst eine Ausbildung. Also stimmte ich zu. Doch die Voraussetzung war, so teilte ich es sogar meinem neuen Chef mit, dass es nicht wie in meiner vorherigen Ausbildungsbetrieb läuft. Überstunden, Psychoterror etc. Nein, niemals sagte er. Erste Woche. Okay, noch freundlich, aber Überstunden. Wenn du keine machst, wirst du schikaniert. Schule war puuuh. Total öde. Das was sich die darauffolgenden Monate abspielte, glich dem, was ich schon einmal durchmachte. Doch, nein, nicht wieder. Und schon gar nicht mit mir. Meinen Kollegen ging es ähnlich. Nur keiner ergriff die Initiative. Da ging ich mit gutem Beispiel voran. Sollen die anderen doch jammern. Ich bin mein eigener Chef. Wir vereinbarten unseren Vertrag aufzuheben.

Natürlich machte ich mir Gedanken, wie soll es weitergehen?! Was will ich?! Was will ich nicht?! Wo brauche ich nicht unbedingt eine Ausbildung?! Ganz klar war, zusammen mit einem Chef zusammenzuarbeiten, lief nicht. Das artet in Streit aus. Ich brauche eine Arbeit, bei der ich nicht direkt mit ihm in Verbindung stehe. Ich mache was anderes. Irgendetwas Praktisches. Irgendetwas, wo ich mich bewegen kann. Grübel. Grübel.

Jaaaa, ich hab´s. Ich gehe in die Altenpflege. Waaaas?! Niemals wollte ich dorthin. Alten Menschen den Hintern abputzen fand ich früher eklig. Das war ein Beruf, den ich niemals zuvor in Erwägung zog. Ich schaute nach Stellen. Das erste Vorstellungsgespräch verlief super. Ich durfte kurz darauf zur Probearbeit. Mich begleitete eine Kollegin durch das Zimmer des Grauens. Dieser Gestank. Ich war kurz vorm Erbrechen. Ich nenne es das Horrorzimmer. Dieses musste ich durchlaufen. Danach war ich geheilt. Ich bekam den Vertrag.

Die Schichterei, die Wochenendarbeit, das perfekt in der Arbeit sein, machten mich hungrig. Ich aß viel. Und nach und nach nahm ich wieder zu. Ich hörte auf zu Rauchen und nahm wohl noch mehr zu. Vermute ich. Denn ich trug Leggins und die Arbeitshosen waren verstellbar.

Dann war es soweit. Ich wurde schwanger. Die Gehilfinnen meines Frauenarztes verwiesen mich auf die Waage. Ich solle da drauf stehen. Was?! Nein! Geht das nicht ohne? Können sie das nicht evtl. nur ins System schreiben, ohne mir das Gewicht mitzuteilen?! Nein, es muss in den Mutterpass. Über 10 Jahre habe ich mich geweigert, auf der Waage zu stehen. Aus Angst, einen Schock zu kriegen. Aus Angst vor der Wahrheit. Aus Angst vor meiner eigenen Demütigung. Als ich die Zahl sah, traf mich der Schlag. Über 91 kg. Nie, nie, niemals habe ich mit solch einem Gewicht gerechnet. Ich war gekränkt. Warum ist mir das nicht aufgefallen?! Ich habe mich doch gut gefühlt. Doch weniger zu essen war nicht die Option. Also zumindest habe ich keinen Gedanken danach dran verschwendet. Im Gegenteil, aus Frust aß ich noch mehr. Ich stopfte alles wahllos in mich hinein. Ich aß Portionen, die mächtig waren. Ich nahm einen Nachschlag.

Meine freie Zeit versuchte ich mit Essen zu füllen. Ich ging einkaufen, nur um noch eine Tüte Chips oder Kekse zu ergattern. Es war eine regelrechte Sucht. Dass ich keine Schwangerschaftsdiabetes bekam, glich einem Wunder. Die Frauenarztbesuche wurden nicht besser. Im Gegenteil. Ich hatte jedes Mal um einiges mehr auf der Waage. Jedes Mal ein erneutes Entsetzen in meinen Augen und in meinem Körper. Kaum aus der Praxis draußen, Frustessen.

Gut, zum Ende mit knapp 120 kg kam mein erstes Kind auf die Welt. Ich war glücklich und aß vor lauter Glück schön weiter. Nach drei Wochen stand ich auf der Waage. Nein! Nein! Nein! Das kann einfach nicht sein. Ich dachte, die Waage sei kaputt. Ich stellte sie woanders hin und wog mich erneut. Gleiches Ergebnis. 3 kg weniger. Nach drei Wochen?! Mein Kind wog schon mehr als 3 kg. Wie kann ich plötzlich mehr wiegen?! Nach Plazenta-, Blut- und Wasserverlust?! Ein gelber Lichtstrahl erfasste mich und von da an, aß ich, ohne darüber nachzudenken, nur noch 3 Mahlzeiten am Tag. Portionen waren minimal. Kein Zucker, kein zwischendurch essen. Abends keine Kohlenhydrate. Acht Wochen nach der Geburt war ich auch in der Lage, einen täglichen Spaziergang einzulegen. Ich entdeckte Nordic Walking für mich. Ich war ja unterbewusst schon gebrieft, was Abnehmen angeht. Daher lief es wahrscheinlich auch einfach so. Es war sooo ein geniales Gefühl: „Nein, danke!" zu sagen, wenn mir jemand Kuchen anbot. Nach 5 Monaten hatte ich 47 kg weniger. Ganz schön wenig fand ich zu dieser Zeit. Heute weiß ich, es war grandios, was ich geleistet habe. Ich dachte, wie kann es schneller gehen?! Was ist die nächste Stufe?! Nach fünf Monaten geht das Gewicht einfach nicht mehr so schnell runter wie zu Beginn. Na gut, also faste ich. Ich darf dazu sagen, ich hatte keine

Ahnung vom Fasten. Ich machte es trotzdem. 2-3 Tage lang. Ich kroch zum Bad. Irgendetwas hatte ich falsch gemacht. So ein Mist. Ich begann wieder mehr zu essen, Zwischenmahlzeiten einzulegen und Zucker zu mir zu nehmen. All das, was ich eigentlich nicht wollte. Ich versuchte jedoch mein Gewicht zu halten. Das habe ich recht gut geschafft.

Ich wollte meinem Kind ein Vorbild sein. Nicht nur was den Körper und die Bewegung angeht, sondern auch beruflich. Mir war wichtig, meinem Kind zu sagen: Ja, schau, deine Mama hat eine Ausbildung gemacht. Schließlich wünsche ich mir ja später auch, dass sie ihren Weg geht, ohne diese Hürden, die ich gehen durfte. Ich begann ein Fernstudium zur Kosmetikerin. Ich liebte den Beautybereich. Mir machte das unheimlich Spaß. Theorie war gut. Praxis war top. Ich stand zwischen einer 1 und einer 2. Der Schulleiter fragte die Praxisdozentin, wie sie mich einschätzt. Eine 1. Ja genial. Kurz darauf erhielt ich mein Zeugnis per Post. Eine 2. Es wurde doch gesagt, eine 1. Ich rief also an und fragte nach. Das Gespräch zum Leiter wurde abgeblockt. Ich schrieb eine Mail. Dann wurde mir mit dem Anwalt gedroht. Ach, du weißt ja, ich mag diese Anwaltsgeschichten nicht. Aber mit einer 2 kann ich nicht in die Welt raus. Das geht nicht. Eine 2 war für mich wie eine 6. Also habe ich das Kapitel erst einmal gedanklich beiseitegelegt.

Ich wurde erneut schwanger. Nach ein paar Monaten nahm ich zu. Ist ja so üblich in einer Schwangerschaft. Doch es war für mich grauenvoll. Ich litt sehr. Ich konnte jedoch nicht aufhören Käse und Nüsse zu essen, die ja bekanntlich viel Kalorien haben. Meine Psyche schlug in ein absolutes Tief. Ich bat meinen Frauenarzt einzuleiten. Ich halte es nicht mehr aus. Doch vor dem errechneten Termin kam das für ihn nicht in Frage. Ich hatte insgesamt auch nur 13 kg zugenommen. Was absolut im Rahmen ist, wenn man es rein logisch betrachtet. Es wurde am ausgerechneten Entbindungstermin eingeleitet. Meine zweite Tochter kam zur Welt. Ich war so glücklich. Die Ärzte baten mir psychologische Hilfe an. Doch ich sah keinen Bedarf. Schließlich möchte ich nun für meine Tochter da sein.

Die Gewichtsabnahme ging so verdammt schwer. Dabei hatte ich ja gar nicht so viel zugenommen. Es war ein Kampf. Ich schaffte es doch irgendwie.

Ich wollte wieder raus, arbeiten. Da mein vorheriger Vertrag im Altenheim nur befristet war und wir zudem ein Haus woanders kauften, machte ich mich auf die Suche nach einer neuen Stelle. Klar war, dass ich nach einem Jahr zu Hause wieder in die Pflege möchte. Ich bewarb mich und bekam prompt eine Stelle im öffentlichen Dienst. Klasse. Ich konnte so arbeiten, dass mein Mann oder meine Schwiegermutter auf die Kleinen aufpassen konnten.

Dann nahm ich wieder zu. Ich konnte es an der Kleidung spüren. Ich hatte Etliches ausprobiert. Ich suchte einen Hypnotiseur auf und habe kurz darauf bemerkt, dass ich gar keinen Appetit mehr auf die Süßigkeiten hatte. Meinen Kollegen blieb also endlich auch mal etwas übrig. ;-) Vier Wochen hielt es an. Dann ließ die Wirkung nach. Was kann ich tun?! Ich trank Shakes, aß LowCarb, ließ mir Tropfen gegen den Heißhunger verschreiben, die in Deutschland eigentlich nicht zugelassen waren, habe Tabletten gegen Adipositas bekommen, obwohl ich nur leicht übergewichtig, nicht adipös war. Ich trieb mich in

Magersuchtsforen herum. Ich wollte auch so sein wie sie. Einfach ohne Essen. Ich wollte nicht mehr, dass Essen ein Thema ist. Ich wollte es aus meinem Leben verbannen. Seit der Kindheit beschäftigte mich dieses Thema und ich kannte alle Abnehmmethoden, die es auf dem Markt gab. Kurze Zeit schaffte ich es nichts zu essen. Doch das hielt ich nur ein paar Tage durch. Bis ich die Nachricht von meinem Vater erhielt. Lungenkrebs im 4. Stadium. Ich wusste gar nicht, was 4. Stadium heißt. Ich googelte. Endstadium. Nichts mehr zu machen. Da ich bereits über die Patientenverfügung und Generalvollmacht verfügte, wollte ich voll und ganz für ihn da sein. Ihm zeigen, dass er stolz auf mich sein kann. Dass er sich auf mich verlassen kann. Diese kurze Zeit der Krankheit bis zu seinem Tod war voller Höhen und Tiefen. Als ich einen Blick auf die Bilder warf, was sich innerhalb 3 Monaten abspielte, war ein Zeichen, wie emotional ich behaftet war. Wie ich meine Gefühle mit Essen und Nicht-Essen kompensierte. Diese Bilder zeigten mich in schlank, in dick, wieder schlank, wieder dick. Auch danach kreisten meine Gedanken um das Essen und Nicht-Essen. Ich verfing mich im Binge Eating. Wer es nicht kennt, dies ist eine Essstörung, in der man immer wieder Fressanfälle hat. Bis ich eines Tages zusammenbrach. Es musste erst soweit kommen, bis ich aufwachte. Ich holte mir psychologische Hilfe. Nach ein paar Sitzungen sagte mein damaliger Therapeut, ich solle mal erwachsen werden. Ein Schlag ins Gesicht. Das saß. Also suchte ich jemanden anderen. Die neue Therapeutin war sehr direkt. Es tat mir ganz gut. Doch war es nicht das, was ich brauchte. Eine Nachbarin, die von meinem Zusammenbruch mitbekam, stellte mich vor eine große Herausforderung. Sie ging mit mir ins Schwimmbad. Es war so schrecklich. Eine schwere Hürde. Ich habe mich so unwohl gefühlt. Doch es war ein wichtiger Meilenstein. Ich verbrachte mit mir selbst viel Zeit, reflektierte, löste Blockaden.

Zurück zur Arbeit

Mir wurde klar, wie wenig Zeit für die Bewohner im Pflegeheim bleibt. Zeit für Gespräche, Zeit, um einfach nur da zu sein. Ich begann eine Fortbildung zur Sterbebegleiterin. Danach kann ich ehrenamtlich arbeiten und so viel Zeit mit den Sterbenden verbringen, wie sie brauchen, nicht wie es vorgeschrieben ist. Das war so erfüllend.

Und immer mehr erwachte mein Bedürfnis etwas zu machen, was mir entsprach. Meinen Traum wahr werden lassen. Irgendwann in die Selbständigkeit zu gehen. Die ganzen Jahre blieb dieser Traum verborgen. Wo genau es mich hinzog, war noch nicht ganz klar. Doch für Mystik, für das Nicht-Sehbare, für Hypnose etc. hatte ich schon als Kind einen Faible. Ich hatte Fähigkeiten, das spürte ich. Ich war anders, mehr im Gefühl, wie andere. Ja, ich hab es. Ich erlerne Hypnose. Das ist genau meins. Es fasziniert mich. Gebucht. Gleich nach dem Basiskurs noch den Fortgeschrittenen-Kurs. Ich war sowas von fasziniert und begeistert von meinen feinfühligen Antennen. Mit dem gehe ich raus in die Welt. Ich wollte jedoch tiefer gehen. Jetzt hatte ich ein Ziel, eine Vision. Ich wollte nie nie wieder zurück in die Welt der Pflege.

Was mich seit meinem Tod meines Vaters begleitete, war die dauerhafte Müdigkeit. Ich wusste nicht, woher sie kam. Ich durchlief eine Odyssee an Arztbesuchen. Ich wollte wirklich alles testen, was nur möglich war. Nichts. Gar nichts. Doch meine

Müdigkeit trieb mich weiterhin in den Wahnsinn. Lange hat es gedauert bis ich erkannte, was dahinter steckte. Jahre. Durch das „Funktionieren" ab der Bekanntgabe der Diagnose meines Papas, begann auch die Müdigkeit. Um diese zu kompensieren aß ich mehr. Das befriedigte mich für einen Moment bis ich anschließend wieder gefrustet war, mich unwohl fühlte. Doch, lange schaute ich nicht dahinter, was überhaupt die Müdigkeit wirklich auslöste. Mittlerweile habe ich es erkannt.

Ich wurde schwanger mit Kind Nr. 3. Gleichzeitig verabschiedete ich mich von meiner Therapeutin. Mir und meinem Körper schenkte ich nach und nach mehr Vertrauen. Angestoßen durch eine Frau, die ihre Kinder alleine auf die Welt brachte. Immer mehr beschäftigte ich mich mit mir und meinem Körper. Ich hatte daraufhin eine Traumgeburt. Im vollsten Vertrauen in mich. Ein Weg in die Heilung.

Welchen Weg schlug ich beruflich ein? In meiner Elternzeit absolvierte ich eine Ausbildung zur Heilpraktikerin für Psychotherapie. Bestanden. Ich lernte dort alles, was ich nicht darf. Ich zog die Prüfung für das Gesundheitsamt vor mir her. Irgendetwas stoppte mich. Parallel machte ich eine Ausbildung zur Psychologischen Beraterin. Hier erlernte ich Praxiswissen. Da Trauer noch weiterhin ein Thema war, sowohl für mich als auch für die Angehörigen der Sterbenden, schloss ich eine Ausbildung zur Trauerbegleitung an. Es fühlte sich erst einmal komplett an und ich ging raus in die Offlinewelt. Zuwider des Hospizvereines, in dem ich Mitglied war. Sie waren nicht so begeistert. Ich beschloss meinen Weg alleine weiter zugehen.

Die ersten Klientinnen kamen zu mir.

Hypnose war kein Problem. Das verkörperte ich. Psychologische Beratung mit den erlernten Fragetechniken war hingegen stocksteif und entsprach nicht meinem Wesen. Für mich war dann klar, meine Intuition ist magisch. Die setze ich ein, weil ich dann die besten Ergebnisse erziele. Genauso arbeite ich und es ist wahnsinnig bereichernd. Ich habe mich gegen eine Prüfung beim Gesundheitsamt entschieden, weil ich mit Frauen arbeite, die keine schwerwiegenden Diagnosen haben, sondern bereit sind bzw. sein können, für eine tiefgehende Veränderung. Damit erziele ich mit jeder einzelnen Klientin grandiose, berührende Ergebnisse. Mich macht das so glücklich, diese Fortschritte zu beobachten und zu feiern.

Doch wie kann ich mehr Klientinnen glücklich machen?! Online. Online mmh. Ja das war nicht so meine Welt. Ich war nirgends angemeldet. Ja sogar von WhatsApp meldete ich mich vor Jahren ab. Na gut, ein Versuch ist es wert. Es kam der Tag, als ich ein Vorher-Nachher-Körperbild online stellte. Was ich daraufhin für Nachrichten erhielt, war verblüffend. Eine Business Coachin sagte, jetzt verstehe ich, was du da machst. Willst du nicht in diesen Bereich dich spitzer positionieren?! Mmh ja, ich war noch nicht ganz schlüssig. Gut hörte es sich auf jeden Fall an. In der Zwischenzeit hatte ich ab und an mehr den Fokus darauf.

Währenddessen erschuf ich einen Club für Mamas, in dem ich unter anderem auch diese Themen anspreche. Eine Membership, in der wie in Gruppencoachings auf die Hintergründe der Mamathemen eingegangen wird. Sie funktionieren einfach nur noch. Vergessen sich selbst. Ihre Bedürfnisse stellen sie in den Hintergrund. Um dies zu kompensieren, essen sie die Essensreste der Kinder oder greifen in die Naschkiste. Sie fühlen sich unwohl in ihrer Haut und übertragen ihre Gereiztheit auf ihre Kinder. Ich weiß, wovon ich spreche. Doch ich habe eine Transformation hinter mir. All die Erziehungsratgeber zeigen nicht all das auf, was für ein reibungsloses und harmonisches Familienleben wirklich von Bedeutung sind. Nämlich sie selbst. Auf psychologischer und spiritueller Ebene kann ich schon eine Menge beitragen, damit sie mehr und mehr ihre eigenen Bedürfnisse wahrnimmt und lebt. Doch nur aus Erfahrungen zu sprechen, reichte mir nicht aus und begann eine Weiterbildung zur Abnehmcoachin und Fastenleiterin.

Nun kann ich auf allen Ebenen Frauen unterstützen, die mit ihrem Körpergewicht kämpfen. Mir ist wichtig, all die Frauen anzusprechen, die abnehmen möchten. Frauen, die keinen Bock mehr auf all die Diäten haben, an denen sie schlussendlich scheitern. Mit meiner entwickelten Holistic-Methode kannst du nachhaltig und effektiv dein Wohlfühlgewicht erreichen. All die negativen Abnehmblockaden lösen, frei werden von all diesen negativen Gedanken gegenüber dem Essen. Ziel ist es, dass sich Frau wieder fühlt, ihren Körper und sich lieben lernt, und frei von all den blockierenden Gedanken ist. Ich werde oft gefragt, wie funktioniert denn die Holistic-Methode genau. Wie du aus meiner Geschichte herausliest, macht abnehmen alleine nicht glücklich. Danach fangen dich die Ängste, wieder zuzunehmen, ein. Dem wirke ich mit meiner Methode entgegen, da sie ganzheitlich wirkt. Auf jeder Ebene deines Bewusstseins.

Wie oft kasteien sich Frauen, um ihr Gewicht zu erreichen und sind dann frustriert, kämpfen gegen sich. Ich bin ein Gegner von übergestülpten Ernährungsformen oder Diäten, die dir gar nicht als Individuum entsprechen. Ich sehe meine Berufung darin, Frauen in ihr Gefühl zu bringen, ihre Gefühle anzunehmen und wirklich zu fühlen. Erst dann kann ich sie loslassen. Wenn du das tust, spürst du, wie es leichter in dir wird. Zauber, Zauber, Power. Der Blick auf die Waage ist dann passé, denn du hast tiefes Vertrauen in deinen Wohlfühlkörper entwickelt.

Daher darfst du als Basis inneren Ballast loswerden. Daraufhin wirst du erkennen, dass du mehr und mehr Lust hast dich zu bewegen, dich gesund zu ernähren.

Das Wichtigste dabei ist, du lernst auf deinen weiblichen Körper zu hören und handelst dementsprechend. Bitte mache Schluss mit all den Diäten.

Der einzig "korrekte" Abnehmplan bist du und dein Körper. Er sagt dir schon, was dir bekommt und was nicht. Wenn du das mit Spaß verbindest, die ZauberPower in dir aktivierst, ist die Abnehmerei eine Leichtigkeit. Beginne doch gleich einmal morgens mit einem Blick in den Spiegel. Rücken aufrecht. Schultern richten. Brust raus. Kinn leicht heben und LÄÄÄCHEEEELN! Cheese! Ja, genau so! ;-) Du entscheidest, wie du dich fühlen willst. Fang jetzt damit an!

Ich freue mich auf deine Geschichte.

Jasmin –Female Weight Consultant

IST DAS LIEBE ODER KANN DAS WEG?

Stefanie Siebe

Stefanie Siebe steht für die Aktivierung mentaler Selbstheilungskräfte für innere Ruhe und Klarheit. Dabei geht sie davon aus, dass Körper, Geist und Seele in diesem Prozess immer zusammen gehören, dass jeder Mensch seinen individuellen Weg zur Heilung erlebt und dass jeder zur Selbstheilung fähig ist, wenn er die dafür notwendigen Schritte geht. Mit „Selbstheilung für Anfänger" hat sie eine Plattform für all diejenigen geschaffen, die verstanden haben, dass es für diesen Weg nur wenig Abkürzungen gibt und jeder ihn selbst gehen und erleben muss.

Als Mentorin, Heilerin und Heilpraktikerin für Psychotherapie schöpft sie neben ihrer persönlichen Lebenserfahrung aus einem großen Erfahrungsschatz aus ihrer hypnoenergetischen und der systematischen Begleitung sowie ihrer Anbindung an das Quantenfeld.

Unter dem Motto „Ist das Liebe oder kann das weg" gibt sie ganzheitliche Impulse, inspiriert in Beiträgen und Webinaren, begleitet bei persönlichen Prozessen mit Hypnose und Energetik, ermuntert und ermächtigt ihre „Mentees", ihren eigenen Weg eigenständig zu gehen und sich auszuprobieren.

Die Belohnung: Innere Ruhe und Klarheit, mehr Energie und Glücksgefühle im Alltag, eine bessere Gesundheit, eine wirksame Entscheidungsfähigkeit, harmonischere Beziehungen und die Fähigkeit seine Manifestationsfähigkeiten zu entwickeln und auszubauen.

Beim Manifestieren geht es in ihrer Welt um innere Klarheit, Ausdauer und – ganz wichtig - um Gedankenhygiene! Erfolg oder Misserfolg ist nur ein Gedanke aus unterschiedlichen Richtungen. Warum mit der falschen Definition von Erfolg der Misserfolg dein Begleiter sein wird.

E-Mail-Adresse: info@stefanie-siebe.de

Webseite: www.stefanie-siebe.de

Facebookseite: https://www.facebook.com/Stefanie-Siebe-107445090892450/

Ist das Liebe oder kann das weg?

Würdest du mich fragen: „Steffi, entfaltet sich meine ZauberPower eigentlich erst, wenn ich erfolgreich bin oder kommt erst die ZauberPower und dann der Erfolg?"

Dann würde ich dir antworten: „Ich glaube, es beginnt schon mit deiner Definition von Erfolg. Fühlt sich Erfolg für dich leicht oder schwer an? Denn Erfolg oder Misserfolg

ist nur ein Gedanke aus unterschiedlichen Richtungen. Und mit der falschen Definition von Erfolg wird sich deine ZauberPower nur schwer entfalten können.

Ist das Liebe oder kann das weg?

Von: mir <mir@Freundin.de>

An: Stefanie Siebe <info@stefanie-siebe.de>

Betrifft: Was soll ich tun?

Liebe Steffi,

wie du weißt, will ich mich mit meiner Geschäftsidee online platzieren. Wir hatten schon drüber gesprochen. Aber mittlerweile weiß ich nicht mehr, wo mir der Kopf steht. Und weil ich so gar keine Unterstützung in meiner Umgebung habe, mein Mann meckert eh, weil ich keine Zeit für ihn habe. Immer muss ich alles alleine machen, mein Hauptjob ist ja auch noch da... ich weiß nicht. Vielleicht lass ich es lieber. Ich meine, der Erfolg ist mir ja nicht mal garantiert!

Was, wenn ich es nicht schaffe, ich sehe die Gesichter schon vor mir... „habe ich dir doch gleich gesagt, dass du da ein wenig zu hoch gegriffen hast." „Schuster, bleib bei deinen Leisten" oder meine Mutter „Kannst du nicht zufrieden sein mit dem, was du hast?"

Ach Mensch, ich könnte heulen. Ich habe mir doch schon so lange alles manifestiert. Aber da kommt einfach nichts. Jetzt stecken schon so viel Arbeit und Zeit drin, ich will eigentlich noch nicht aufgeben. Aber mir fehlt gerade auch echt die Energie...Steffi, du hast das doch schon hinter dir! Wie hast du das gemacht?

Liebe Grüße,

deine Freundin

Von: Stefanie Siebe <info@stefanie-siebe.de>

An: mir <mir@Freundin.de>

Betrifft: RE: Was soll ich tun?

Liebe Freundin,

ich fühle mit dir!

Du willst deine größten und wildesten Träume leben und das pure Glück spüren. Deshalb willst du dich ja auch selbständig machen, einfach weil du dich da richtig entfalten kannst! Aber bis es soweit ist, ist es eben auch eine Menge Arbeit, das vergessen viele. Und sich etwas manifestieren heißt ja nicht, dass einem alles, simsalabim, auf dem Silbertablett serviert wird und man nix dafür tun muss! Das funktioniert, glaube ich, bei den wenigsten Menschen.

Und ja, du hast recht, ich habe das schon hinter mir – und in manchem auch noch mittendrin. Persönlichkeitsentwicklung hört nie auf!

Ok, für dich lass ich dann mal die Hose runter.

Online tätig zu werden, war nie mein Bestreben. Ich habe eng mit Menschen zusammengearbeitet, immer schon.

Die globalen Veränderungen haben auch mich dazu gebracht, meine Beratungs- und Seminartätigkeit auf die Online-Schiene zu verlegen. Null Ahnung von dem ganzen Kram, aber mit einer Menge Naivität. Gut, dass ich damals noch nicht wusste, dass ca. 90% aller Online-Marketer beginnen und wieder aufhören, weil sie zu wenig oder keinen Erfolg haben.

Weil es schwerer war als gedacht. Weil weder Bling und Bling und „Chacka, du schaffst das!" genauso wenig helfen, wie nur über den Erfolg zu meditieren oder nächtelang durchzuackern und sich aufzureiben.

Ich habe mich entschieden, zu den restlichen 10 Prozent zu gehören. Ich habe die rosa Brille abgenommen und mich in diesem Entwicklungsprozess noch einmal völlig neu kennengelernt.

Ich rate dir also: hör nicht zu früh auf und hör vor allem auf, nach außen zu schauen. Nicht auf die Erwartungen deiner Umgebung, nicht auf die Erfolge der anderen im Netz. Geh noch mal einen Schritt zurück – warum wolltest du das noch mal durchziehen?

Halt die Ohren steif,

hugs n´ smiles,

deine Steffi

Von: mit <mir@Freundin.de

An: Stefanie Siebe <info@stefanie-siebe.de>

Betrifft: RE: RE: Was soll ich tun?

Ach, ich danke dir, du Liebe!

ja, du hast Recht… ich hatte das schon fast vergessen.

Aber sag mal, was meinst du denn noch mal damit, dass du dich selbst völlig neu kennengelernt hast? Ich dachte, ich kenne kaum einen Menschen, der so reflektiert ist wie du…

Von: Stefanie Siebe <info@stefanie-siebe.de>

An: mir <mir@Freundin.de>

Betrifft: RE: RE: RE: Was soll ich tun?

Naja, wie gesagt, Persönlichkeitsentwicklung hört nie auf! Es lief halt nicht so, wie ich mir das vorgestellt habe. Ich kam einfach nicht in den Flow.

Die Zweifel, die mental angezogene Handbremse, das sich-selbst-im-Weg-Stehen – trotz des hüpfenden Herzens, trotz des Sogs, trotz der Sehnsucht nach einem erfüllten Leben, in dem ich all das machen kann, was ich möchte.

Das habe ich mir natürlich angeschaut. Dabei habe ich Glaubensmuster, Selbstlügen, Selbstverleugnung und Selbstbetrug schonungslos aufgedeckt. Aua.

Und ich habe sie aufgelöst. Das hat tatsächlich auch ein bisschen gedauert.

Dabei hat mir die Frage „Ist das Liebe oder kann das weg" geholfen, in mir aufzuräumen. Und ich habe unter dem ganzen alten Kram Mut, Ausdauer, Entscheidungsfähigkeit, Vertrauen und bedingungslose Liebe zu mir selbst gefunden. Das ist ein super Gefühl!

Von: mir <mir@Freundin.de>

An: Stefanie Siebe <info@stefanie-siebe.de>

Betrifft: RE: RE: RE: RE: Was soll ich tun?

Oh, das ist schön…. Ja, da ist viel nicht-liebevolles in meinem Denken, stelle ich gerade fest. Steffi, du kennst mich. Du weißt, ich bin nicht Chacka. Ich bin nicht Wohoooo. Ich bin ein Mensch, der sehr viel denkt und sich wohl fühlt, wenn er die Dinge im Griff hat. Der vor lauter MACHEN auch mal seine Bedürfnisse völlig übersieht und erst dann ruht, wenn die Systeme zusammenbrechen. Dann werden mir ein paar Tage „Erholung" aufgezwungen. Durch Migräne. Oder durch einen netten Hexenschuss.

Ist das „typisch Frau"? Ist das so, wenn man sich als Frau auf den Weg macht, sich neben Beruf und Familie etwas Eigenes aufzubauen?

Und ich glaube, dass es unglaublich viele Frauen da draußen gibt, die das genauso erleben. Haben Männer die gleichen Probleme?

Von: Stefanie Siebe <info@stefanie-siebe.de>

An: mir <mir@Freundin.de>

Betrifft: RE: RE: RE: RE: RE: Was soll ich tun?

Keine Ahnung, ich denke, die Männer haben auch ihre Herausforderungen und Zweifel.

Und, liebe Freundin, wir sind uns ähnlicher, als du denkst! Wie häufig hat mich mein Körper lahmgelegt – und ich bin ihm dankbar dafür! Denn das ist ja die Sprache meiner Seele, wenn ich anders nicht auf sie höre!

Aber was ich glaube ist, dass wir Frauen verbunden sind durch unsere kollektive, weibliche Vergangenheit. Und dass unsere direkte Prägung ganz viel damit zu tun hat, ob wir an uns glauben können und uns so sehr lieben, das zu tun, was uns glücklich macht. Statt uns von alten Konventionen und Glaubensmustern zurückhalten zu lassen.

„Das kannst du nicht."

„Eine Frau muss sich in erster Linie um ihre Familie kümmern."

„Eine Frau arbeitet ihrem Mann zu, statt etwas Eigenes zu schaffen."

„Du bist versorgt, wenn du verheiratet bist."

„Es ist gefährlich, sich zu zeigen."

„Männer mögen keine selbstbewussten Frauen."

„Ich bin nicht kompetent genug."

„Erfolg ist nur etwas für reiche Menschen."

„Streng dich halt noch mehr an, dann wird das."

Alles Glaubenssätze, die es dir schwer machen, an dich und deinen Erfolg zu glauben.

Du glaubst, das sind doch alles Glaubenssätze aus dem vorherigen Jahrhundert? Das ist doch typisch 50iger Jahre? Das ist doch heute nicht mehr so? Dann lass dir gesagt sein, dass so manches versteckt in uns schlummert und uns zurückhält, das zu tun, was wir wirklich wollen.

Von: mir <mir@Freundin.de>

An: Stefanie Siebe <info@stefanie-siebe.de>

Betrifft: RE: RE: RE: RE: RE: RE: Was soll ich tun?

Oha, bitter, ich finde mich da voll wieder...

Vor allem, was du da über den Erfolg geschrieben hast. Den Satz habe ich in ähnlicher Form von meinem Opa immer gehört. Und mein Papa hat immer über die Geldsäcke geschimpft, dass die keinen Charakter hätten... Ich weiß nicht, da war auch bestimmt unterschwellig Neid dabei...

Aber schau mich an? Wie soll ich mich denn erfolgreich fühlen? Was habe ich denn schon vorzuweisen? Im Gegensatz zu den ganzen Erfolgreichen da draußen, du gehörst ja auch dazu... Du hast diese Probleme doch mit Sicherheit gar nicht.

Von: Stefanie Siebe <info@stefanie-siebe.de>

An: mir <mir@Freundin.de>

Betrifft: RE: RE: RE: RE: RE: RE: RE: Was soll ich tun?

Ja, klar, ich habe ganz viel geschafft. Ich bin unglaublich erfolgreich – weil ich Erfolg mit einer eigenen Definition belegt habe.

Und das möchte ich dir, liebe Freundin, unbedingt mit auf den Weg geben.

Miss deinen Erfolg nicht an den Werten, wie sie häufig in unserer westlichen Kultur vermittelt werden. Jahrelang habe ich eine heimliche Scham mit mir herumgetragen. Ich dachte, ich würde mein Leben nicht „gebacken" kriegen, weil ich nicht zweimal im Jahr in den Urlaub fahren kann, meine Kleidung immer noch günstig einkaufe, zur Miete wohne und einen Kleinwagen in Raten abbezahle. Es gab Zeiten in meinem Leben, als ich beim Tanzen gehen immer Leitungswasser bestellt habe, weil das Geld nicht für ein Bier oder einen Wein gereicht hätte... So what! Als würde mich das zu einem schlechteren Menschen machen!

Wenn du es schaffst, Erfolg mit einem anderen Blickwinkel zu betrachten, dass statt Scham und dem Gefühl der Wertlosigkeit und Schwere, Freude und Leichtigkeit in dein Leben treten kann, dann hast du schon mal einen riesigen Schritt FÜR DICH getan!

Du möchtest online erfolgreich werden und siehst all die anderen Coaches, Networker, Dienstleister, die vor dir auf dem Online-Markt waren und die schon „den Platz belegt haben"?

Lass dich nicht von den „Erfolgen" in den sozialen Medien täuschen. Wo immer alles so tutti aussieht. Wo es alle anderen „geschafft" haben, nur du selbst nicht!

Soll ich dir erzählen, wie viele Menschen mich angesprochen haben, Freunde, Bekannte, als ich 6 Monate auf den sozialen

Medien aktiv war? Immer in dem Tenor: „Na, du hast es ja geschafft! Das läuft ja Bombe bei dir!"

Ja, aber was ist denn „geschafft"? Ich war und bin immer noch im Aufbau einer Community, habe mich mit einer Vielzahl von technischen Belangen herumgeschlagen, die dazu gehören, wenn ich mein Potenzial, meine Talente auf die virtuelle Straße bringen will.

Natürlich habe ich einen Beitrag nach dem anderen rausgehauen. Habe mit Canva experimentiert, Kurse für Videodreh, Videoschnitt, YouTube, Onlinekurserstellung besucht, saß heulend vor dem PC, weil ich es nicht geschafft habe, eine vernünftige Optik für eine Landingpage auf meiner WordPress Seite zu erstellen – und das alles neben meinem Angestellten-Job!

Aber ich hatte überall Erfolg! Warum? Weil ich weitergegangen bin. Schritt für Schritt.

Probleme mit Canva-Posts und Video-Bearbeitung? Mehrere YouTube Tutorials angeschaut, rumprobiert und eine Freundin gefragt, die irgendwie mehr Style als ich hat. Hat sie immer noch. Aber es wird bei mir und wir machen das jetzt zusammen! Und das macht so viel Spaß!

Mein Erfolgsmoment? Mein Glaubensmuster „Ich muss alles alleine machen" stimmt nicht mehr für mich.

Ich habe erkannt, dass es viel schöner ist, mit jemanden zusammenzuarbeiten, als immer alles alleine zu machen.

Eine Homepage mit WordPress aufbauen? Ich habe mir Hilfe geholt. Ein junger Mann erklärt mir geduldig immer wieder, wie ich eine neue Seite erstelle und irgendwelche Sachen einfügen und verlinken kann. Er übernimmt auch die technischen Updates und alles, was dazu gehört.

Mein Erfolgsmoment? Mein Glaubensmuster „Ich kann mir technischen Support nicht leisten und muss mir das selbst beibringen." ist überholt! Gilt nicht mehr für mich. Ich habe entschieden, dass ich nicht alles können muss. Habe in meiner Meditation um Hilfe gebeten, diese aus einer völlig unerwarteten Richtung bekommen und kann mir den Support plötzlich leisten! Da habe mir meine Hilfe tatsächlich sehr schnell manifestiert!

Ich habe mal wieder vor Frust geheult, weil irgendetwas nicht geklappt hat? Ich habe an meiner Frusttoleranz gearbeitet.

Mein Erfolgsmoment? Ich habe mich aus einer destruktiven Stimmung selbst wieder befreit! Ich weiß, wie man hinfällt, die Krone richtet und weitergeht! Ich frage mich dann immer: Wofür kann ich jetzt gerade dankbar sein? Was ist mir heute trotzdem gelungen? Und wenn der Anlass auch noch so klein sein mag… feiere dich für deine Erfolge!

Ungeduld und Zweifel zerren an dir?

Das Umsetzen der ganzen Prozesse dauerte endlos, du verdienst immer noch nur wenig Geld damit, obwohl du so viel Arbeit reingesteckt hast und überhaupt klang das alles viel einfacher? Du fühlst dich als Niete, weil alle anderen (scheinbar) schon weiter sind? Fragst dich, ob das überhaupt das richtige für dich ist?

Kenne ich alles.

Mein Erfolgsmoment: Mein Glaubensmuster „Alles, was richtig für mich ist, muss sofort reibungslos klappen und in mein Leben kommen, sonst ist es nicht das richtige für mich." war ja mal totaler Bullshit. Wieder so eine Story, die ich mir als wahr und gegeben verkauft habe und vermutlich habe ich da einfach irgendeine Zeile aus einem spirituellen Buch völlig falsch interpretiert und das hat mich in eine völlig falsche Richtung denken lassen.

Ich habe gelernt, meine Ungeduld, meinen inneren Antrieb zu verstehen, damit umzugehen. Ich habe die universellen Erfolgsgesetze und die Energie dahinter verstanden und kann meine Gedanken und die Energie drehen.

Ich bin nicht erfolgreich?

Ach, wovon habe ich da eigentlich geredet?!?

Ich habe meine beiden Kinder alleine großgezogen!

Ich habe es geschafft, mich weiterzuentwickeln, obwohl lange Zeit niemand an mich geglaubt hat!

„In jedem Milliliter Ejakulat befinden sich bei einem fruchtbaren Mann durchschnittlich zwischen 20 und 60 Millionen Samenzellen. Mit jedem Samenerguss verlassen daher vierzig bis einige hundert Millionen Spermien den Körper."

(Quelle: www.familenplanung.de)

Ich bin geboren, ich habe mich gegen zig Millionen anderer

Spermien durchgesetzt!

Wie bin ich jemals auf die Idee gekommen, NICHT erfolgreich zu sein?

Geh jetzt bitte in dich und frage dich:

- Wie hast du bisher Erfolg definiert? Finde es heraus und mache dir bewusst, welchen negativen Glaubenssatz du diesbezüglich hast.

- Wie fühlst du dich dabei, wenn du das glaubst?

- Wer wärst du ohne diesen Gedanken?

- Du möchtest diesen Gedanken in Liebe auflösen?

  o Dann finde das Geschenk in diesem alten Gedanken: Wovor hat dich dein Glaubenssatz bisher beschützt?

  o Entscheide dann, ob du bereit bist, diesen Schutz oder Nutzen aufzugeben und für deine Wünsche und Ziele zu gehen.

- Was willst du stattdessen glauben?

  o Formuliere einen neuen, ermutigenden Glaubenssatz, den du glauben, fühlen und leben kannst.

  o Sorge für Anker im Alltag, um deinen neuen Gedanken möglichst häufig zu denken.

Unsere Gedanken formen unsere Realität.

Nimm dir jetzt mal einen Moment und schau, in diesem neuen, erweiterten Bewusstsein, zurück:

Welche Erfolge in deinem Leben kannst du jetzt erkennen?

Was denkst du also über dich? Über deinen Erfolg?

Wie fühlst du dich jetzt?

Von: mir <mir@Freundin.de>

An: Stefanie Siebe <info@stefanie-siebe.de>

Betrifft: RE: RE: RE: RE: RE: RE: RE: RE: Was soll ich tun?

Krass. Danke. So viel Text, so viele Fragen... ich habe jetzt echt ein bisschen Zeit gebraucht. Und auch das eine oder andere Tränchen vergossen, ich gebe es zu. Ich habe auch mit meiner Schwester über das eine oder andere gesprochen, was so in unserer Familie passiert ist. Das hat auch Klarheit gebracht... Aber ja, ich merke, da ist in mir etwas in Bewegung gekommen. Ich fühle mich... freier. Entspannter. Irgendwie... offener?

Von: Stefanie Siebe <info@stefanie-siebe.de>

An: mir <mir@Freundin.de>

Betrifft: RE: RE: RE: RE: RE: RE: RE: Was soll ich tun?

Sehr schön... und jetzt ist auch deine Energie stimmiger. Denn das habe ich dir noch nicht gesagt: Egal, wie viele schon auf dem Markt sind, die etwas Ähnliches anbieten. Sie sind nicht du. Wenn du in deinem Bereich Erfahrung hast, Expertise vorweisen kannst, deine Tätigkeit liebst, wenn du anderen ein Beitrag sein kannst und deiner Selbst sicher bist, dann strahlst du etwas ganz Wundervolles aus. Dann hast du die Energie für Menschen, die das bei dir finden, was sie bei den anderen gesucht, aber nicht gefunden haben.

Alles andere ist try and error, Learning by doing und einfach dranbleiben. Du kannst nur zwei Fehler machen: Nicht anfangen und zu früh aufhören.

Arbeite an deinen Erfolgsgedanken.

Stimme dich täglich ein.

Sorge für Auszeiten und Entspannung.

Übe Gedankenhygiene.

Sei immer ehrlich zu dir: Willst du wirklich das, was du da gerade tust? Würdest du es auch ohne das Geld machen, weil es dich einfach mit Freude erfüllt?

Leistest du einen Beitrag für die Menschen? Das ist die Energie der 5. Dimension!

Bring dich in die Schwingung, in der du deine destruktiven Gefühle und Gedanken ausleitest und die Lücken füllst mit Gefühlen und Gedanken, die dir beitragen! Frage dich: ist das Liebe oder kann das weg?

So, damit schließt sich der Kreis und wir müssen hier jetzt ein Ende finden. Ich muss nämlich los. Aber ich habe noch ein Geschenk für dich, was dich auf deinem Weg unterstützen wird: Ich schenke ich dir ein Audio, das dich gedanklich neu ausrichtet.

Klicke auf: https://soundcloud.com/stefanie-siebe/was-ware-wenn/s-oP3SEGF1mBs und da kannst du es dir anhören.

Ich wünsche dir das allerbeste und freue mich mega, wieder von dir zu hören!

Hugs n´ smiles,

deine Steffi

WIE PHÖNIX AUS DER ASCHE STIEG UND SEINE ZAUBERPOWER ENTDECKTE

Antje Willmes

Seit über 20 Jahren begleite ich Menschen dabei, ihre Traumen zu überwinden, ihre Blockaden zu lösen um sich ein erfülltes und glückvolles Leben zu gestalten.

E-Mail-Adresse: antje@antjewillmes.com

Webseite: https://www.antjewillmes.de

Facebookseite: https://www.facebook.com/SeminarePraxis/

Wie Phoenix wieder aus der Asche stieg und seine ZauberPower entdeckte

Wie konnte das denn passieren? Eben gerade war ich doch noch in einer schamanischen Schwitzhütte in Phoenix, in meinem geliebten Arizona und jetzt flüchte ich schon mit 2 Kleinkindern auf dem Arm aus dem Haus meines Ehemannes - Barfuß...

Wo um alles in der Welt bin ich denn bitte falsch abgebogen? Und wie um Himmels Willen komme ich wieder zu meinem Kern zurück, der doch so lebensbejahend und optimistisch ist....

Aber zuerst mal, zurück zum Glück:

Ich liebe was ich tue. Ich bin glücklich. Ich bin im Reinen mit mir und meinem Leben. Ich weiß, wie ich Energien, Power, Potenzial und Fokus so einsetze, dass ich mir alles kreieren kann, was ich haben will. Ich bin das, was man eine strahlend schöne Powerfrau nennt, die für alles eine Lösung und für jeden ein Lächeln hat. Das war aber nicht immer so...

Nach meiner Ausbildung erfüllte ich mir meinen Lebenstraum und zog in die USA. Meine erste Station war Phoenix in Arizona, später sollte es dann Berkley in Californien sein.

Ich sehe mich noch wie heute in dem Flieger sitzen, abends im Landeanflug auf Phoenix. „Wie kommt man nur auf so eine seltsame Idee, mitten in`s Nichts zu ziehen?" dachte ich mir. Überall unter der Maschine war es schwarz, nur ganz weit vorne konnte ich ein paar Lichter ausmachen. Die Lichter kamen näher, mein Erstaunen wuchs über so viel Elektrizität mitten im Niemandsland und schließlich landeten wir. Ich schaute aus dem Flugzeugfenster, sah karge Berge, riesige Kakteen und noch mehr trockene Erde – und fühle mich zum ersten Mal in meinem Leben an einem Ort zu Hause. Ich war quasi schockverliebt in dieses besondere Stückchen Erde. Freunde meiner Familie holten mich ab und ab dann lief alles wie am Schnürchen. Ich hatte ja auch in Deutschland gut vorgearbeitet!

Darf ich mich vorstellen, mein Name ist Ann und ich glaube daran, dass wir unser Leben kreieren können. Ich glaube an Mental-Training und die magische Technik des Energieziehens.

Mein Herzenswunsch war es, mehr über die Philosophie der amerikanischen Schamanen zu lernen. Ich hatte in früheren Ausbildungen schon viel über die Sichtweise der amerikanischen Ureinwohner gelernt und war fasziniert über die Wertschätzung, die Liebe und die Tiefsinnigkeit, mit der sie das Leben betrachteten.

Also, ich war jung, naiv, optimistisch und ein Kind aus einer deutschen Kleinstadt und voller Überzeugung von meinem Vorhaben. Also ging ich in naheliegende Reservate und sagte „Guten Tag, ich bin Ann aus Deutschland. Sie sind der Schamane des Reservats? Gut – ich möchte Sie bitten, mich auszubilden".

Nett waren sie alle, die Schamanen. Die Antworten waren filmreif – der Erste antwortete „Nein, unsere Kultur ist leider nicht mehr was sie war", der zweite sagte „Ja, wenn du dafür meine Geliebte wirst", der dritte Schamane berührte mich sehr, er sagte „Du hast ein gutes Herz – komme wieder, wenn du unsere Hautfarbe hast, dann bilde ich dich aus".

So ablehnend die Antworten waren, genauso tief wusste ich in meinem Herzen, dass dies ein wichtiger Weg für mich ist.

Also ging ich am darauffolgenden Wochenende ganz offen und urteilsfrei zu einem Seminar über Körpertherapien an einer dort sehr bekannten Schule.

Die Leiterin des Seminars begann mit den Worten „Ich habe heute gefühlt, dass ich hier jemandem die Telefonnummer eines Schamanen geben soll, der auch Weiße ausbildet – wer ist das?" Ooooh yesss!!! Und so kam ich dann doch noch zu meinem Schamanen-Lehrer.

Wenn ich sage, es läuft wie am Schnürchen, meine ich dies: innerhalb einer Woche Wohnung gefunden, Auto gekauft, Schule gefunden, angenommen worden, 2 verschiedene Ausbildungen begonnen und last, but not least einen Schamanen gefunden, der mich tatsächlich ausbildet, auch wenn ich eine Weiße bin.

Und es traten Menschen in mein Leben, die zu Freunden wurden und mit denen ich bis heute immer noch in engem Kontakt stehe.

Diese Freunde ermöglichten mir einen weiteren schamanischen Kontakt, so dass ich von 2 Medizinmännern ausgebildet wurde.

Das Steckenpferd des einen waren die philosophischen Grundlagen, die Theorie und Praxis in Sachen Heilen, der andere fühlte sich für das Energie-Lesen verantwortlich.

Er brachte mir bei, Fährten zu lesen, Energien zu erkennen und passend einzuordnen und Energien nicht nur fühlen zu können, sondern sie auch zu beeinflussen.

Ich liebte diese Welt.

Doch irgendwann rief mich die „alte Heimat", ich hatte endlich einen Prüfungsplatz für meine Abschlussprüfung bekommen und musste hierfür wieder nach Deutschland zurück.

In Deutschland angekommen legte ich eine super Prüfung ab, nutzte meine schamanischen und energetischen Techniken, meine ZauberPower noch ganz bewusst ein paar Jahre lang.

Ich baute mir in Rekordzeit eine florierende Praxis auf, flog durch die Welt, um meine Seminare zu halten. Es lief alles so gut, doch irgendwann einmal fing ich an, zu schludern…

Ich nutzte die Energie-Techniken nicht mehr regelmäßig. Es lief noch eine Weile weiter. Meine Praxis brummte und wenn ich beschloss, ich hätte gerne mal einen Ego-Kick, dann kreierte ich mir eben Patienten, die z. B. aus London eigens eingeflogen kamen, nur für eine Behandlung von mir. Sehr genial.

Irgendwann musste ich aber einsehen, dass die besten Kreationsfähigkeiten nichts bringen, wenn der Partner nicht die gleichen Ziele hat, wie man selbst. Ich wollte Kinder, er nicht. Und dann kam ich von der magisch leichten Spur ab.

Ich trennte mich, lernte kurze Zeit später einen Mann kennen, der meinen Wunsch nach Familie teilte, er umwarb mich und schenkte mir das schönste erste Beziehungsjahr meines Lebens. Wir heirateten und schon auf dem Weg aus dem Standesamt hinaus scherzte ich „Wer bist du denn? Was hast du mit meinem Mann gemacht, den ich eben geheiratet habe? Der war toll, den hätte ich gerne wieder!" Er war wie ausgewechselt. Kalt, hart, egomanisch, narzisstisch und mit jedem Tag aggressiver.

Innerhalb von kürzester Zeit bekamen wir zwei Kinder. Dafür bin ich ihm unendlich dankbar und ich erkenne jetzt, heute, auch wieder den guten Kern in ihm, in den in mich damals verliebt hatte.

Während der Ehe hatte ich allerdings einfach nur Angst um das Wohl von mir und das der Kinder. Und so kam es, dass ich, nach einem Ausraster von ihm, mir die beiden Kinder, nur in Bodys bekleidet, schnappte, nach meinem Autoschlüssel fischte und barfuß aus dem Haus rannte, um die Kinder und mich vor seinen Aggressionen in Sicherheit zu bringen.

Die Zeit danach war zwar in unserem neuen Zuhause frei von Aggression, doch erfüllt von Drohungen seitens seines Clans und täglichen Enthüllungen über das wahre Gesicht meines Mannes, die mir den Boden unter den Füssen wegrissen. Und ich brauchte Geld.

Mein Erspartes war während der Ehe drauf gegangen. Schon in Ehezeiten lebte mein Mann nach dem Motto „Was deines ist, ist auch meines – und was mir gehört, geht dich gar nichts an!". Insofern kann man sich ausmalen, dass ich nach der Trennung nichts zu erwarten hatte, außer den Plänen seiner Eltern „mich zu vernichten" und mir die Kinder abzunehmen.

So jetzt aber genug Drama!

Irgendwann wachte ich eines Morgens auf und konnte diese unbändige Kraft, die in einer aussichtslosen Situation und in einer Krise steckt, in jeder Zelle meines Körpers fühlen.

Und da erkannte ich das Geschenk – ich hatte wieder Zugang zu meiner magischen ZauberPower. Ich öffnete mich, senkte meine

Barrieren, alle Mauern, die ich aus Schutz aufgebaut hatte, ging wieder in die Meditation, in die Vision und in die Frage „Wie kann ich das Leben kreieren, in dem meine Kinder und ich gesund und glücklich sind?"

Und mit all dem, was hinter mir lag, hatte ich so die Nase voll!

Von den ganzen Limitationen, davon sich anpassen zu müssen an Menschen, deren Werte man (sofern überhaupt vorhanden) nicht teilt, und auch genug von dem Gefühl, dass die Flügel gestutzt und verklebt waren. So sehr, dass ich meinen Fokus, meinen absoluten, unbändigen Willen zur Veränderung wieder fand.

Ich baute meine Praxis wieder auf und war unglaublich dankbar, wie sehr sich die Patienten freuten, dass ich wieder arbeitete. Ich hatte zwar so gut wie keine Zeit, mich um mich selbst zu kümmern, aber die wenige Zeit nutzte ich bis in jede Sekunde. Ich begann wieder, mich mit Mental-Training, Visualisierungen und Hypnosen zu beschäftigen - für mich und mein Leben. Ich lernte Access Consciousness kennen, eine magische Box voller wunderbarer, schnell wirksamer Techniken, die mir halfen, wieder in meine volle Kraft zu treten. Ich nutze die Techniken täglich an mir selbst, mit meinen Kindern und meinen Patienten und bin fasziniert und glücklich, dass all diese wertvollen, extrem wirksamen und pragmatischen Werkzeuge in mein Leben kamen.

Heute bin ich glücklicher als jemals zuvor. Ich bin in Frieden mit dem was war, ich schenke mir selbst Wertschätzung und Respekt dafür, was ich geleistet habe und wie sehr ich über all die Limitationen hinausgewachsen bin. Ich bin in Dankbarkeit für mein Umfeld und die Menschen in meinem Leben und weiß in meinem Inneren, dass im Endeffekt alles für uns ist, nicht gegen uns.

Ich nutze diese Techniken für mich und bringe sie auch meinen Patienten und Seminarteilnehmern bei. Mit großer Freude sehe ich, wie meine Kinder oder auch andere Kinder und Jugendliche in meinem Leben auch diese magische Super Power haben wollen und diese Möglichkeiten des Zugangs in ihr Leben einfügen.

Ich weiß, dass ich all dies gebraucht habe, um die Person zu werden, die ich bin – die Ann, die Menschen begleitet und dazu bringt wieder oder endlich ein glückliches und erfülltes Leben zu führen.

Heute ist dies eines meiner Haupt-Arbeitsbereiche. Obwohl man das kaum Arbeit nennen kann. Es macht mir Freude und die Techniken, die ich weitergebe, bringen mir Energie und ich fühle den Wind unter meinen Flügeln.

Ich kann Menschen, die zu mir kommen und alles verloren haben oder ihr Leben verändern wollen, verstehen. Ich kann mich wertungsfrei zu ihnen stellen und ihnen vermitteln, dass es tatsächlich möglich ist, sich, das Leben und das persönliche Umfeld so zu gestalten, dass man glücklich ist. Dass man jederzeit anfangen kann, zu seinem eigenen Kern zu finden und den Mut und den Weg zu finden, dass man endlich sich selbst leben kann. Nicht den Anspruch der Eltern an einen, nicht die Erwartungshaltung des Partners – einfach sich selbst.

Hört nicht auf andere, die euch sagen „tut dies", denkt das, sagt euch jenes. Stellt euch und eurem Körper Fragen, um euch neu und authentisch kennen zu lernen und geht dann Schritt für Schritt mit Anerkennung Eurer Selbst euren Weg – es ist es so sehr wert!

Mein Schamanenlehrer sagte mal „Der Sinn des Lebens ist, es zu mögen, zu lernen und zu wachsen". Ja, das Leben ist nicht immer leicht, aber was, wenn es möglich ist, dies in Freude und Leichtigkeit zu erleben und über das Drama hinaus in die Freude hinein zu kreieren? Ich habe mich auf den Weg gemacht und freue mich darauf, wenn wir uns darauf begegnen.

Tina Jubel

Ich bin Tina Jubel und bei mir ist der Name Programm. Ich bin als Hypnose- und Frequenzcoach für deine Entspannung zuständig. Dies ist meine Premiere als Autorin. Es hat mir wahnsinnig viel Spaß gemacht und ich bin gespannt wie es den Lesern gefällt. Was ist da jetzt noch alles möglich?

E-Mail-Adresse: tina.jubel@gmail.com

Webseite: https://elopage.com/s/TinaJubel

Facebookseite: https://www.Facebook.com/tina.jubel

ZauberPower WORTE

Puh … jetzt komm ich aber ganz schön ins Schwitzen. Wir schreiben ein Buch! Wie cool ist das denn? Natürlich bin ich dabei! Ich freu mich total drauf. Wie ein kleines Kind auf den Weihnachtsmann. Es ist aufregend, es ist neu. Es ist meine Premiere als Autorin. Jetzt schlackern mir doch ganz schön die Knie. Wie fang ich bloß an?

Worüber soll ich schreiben? Welches Thema ist das Passende? Was interessiert die Leute? Was wollen sie lesen?

Hab ich überhaupt etwas zu sagen? Kann ich das wirklich rüberbringen, was mir wichtig ist? Bin ich denn überhaupt eine Schriftstellerin?

Das volle Gedankenchaos im Kopf!

Ruhe jetzt! Immer locker bleiben! Tief atmen, Barrieren senken, ausdehnen und los geht's. Ich glaube das kennt jeder, weil wir gelernt haben, dass wir alles „richtig" machen müssen! Doch was, wenn das egal ist? Was, wenn es kein richtig und kein falsch gibt? Was, wenn es nicht wichtig ist? Deshalb freu ich mich, einfach etwas Neues auszuprobieren. Und ich habe echt lange überlegt, was ich schreiben kann. Und dann war ich einfach ehrlich und hab nach Inspiration gefragt und schon hatte ich mein Thema. Es geht um Worte! Eine ZauberPower, die in jedem steckt und die wir täglich verwenden.

Was sind Worte?

Ein Wort ist eine selbständige sprachliche Einheit. In der natürlichen Sprache besitzt es – im Gegensatz zu einem Laut oder einer Silbe – eine eigenständige Bedeutung. (Wikipedia)

Worte sind so viel mehr.

Sie sind magisch. Sie sind kraftvoll. Sie transportieren unsere Emotionen. Sie können verletzen oder unendlich glücklich machen. Jeder von uns benutzt sie täglich. Wir lernen sie als Kind.

Wir lernen, sie zu sprechen. Wir lernen sie in einer bestimmten Sprache und in der Schule lernen wir, sie zu schreiben.

Wir verständigen uns mit Worten. Sie sind also unheimlich wichtig! Ohne Worte gäbe es keine Sprache und wir könnten uns nur mit Zeichen verständigen.

Sie haben oft unterschiedliche Bedeutungen in den verschiedenen Sprachen. Und manchmal verstehen wir sie falsch. Es kommt also darauf an, wie wir etwas sagen und was wir sagen.

Ich glaube, jeder von uns hat schon einmal etwas zu jemandem gesagt, was wir im Nachhinein bereut haben, wo wir bereuen, es überhaupt gesagt zu haben, wo wir vielleicht etwas diplomatischer hätten sein können usw. Worte sind so kraftvoll und wir verständigen uns durch das gesprochene Wort.

Sie bewirken mehr als wir denken. Ohne uns der Bedeutung der Worte bewusst zu sein, benutzen wir täglich unsere Sprache. In den schönsten Momenten benutzen wir Worte. Wir drücken unsere Gefühle, Gedanken und Wünsche mit Worten aus. Viele

Menschen beten und manifestieren so, denn „am Anfang war das Wort".

So steht es schon im Johannes-Evangelium geschrieben. Wir reagieren auf Worte, egal ob sie geschrieben sind oder gesprochen werden. Gesprochene Worte sind Schwingungen und die sind magisch. Alles besteht aus Molekülen und diese schwingen.

Alles schwingt in seiner eigenen, ganz besonderen und einzigartigen Frequenz. Diese nehmen wir dann als Licht, Musik oder Worte wahr. Und diese wirken dann wiederum auf den menschlichen Körper. Das ist super spannend!

Dazu passt auch dieser Text aus dem Talmud:

(Lazarus Goldschmidt, Talmud, 1929-1936)

Achte auf deine Gedanken, denn sie werden zu Worten.

Achte auf deine Worte, denn sie werden zu Handlungen.

Achte auf deine Handlungen, denn sie werden zu Gewohnheiten.

Achte auf deine Gewohnheiten, denn sie werden zu deinem Charakter.

Achte auf deinen Charakter, denn er wird dein Schicksal.

Was wäre, wenn wir viel mehr auf das gesprochene oder geschriebene Wort achten würden?

Wie würde unser Alltag aussehen, wenn wir uns dessen mehr bewusst würden? Was wäre, wenn wir unseren eigenen Worten mehr Bedeutung schenken würden? Wenn wir aufmerksamer wären und so feststellen würden, wie wir Sprache im täglichen Leben verwenden? Was könnte sich dadurch ändern?

Was, wenn wir einfach die Frequenz ändern würden? Wenn wir anders, höher schwingen würden? Und was, wenn das kinderleicht ginge?

Wie in dem Text, der aus dem Judentum stammt, geschrieben steht, beginnt alles schon mit den eigenen Gedanken. Also achte auf deine Gedanken, denn diese werden zu Worten und dann zu Taten.

Mit Worten können wir uns also alles in unser Leben ziehen, was wir uns wünschen. Wir dürfen also genau hinhören, was wir sagen, um es dann zu verändern.

Außerdem können wir aufmerksam lesen, unsere selbst geschriebenen Texte und auch die der anderen. Was, wenn uns ab jetzt immer auffallen würde, wenn wir „Mist" erzählen?

Was, wenn wir auf die Redewendungen achten würden, die wir immer wieder verwenden?

Und was, wenn wir diese dann ganz einfach drehen könnten und sich unser Leben so zum Positiven verändern würde?

Vielleicht hast du als Kind auch ein Tagebuch geführt und hast darin alle deine geheimen Gedanken und Wünsche niedergeschrieben. Du hast dir ausgemalt wie etwas sein würde und hast es in den schillerndsten Farben beschrieben. Und es war klar, dass es sich erfüllen würde, oder? Du hast nicht gezweifelt.

Und wahrscheinlich fällt dir auch sofort ein Beispiel ein, wo einer deiner Wünsche in Erfüllung ging. Ganz einfach so. Ganz magisch und ganz leicht. Also falls du noch ein altes Tagebuch hast, schnapp es dir und lies mal.

Du wirst staunen! Und wie war das mit dem Wunschzettel zu Weihnachten? Als Kind habe ich immer einen Wunschzettel geschrieben und meistens haben sich alle Sachen, die darauf standen, erfüllt. Ich habe nie darüber nachgedacht, wie das funktioniert.

Es war einfach klar, dass der Weihnachtsmann die Sachen liefert! Und das hat er dann ja auch getan. Und das Coole daran war, dass die Sachen, die ich mir gewünscht habe, auch immer so aussahen oder noch besser. Ich frage mich gerade, wann genau ich damit aufgehört habe, einen Wunschzettel zu schreiben.

Es ging doch wie von selbst. War es zu einfach? Wann habe ich beschlossen, dass es nicht so leicht gehen kann, dass es nicht mehr funktioniert, dass es Kinderkram ist?

Wann habe ich dieses tiefe Vertrauen, dieses Selbstverständliche verloren? Ich möchte diese Leichtigkeit zurück. Ich möchte diese Magie zurück. Ich möchte einfach, dass meine Wünsche in Erfüllung gehen.

Deshalb habe ich mich dann mit diesem Thema immer mehr und mehr beschäftigt. Es hat mich einfach nicht mehr losgelassen.

Was, wenn es für jeden Menschen möglich wäre, sich das Leben seiner Träume zu erschaffen?

Was, wenn ich mir alle meine Wünsche erfüllen könnte? Doch wie sollte das gehen? Gibt es eine Anleitung, nach der man vorgehen kann? Welche Schritte muss ich gehen?

Ich begann, mich damit zu beschäftigen, was ich wirklich wollte. Was sind tatsächlich meine Herzenswünsche? Was möchte ich wirklich in meinem Leben haben? Wie soll mein Leben aussehen? Das war gar nicht so einfach und ich habe festgestellt, dass es nicht aufhört.

Es gibt immer wieder Dinge und Sachen, die ich in meinem Leben haben möchte. Ich werde mir immer klarer darüber wie meine Zukunft aussehen soll und ich male sie mir in den schillerndsten Farben aus.

Also schnappte ich mir Zettel und Stift und begann einfach zu schreiben. Ich konnte nicht mehr aufhören. Es machte so viel Spaß, all die tollen Dinge zu beschreiben, die Sachen, die ich noch erleben möchte, die Menschen, die ich in meinem Leben haben möchte und und und…

Die leeren Seiten füllten sich und es machte so viel Spaß, dass ich nicht mehr damit aufgehört habe. Ich kam in eine andere, eine höhere Schwingung. Ich verbesserte meine Schreibweise und verwendete besondere magische Worte, Ausdrücke und Fragen.

Und auf einmal gingen die ersten Wünsche in Erfüllung. Ich konnte es nicht fassen, doch es passierte wirklich! Und ich habe einfach immer weiter gemacht. Auch wenn Manches nicht sofort da ist. Ich weiß es kommt!

Mittlerweile habe ich dieses tiefe Vertrauen in mich selbst. Ich weiß, ich kann alles haben, was ich möchte und ich weiß, wie ich es in mein Leben ziehen kann. Und die gute Nachricht ist, jeder kann das. Ja wirklich jeder! Man braucht keinerlei Voraussetzungen. Es ist kinderleicht. Deswegen habe ich mich immer mehr mit dem Thema beschäftigt und stieß dann auf diese magischen Worte. Ich habe danach gefragt und es wurde geliefert. Diese Worte sind so kraftvoll, so unendlich magisch. Sie sind einzigartig. Diesmal werden die Worte laut gesprochen. Sie stammen von Paul Selig. Vielleicht kennt ihn der eine oder andere von euch ja bereits. Er hat sie empfangen und sie haben wirklich etwas so kraftvoll Magisches. Ich kann es gar nicht richtig beschreiben. Auf jeden Fall bin ich davon so fasziniert, dass ich „Wort" zu meiner täglichen Routine gemacht habe. Es ist die tägliche Anwendung, das tägliche Sprechen. Und das macht so viel Spaß. Mit der Zeit kommen Bilder und Zahlen. Es wird alles so deutlich. Ich kann es vor mir sehen.

Und hier ein Teil der Wortpraxis von Paul Selig:

(Paul Selig, I am the Word, 2010)

Ich verbinde mich mit meinem Hohen Selbst.

Ich lebe meine allerhöchste Wahrheit.

Wort ich bin Wort durch meine Intension.

Wort ich bin Wort durch meine Vibration.

Ich weiß, wer ich bin in Wahrheit. Ich weiß, was ich bin in Wahrheit.

Ich weiß, wie ich wirke in Wahrheit. Ich bin hier. Ich bin hier. Ich bin hier.

All diese Sätze tragen energetisch kraftvolle Codes in sich. Du nimmst diese durch das laute Aussprechen in dich auf und erhöhst dadurch automatisch deine Schwingungsfrequenz. Ich habe mich ausprobiert und ganz viel „Tina" hinzugefügt. Und ich höre nicht auf! Es ist wie mit dem Schreiben. Es kommt immer wieder Neues hinzu. Wünsche erfüllen sich, neue entstehen. Das gesprochene Wort erzeugt Schwingungen. Diese Schwingungen oder auch Frequenzen verstärken wir mit unserer Intension, mit unserer Stimme. Wir senden also unsere Schwingungen aus und sie gehen dann mit den passenden Schwingungen im Universum in Resonanz. Dadurch kommt alles zu uns, was wir uns wünschen, wonach wir fragen. Manifestieren kann so leicht sein. Wort ich bin Wort!

Ich möchte mit meinen Erkenntnissen und Erfahrungen einfach so vielen Herzensmenschen wie möglich zeigen, was möglich ist. Was, wenn sich jeder sein ganz persönliches Traumleben erschaffen könnte? Was, wenn jeder um die Macht der Worte wüsste? Was, wenn jeder wüsste wie es funktioniert? Was, wenn jeder wüsste wie leicht es geht? Stell dir dein Leben vor wie es sein könnte. Was hast du dir schon immer gewünscht? Wie würde es wohl sein, wenn du es tatsächlich hättest? Was, wenn es nicht schwer sein müsste? Was, wenn es kinderleicht wäre? Was, wenn Glücklichsein unser Geburtsrecht wäre? Was, wenn alle Menschen ein erfülltes und glückliches Leben führen könnten? Wie würde die Welt dann wohl aussehen?

Ich habe mich auf den Weg gemacht und würde mich freuen, wenn ich den einen oder anderen von euch treffen würde. Vielleicht konnte ich dich ja ein wenig neugierig machen, dich inspirieren? Vielleicht willst du ja auch mehr? Vielleicht hast du ja Lust es einfach auszuprobieren? Spürst du, dass es Zeit für eine Veränderung ist? Was wäre, wenn genau jetzt der Zeitpunkt ist, um zu starten? Worauf wartest du noch? Du musst nur den 1.

Schritt gehen und wählen. Es ist dein Leben! Wie willst du es haben?

Und denk daran - achte auf deine Worte! Sie könnten Wirklichkeit werden!

Deine Tina

Manifestieren und deine ZauberPower erwecken ist wie Autobahn fahren

Ruth Weber

Ruth Verena Weber ist Bewusstseinsschöpferin in der Neuen Zeit. Als Divine-Blueprint Coach begleitet sie durch Coaching, Online-Kurse und auch ihre Bücher Menschen in ihre Selbstermächtigung und das Leben ihrer eigenen Einzigartigkeit. Denn nach ihrer Überzeugung kann jeder Mensch sein Glück leben. Alles ist möglich. Wenn wir bereit sind, Entscheidungen zu treffen und unsere großartigen Visionen durch unser Tun und Sein beginnen pur zu leben.

E-Mail-Adresse: info.ruthweber@gmx.de

Webseite: https://www.ruthverenaweber.com

Facebookseite: https://www.facebook.com/ruthverenaweber

Manifestieren und deine ZauberPower erwecken ist wie Autobahn fahren

Manifestieren ist im Grunde wie Autobahn fahren! Du steigst in dein Auto und hast ein Ziel. Dieses möchtest du erreichen! Und zwar ohne Umwege und Umleitungen. Oder? Und was machst du? Du steigst in dein Auto, gibst in deinem GPS-System deinen Zielort ein und ohne Umwege kommst du natürlich an deinem Ziel an. Oder würdest du daran zweifeln? Wohl kaum!

Doch was hat das nun mit dem Manifestieren gemeinsam? Mehr als du glaubst! Manifestieren bedeutet, dass wir zu Beginn eine wundervolle Vision in uns tragen, das ist unser Ziel.

Träume gesellen sich gerne hinzu. Lassen die Vision in uns immer größer werden. Lassen uns spüren, wie tief darin auch deine Werte, deine Emotionen wie Freude und Glück wieder richtig lebendig werden. Doch du möchtest ja nicht nur Luftschlösser bauen, oder?

Also beginnst du, die ersten Schritte für deine Vision zu gehen. Du möchtest dich vielleicht selbst verwirklichen, also gehst du z. B. dein Gewerbe anmelden oder baust deine Website für dein Online-Business auf. So baust du Stück für Stück dein Unternehmen auf. Dein innerer Kompass begleitet dich an dein Ziel!

Geradewegs, immer fokussiert und dich auf deine große Vision ausgerichtet, gehst du Step by step. Bis deine Vision gelebte Realität ist.

Das wäre nun die Kurzversion der Manifestation! Und hört sich total easy an, oder? Und ja, funktioniert auch genauso! Wenn, naja … wenn da nicht noch diese Zweifel und Ängste immer wieder wären! Kennst du diese Form der Energie?

Doch vielleicht hast du diesen Weg schon genauso probiert, sogar tausend Bücher gelesen „Manifestieren leicht gemacht!", „Lebe deinen Traum!" und wie sie alle heißen! Und bestimmt hast du auch schon den einen oder anderen Workshop gebucht! Doch deine Vision, dein Traumleben ist einfach immer noch nicht greifbar! Im Gegenteil: Dein Leben ist pures Chaos und fühlt sich alles andere als wundervoll an! Und das obwohl du es doch versucht hast, deinen Weg der Vision zu gehen! Du beginnst an der Wahrheit dieser Bücher vielleicht sogar zu zweifeln! „Alles Geldmacherei" (hihi, habe ich dich ertappt bei diesem Gedanken?)

Und du schaust dich um - rechts und links - und bei anderen sieht es wieder sooo mühelos aus, sie greifen alle nicht nur nach den Sternen, sondern ihre Sterne sind Realität! Das ist noch nicht alles: Du wirst wütend! Enttäuscht! Verzweifelt!

Hast einfach keinen Bock mehr! Über das Leben, die Ungerechtigkeit in dieser Welt und bestimmt findest du auch noch einen Schuldigen, warum es bei dir so ist und das Glück dir einfach nicht zu steht! Kennst du diese Gefühls - Achterbahn?

Worst case: Du schmeißt alles hin! Verkriechst dich wieder in deinem Schneckenhäuschen und versuchst einfach wieder mit weniger zufrieden zu sein!

Halb glücklich! Anderen geht es ja schließlich noch schlechter! Kennst du dieses Gefühl, wenn alles egal ist, wenn man sich wie taub anfühlt? Nicht ganz da, aber auch nicht ganz weg! YEP: Das ist die Alltags-Schleife, die vielleicht für deinen Nachbarn funktioniert, aber wenn du ganz ehrlich zu dir bist: Dir reicht das nicht! Du möchtest gerne mehr. Oder?

Dann STOPP IT! Was, wenn jedem hier auf der Erde das Glück zusteht! Yep: Auch dir! Also, packen wir es an, aber dieses Mal richtig! Und nein, lege diese Zeilen jetzt nicht wieder gleich auf die Seite, weil du glaubst, du weißt schon alles! Also, zu Beginn habe ich dir erzählt, dass Manifestieren wie Autobahn fahren ist. Aber ich habe dir etwas verschwiegen!

Nämlich die Abzweigungen und die vielen Ausfahrten UND warum wir gerne auch einmal diese nehmen, bevor wir unser eigentliches Ziel erreicht haben. Du hast ein großes Ziel, deine Vision.

Sie spürt sich so kribbelig an, und so unreal, dass du sie fast nicht für möglich hältst.

Doch du spürst: Du möchtest es wagen. Alles andere würde dich spätestens ab diesem Moment nun sowieso nicht mehr glücklich werden lassen.

Und genau hier fängt es schon an: Deine Vision ist so crazy, dass du dich ja selbst nun schon öfter ertappt hast, das Ganze in Frage zu stellen. Jetzt kommt's: Klar, das Außen spiegelt es dir sofort wider.

Danke liebes Gesetz der Anziehung! Ein schräger Kommentar von deinem Partner, lautes Lachen von den Nachbarn, die über deine Vision nur den Kopf schütteln. Und dann noch deine Familie, die das Ganze für viel zu riskant hält und somit auch noch deine tiefsten Ängste widerspiegeln! Du selbst, bist ja auch noch nicht so fest in deiner Vision - und nun kommen schon gleich die ganze Latte Zweifel und Ängste wieder auf! „Soll ich es wirklich wagen?" - „Was, wenn die anderen Recht haben, was, wenn es schief geht?" - „Was, wenn ich nachher alleine bin, crazy, aber alleine, weil mich alle für den Spinner „von nebenan" halten?"

Willkommen im Kopfkino!

Mein Tipp: Wenn du eine wahre große Vision hast, erzähle sie am Anfang einfach niemandem. Stattdessen: Setzte sie einfach um!

Gehe dafür! Autobahn-technisch bedeutet das: Du siehst klar dein Ziel, das GPS zeigt dir den Weg, aber da gibt es diese verlockende Ausfahrt „Komfortzone; kuscheliges Zuhause". Biegst du ab?

Vertraust du den anderen mehr, als dir? Oder fokussierst du dich weiter auf dein Ziel! Vertraust dir? Dir und deinen Träumen?

Oder vertraust du dem Außen mehr, dem Außen, was sich täglich in seiner Alltags-Komfortzone befindet, und nicht einmal den Mut hätte, über den Tellerrand zu schauen, überhaupt etwas Neues auszuprobieren?

Ja, vielleicht biegst du ab. Es ist nicht schlimm. Du kannst bei der nächsten Autobahn-Auffahrt auch wieder hochfahren, weiterfahren, deine Vision wieder klar fokussieren! Und yep: Dein inneres GPS-System wird dir sagen: „Sie sind falsch abgebogen, bitte nehmen Sie wieder die nächste Auffahrt!" Es bleibt deine Entscheidung, ob du gleich die nächste Auffahrt wieder nimmst, oder eben auch nicht.

Und noch lieber etwas in deiner (wahrscheinlich schon zu klein gewordenen) Komfortzone bleiben möchtest.

Dir wieder einredest, das ist zu crazy, das ist nichts für dich! Du kannst das doch gar nicht!

Es kann aber auch deine Entscheidung sein, einfach auf der Autobahn zu bleiben! Statt dem „Komfortzonen-Gequassel" im Außen und tief in deinem Inneren diesen Zweiflern und Angstmachern einfach zu vertrauen, dass du das Ziel definitiv erreichst! Was, wenn du dir mehr vertraust, als dem Außen und einfach in deinem tiefsten Urvertrauen weiter bleibst, einfach weiterfährst?

Tipp zwei: Wie wäre es, sich statt auf die „Komfortzonen-Quassler" einfach auf Menschen zu konzentrieren, die wahrhafte Pioniere ihrer Zeit sind und waren?

Die auch ihrer Vision folgten, als „Spinner" abgetan wurden, aber heute sogar in jedem Geschichtsbuch durch ihr „Anders-Sein" stehen! Durch ihr „Weitergehen", weil sie in sich spürten: Das ist mein Weg! Das ist etwas Großes, und kann das Leben vieler Menschen verändern! Wofür bist du gekommen: Um immer dieselbe Suppe zu kochen?

Oder um hier auf der Erde einen Fußabdruck zu hinterlassen, nachhaltig, vollkommen in deiner Energie, und vielleicht sogar für andere Menschen als Vorbild vorauszugehen! Was, wenn du hier bist, eben genau deshalb!

Weil du anderen zeigen möchtest, dass wirklich jeder Mensch sein Glück selbst kreieren kann? Freude und Wohlstand leben kann. Und der Schlüssel in uns selbst liegt. Selbst, wenn du doch nur eine wundervolle Person erreichen würdest, hättest du schon die Welt verändert! Oder?

Und wer, wenn nicht du, kann voraus gehen, damit andere überhaupt an dieses neue Bewusstsein anknüpfen können? Daher frage ich dich: Wofür bist du wahrhaftig gekommen? Oder willst du schon gleich bei der ersten Herausforderung aufgeben?

Doch lass uns noch etwas Autobahn fahren! Dein Ziel ist klar, dein Soul-GPS-System zeigt dir sogar den Weg! Vertraust du dir nun wirklich? Sooft glauben wir, unser Ziel ist unerreichbar, weil z. B. die Maute der Autobahn zu hoch ist bzw. übersetzt, du hast kein Geld! Oder du schwindelst dich an, du hast keine Zeit! Keine Zeit für deine Uraufgabe, wofür du gekommen bist?

Was machst du dann die ganze Zeit hier? Wo liegt wirklich die Ursache für diesen Mangel an Vertrauen in dich? Ja, ich weiß, du wirst mir nun erzählen, das liegt an deiner verkorksten Kindheit, an deiner unterbezahlten Arbeitsstelle und vielem mehr. Aber das ist nicht die wahre Ursache! Denn wenn man etwas wirklich möchte, dann würde man dies auch verändern - naja oder die Vergangenheit auch mal Vergangenheit sein lassen. Also: Was ist die wahre Ursache, warum du dauernd die nächste Ausfahrt abfahren möchtest? Ist es vielleicht, dass es dir noch schwerfällt, deine wahre Größe anzunehmen? Deine Schöpferkraft zu leben?

Deine Macht und Magie pur zu verkörpern? Erscheinen dir aus diesen Gründen deine Ziele zu groß? Zu weit? Und schon ertappst du dich bei dem Gedanken, dann lieber alles hinzuwerfen, anstatt es zu wagen! Was, wenn du dir einfach jetzt erlauben darfst, in deine wahre Größe hinein wachsen zu dürfen? Step by step. Und einfach weiterfährst - auf deiner Herzens-Autobahn!

Gerne gemütlich! Gerne mit Zwischenpausen, um die Schönheit des Lebens zu spüren.

Es geht nicht um die Geschwindigkeit. Sondern du wirst dein Ziel definitiv erreichen. Und zwar im genau richtigen Moment. Wenn du soweit bist! Einfach durch dein Weiterfahren. Das ist Urvertrauen - in dich! Dann beginnt schon die Magie in deinem Leben! Und selbst wenn die Hürden in weiter Zukunft noch unerreichbar erscheinen, ist aber im Hier und Jetzt alles machbar! Und du wirst sehen, bis kurz vor deinem wahren großen ersten Visionsziel ist der Rest dann auch easy peasy!

Wir glauben sooft, nur die Vision in weiter Ferne, nur dort fängt endlich unser wahres Leben an. Doch in der Realität beginnt die Vision schon mit deiner ersten Entscheidung, diesen Weg einfach zu gehen. Das Universum schreibt dir nicht vor, wie lange du dafür brauchst. Es ist kein Wettrennen, auch nicht mit anderen Menschen! Du bestimmt einfach alles! Deine Entscheidungen sind die Grundlage deiner nächsten Schritte!

Selbst, wenn du dich nicht entscheidest, hast du entschieden. (Nur, dass sich diese Art der Entscheidung oft eher unangenehm und „als würde dir jemand etwas überstülpen" anfühlt.) Übernimmst du das Steuer deines Lebens? Beginnst du dir tief zu vertrauen?

Und aus dir heraus - aus deiner Herzensweisheit - deine eigenen Entscheidungen zu treffen? Und dafür zu gehen? Nicht das Außen ist dein Feind, dein Gegenüber, dein „Lebenserschwerer!" Wenn so richtig Schieflage gerade ist. Sondern es ist einfach der Spiegel deiner Entscheidungen, die du jeden Moment deines Lebens triffst. Wie bewusst du diese Entscheidungen kreierst, das ist deine persönliche Sache! Heißt aber auch mit anderen Worten: Du kannst alles verändern! Wenn du Bullshit kreiert hast, dann kannst du auch das Gegenteil kreieren! Vertraust du dir darin? Dass du es kannst? Wie würdest du dann entscheiden?

Was würdest du - hier und jetzt, während du diese Zeilen liest - sofort in deinem Leben verändern? Schreibe es am besten gleich auf - und vor allem: Setze es sofort um! Wow, und schon hast du wieder das Steuer deines Lebens in der Hand! Herzlichen Glückwunsch! Das ist Selbstermächtigung!

Das ist die pure Energie eines Schöpferwesens! Jeder trägt sie in sich, doch die wenigsten nutzen sie. Wie ist es ab heute mit dir? Machtvoll sein eigenes Leben zu gestalten, bedeutet, sich tief zu spüren. Selbst, wenn du dich noch nicht so sehr spürst, es ist einfach nur Training!

Ein genialer Tipp ist hierbei, einfach deiner Freude zu folgen. Sie ist schon tief mit deiner Herzensweisheit verbunden. Und wird dich kraftvoll in deinen Schöpfermodus begleiten. Und schon geht es von ganz alleine - das Eintauchen in dein Urvertrauen.

Alles erscheint plötzlich möglich! Das Leben fühlt sich erfüllt an! Auch dann, wenn manches Mal ein Stein auf der Fahrbahn liegt. Yep, oder es gerade wieder eine echte crazy Herzensidee in dir gibt, die unbedingt gelebt werden möchte - auch wenn du dich weit aus der Komfortzone herauslehnst!

Wieso springen wir nicht alle einfach, setzen uns hinter unser Lebenssteuer und fahren unseren größten Visionen entgegen? Wir suchen Sicherheit. Absehbares! Etwas, woran wir uns festhalten können.

Und je unsicherer sich uns das Außen zeigt, desto mehr vertrauen wir unseren „Sicherheitsfanatikern" dann in uns! Du kennst sie alle: Deine inneren „Quatschis"! Sobald nur annähernd eine Gefahr aus dem Gebüsch auf die Fahrbahn springen würde, greift unser Sicherheitssystem ein. Und zwar schon, bevor die Gefahr überhaupt existiert! Und zwar in Form von Ausreden, logischen Schlussfolgerungen oder durch „sich verstecken hinter Tätigkeiten", die maximal vom Ziel ablenken, statt hinführen! Aber:

Man hat ja was getan! Kommt sich sogar gut dabei vor. Anstatt zu erkennen, dass dieses Tun nur Ablenkung von der wahren großen Vision war! Bis zu dem Moment, wenn wir verstehen, dass wir wirklich alles selbst kreieren! Ja, sogar den Fahrbahnbelag der Autobahn - ist es eine Schotterstraße oder fährst du auf Wolken?

Erlaubst du dir, den leichten getragenen Weg - übersetzt, oder noch den „Hard Core-Weg" bis zum Ziel? Jedes Detail deiner Autofahrt kannst du verändern. Fährst du mehr durch blühende Landschaften in deinem Traum-Cabrio? Oder in deiner Rostlaube durch graue Umgebung?

Du bestimmst! Du bist BIG BOSS! Und wenn du das Tief in dir spürst, dann lässt du deine Quatschis sowieso zuhause! Du wirst nicht länger nach Sicherheit im Außen suchen.

Oder neue Ausreden deinen Alltag bestimmen! Sondern klar deine Vision fokussieren. Das Steuer deiner Lebensfahrt selbst in die Hand nehmen, deine Lieblingsmusik aufdrehen (yes, damit die Quatschis einfach nicht mehr zu hören sind) und losfahren!

Und wenn du doch einmal zwischendurch eine Abzweigung am Wegesrand nimmst:

Why not! Auch das gehört zum Leben. Und wer weiß, welche wundersame Überraschung dich selbst dort erwartet. Vor allem: Sei nicht böse auf dich oder tief enttäuscht, fühle dich bitte auch nicht schuldig (denn das ist auch so ein Traumkiller), oder beginne dann auch bitte nicht wieder, an dir zu zweifeln. An dir und deiner brillanten Herzensvision. Sondern komme einfach wieder auf deine Lebens-Autobahn zurück, wenn du dich dafür bereit fühlst! Es ist auch nur eine Frage der Entscheidung! Du hast alles in der Hand!

ALLES!

Was ist nun deine große crazy Lebensvision?

Bist du bereit, für sie zu gehen?

Bereit, dir tief zu vertrauen?

Dich für DEIN Leben und nicht weiter für das Leben der anderen zu entscheiden?

Bist du bereit, dich selbst als mächtiges großartiges Schöpferwesen zu empfangen?

Grenzenlos und frei in der Magie deiner Herzensweisheit deine wahre Größe, deine wahre Brillanz zu leben?

Das ist Manifestieren deluxe! Das ist deine ZauberPower! Und yep: Je tiefer dein Urvertrauen in dich, desto schneller werden deine Visionen gelebte Realität! Probiere es einfach aus! Worauf wartest du noch?

Die spirituellen Gesetze für ein außergewöhnliches Leben

Carine Weiss

Ich bin Carine Weiss, Life Coach und Heilerin der neuen Zeit aus Basel und begleite Frauen in ihrem Veränderungsprozess. Ich helfe dir, in deine Herzenskraft zu kommen, indem du die Mauern und Blockaden rund um dein Herz zum Schmelzen bringst. Denn nach meiner Erfahrung sind es die Blockaden im Herzen, die dich davon abhalten, das zu leben und zu manifestieren, was du dir so sehr wünschst… Transformation ist deine Arbeit… Aber ich helfe dir dabei! Ich erkenne deine Muster und Blockaden, die wir sofort an der Wurzel auflösen können. Ich setze meine medialen Fähigkeiten ein und lasse die Energie der Erzengel in deine Blockaden einfließen, damit der Ursprung deiner Beziehungsschwierigkeiten für immer geheilt ist. Ich sage dir … Wunder werden wahr!

E-Mail-Adresse: coaching@carineweiss.ch

Webseite: www.carineweiss.ch

Facebookseite: https://facebook.com/CarineWeissCoaching/

Die spirituellen Gesetze für ein außergewöhnliches Leben

Stell dir vor, du sitzt auf einer Wolke, spürst einen angenehmen Wind in deinem Gesicht und du siehst alles glasklar unter dir, du erkennst wer du wirklich bist und was du willst und alle deine Verstrickungen haben sich aufgelöst und du bist einfach in dir angekommen, voller Liebe, voller Leichtigkeit und voller Zufriedenheit.... Wie würdest du dein Leben dann leben? Deine ZauberPower steckt in dir! Wendest du die spirituellen Gesetze an, dann kommst du automatisch in den Genuss deiner ZauberPower Energie... Lies mal weiter...

Seit meiner Geburt bin ich mit der geistigen Welt verbunden. Ich habe die unsichtbare Hand der Engel immer gespürt und gewusst, ich darf dieser Führung vertrauen. Mein ganzes Leben habe ich mich intuitiv mit dieser Kraft und Liebe aus dem Universum verbunden und nahm dieses Geschenk dankbar an. Ich habe die Kraft und die Liebe der Engel genutzt, um meine Beziehungsschwierigkeiten, meine beruflichen Wege und meinen Körper zu heilen. Und heute sehe ich meinen Weg und meine Berufung klar vor mir und gehe ihn Schritt für Schritt in meinem Tempo. Heute nenne ich mich Heilerin der neuen Zeit, weil ich die Menschen mit meinen Gaben in ihrem Aufstiegsprozess ins neue goldene Zeitalter unterstützen will.

Mein Zugang für mein erfülltes Leben sind die Engel. Mit ihnen habe ich meine ZauberPower entdeckt und entfacht. Vielleicht ist dein Zugang Gott, das Universum, Allah, Buddha, Feen und Kobolde, Einhörner oder die himmlischen Drachen, deine Liebe oder deine innere Stimme. Oder vielleicht bist du neu auf diese

Art von Spiritualität gestoßen und hast noch keinen Namen für dich gefunden. Das spielt keine Rolle, das Entscheidende ist, dass du erkennst, dass es eine Kraft und Liebe gibt, die viel größer ist als wir es sind und dass diese Kraft dich immer unterstützt, ein wundervolles Leben für dich zu erschaffen, wenn du dich auf den Weg machst.

Schon alleine, dass du diese Zeilen liest, zeigt dir, dass du bewusst oder unbewusst zu diesem Buch geführt worden bist und mehr für dich und dein Leben erfahren möchtest. Auch in dir liegt diese ZauberPower, die nur darauf wartet, entdeckt und entfacht zu werden.

Hätte ich die Engel nicht in meinem Leben gehabt, wäre ich nicht hier, wo ich heute stehe. Heute lebe ich eine wundervolle Beziehung zu meinem Mann und unserem gemeinsamen Sohn. Die Kinder von meinem Mann aus einer früheren Beziehung sind herzlich willkommen und eine große Bereicherung für mich. Wir leben ein Leben mit viel Harmonie und gleichen Ansichten. Tenemos la misma onda. Wir leben auf der gleichen Wellenlänge.

Um diese Traumbeziehung leben zu können, musste ich viel in meinem Leben transformieren und mein Herz von vielen Verletzungen und Verstrickungen heilen. Mein Leben war geprägt von Beziehungsschwierigkeiten zu meiner Mutter, zu meinem Vater, zu meinen Geschwistern, zu Männern, zu Freundinnen, zu meinen Vorgesetzten und somit auch zu mir selbst. Ah... war das mühsam!!

Als ich 30 Jahre alt war, fiel mein Leben auseinander: eine Beziehung ging in die Brüche, mir wurde die Kündigung auf den Tisch geknallt und die Beziehung zu meiner Familie war auch nicht angenehm. So stand ich also vor diesem Scherbenhaufen und musste mir eingestehen, dass ich mein Leben nicht im Griff hatte. Und das war mein endgültiger Wake Up Call! Denn diese Erkenntnis tat mir im Herzen weh!

Ich beschloss mein Leben um 180 Grad zu drehen und ich beschloss ein Leben zu erschaffen, nach meinen Wünschen, Gefühlen und nach meinen Zielen und Vorstellungen. Ich fing an mein Leben aufzuräumen. Ich begann mit der Beziehung zu mir selbst, weil ich schnell erkannte, dass dies der Ursprung all meiner Probleme war. Es ist das universelle Gesetz „Wie im Innen, so im Außen".

Auf dem Weg zu mir selbst, half mir die geistige Welt sehr. Ich begann aktiv nach Antworten zu suchen und vor allem nach dem WARUM? Warum passiert mir all dies? Warum kann ich nicht harmonische Beziehungen führen? WARUM?

Dieses Warum trieb mich an und ich wurde zu den Antworten geführt. Es war kein geradliniger Weg ... immer wieder dachte ich „Jetzt habe ich es" – jetzt weiß ich, was der Ursprung meiner Blockade war und prompt fiel ich gefühlt zwei Monate später wieder auf die Nase – wieder eine Lektion zum Lernen. Wie ein kleines Kind musste ich mich aufrappeln und wieder einen Aspekt aus meinem Leben heilen.

Ich tat dies mit so viel Liebe und Hingabe, weil ich endlich aus dem Rad des Leidens aussteigen wollte. Ich kannte tief in mir auch meine Berufung und wusste, dass ich eines Tages dir und so vielen Menschen helfen werde, ihr eigenes inneres Licht zum Strahlen zu bringen und den inneren Frieden in sich zu finden.

Dies bedeutete aber, dass ich den Müllberg vor meiner eigenen Haustüre zuerst aufräumen musste.

Heute lebe ich ein erfolgreiches Leben voller Wunder und Liebe.

Früher hatte ich den Erfolg an guten Noten oder an guter Leistung bei der Arbeit definiert und war nie zufrieden. Ständig fühlte ich mich nicht gut oder liebenswert genug. Heute definiere ich Erfolg anders dank meiner inneren Transformation und meinem geheilten Herzen. Es geht nicht mehr so viel um mich und was ich bekomme, sondern darum, was ich geben kann. Und wenn ich in glückliche Augen voller innerer Zufriedenheit und innerer Ruhe sehe, dann weiß ich, meine Heilsitzung hat gewirkt. Zu wissen, ich habe die Seele und das Herz meines Gegenübers berührt, das erfüllt mich mit so viel Freude und so viel Stolz. Und das, liebe/r Leser/in, möchte ich dir mit auf den Weg geben.

Du bist eine wunderschöne und wundervolle Seele, die hier her gekommen ist, um den Himmel auf Erden zu bringen. Die geistige Welt wünscht sich so sehr, dass du glücklich bist und hilft dir bedingungslos. Aber die innere Arbeit, die musst du tun. Und dies bedeutet auch, durch das Tal deiner Emotionen durchzugehen, um buchstäblich aufsteigen zu können. (Ich weiß, es ist nicht immer angenehm …)

Ein erfülltes und glückliches Leben beginnt immer in dir.

Es ist die Beziehung zu dir, die den Weg für alles in deinem Leben öffnet. Wenn du im Einklang mit dir selbst bist, du deinen inneren Frieden gefunden hast, mit dem was war und mit dem was ist, wirst du ein Leben in Fülle, Glück und Freude erschaffen. Du hast die Kraft dafür und wirst es schaffen. Davon bin ich überzeugt!

Um ein Leben in Fülle, Glück, Leichtigkeit und Freude zu erschaffen, gilt es ein paar Dinge zu beachten. Unser Planet ist eine „Mysterienschule", wo wir immer wieder Lektionen zum Lernen und zum Wachsen bekommen und zwar in Form von schwierigen Beziehungen oder Lebensumständen. Die Art, wie wir mit diesen Lektionen umgehen, bestimmt, ob wir weiter spirituell wachsen oder stehen bleiben. Wir werden zum Meister unseres Lebens, wenn wir lernen, mit Verständnis, Liebe, Mitgefühl, Weisheit und Stärke auf die einzelnen Prüfungen zu reagieren.

Das Ziel jeder Seele, die auf diesen Planeten inkarniert, ist der Aufstieg oder die Erleuchtung, was so viel bedeutet, dass man alle Lektionen verstanden und transformiert hat. Die Erleuchtung braucht mehrere Leben, da wir immer wieder Karma aufladen, weil wir uns gegenseitig verletzen und Schaden zufügen. Du als Seele hast dir eine wunderbare Zeit ausgesucht, weil die Energien auf diesem Planeten sich so rasant erhöhen, dass wir sehr viel schneller durch Bewusstheitsprozesse gehen, die es uns ermöglichen, alles, was mal war und uns weh getan hat, zu heilen!

Wir leben im Moment in einer unglaublichen globale Transformationsphase und jede einzelne Person hat die Chance, diese neue Welt mitzugestalten! Deshalb liefern deine Beziehungsschwierigkeiten eine wunderbare Plattform für inneren Wachstum! Hab den Mut, dich diesen Herausforderungen zu stellen und die Antworten auf diese Schwierigkeiten in der Liebe zu sehen!

Es gibt jedoch ein Problem, dem wir alle begegnen: Wir haben vergessen, wer wir wirklich sind! Durch die Geburt sind wir durch den Schleier des Vergessens und haben vergessen, woher wir kommen und welche Verbindung wir mit dem Universum haben. Deshalb ist es so wichtig, dass wir uns wieder daran erinnern, wer wir wirklich sind. Dann entfachen wir auch unsere verborgene ZauberPower.

In den folgenden Abschnitten möchte ich dir ein paar spirituelle Gesetze vorstellen, die dir helfen sollen, im Einklang mit dem Universum zu leben und zu manifestieren. Je mehr du dich mit den spirituellen Gesetzen auseinandersetzt, desto leichter wird dir das Leben fallen und desto mehr Antworten auf dein WARUM bekommen.

Spirituelles Gesetz #1 Wie oben, so unten

Genauso, wie du von deinem Umfeld geliebt werden möchtest, so liebt dich das Universum, Gott, die Engel… Gott hört nicht auf dich zu lieben, egal was du tust. Wir alle wünschen uns, bedingungslos geliebt zu werden, weil wir von dieser Liebe stammen. Nur haben wir dies vergessen.

Das spirituelle Gesetz „Wie oben, so unten" versucht uns zu erklären, dass wir die Fähigkeit der göttlichen Schöpfung in uns selbst tragen und somit diese Liebe immer in uns ist. Es ist diese Liebe, die uns ein unvergessliches Leben schenkt! Genauso, wie du von der geistigen Welt bedingungslos geliebt wirst, hast du die Fähigkeit, auch bedingungslos zu lieben. Das Universum richtet nicht über dich, egal, was du auf Erden tust, vielmehr helfen dir die Engel einen anderen Blickwinkel auf dein Thema zu werfen, um Vergebung und inneren Frieden zu erlangen. Das

Universum bewahrt eine Vision deiner Zukunft als erleuchtete Person, ganz egal, welche Fehler du auf Erden machst.

Spirituelles Gesetz #2 Wie Innen, so Außen.

Du erschaffst dir deinen Tag, der deine Woche beeinflusst, die wiederum den Monat und die kommenden Jahre beeinflusst. Wir erschaffen unseren Weg, basierend auf unseren Gedanken, Worten und Handlungen, die meistens nicht im Einklang mit der Liebe, dem Mitgefühl und der Freude sind. Es ist also wichtig, sich bewusst zu machen, wie wir uns ausdrücken, welche Gedanken wir hegen und wie wir unsere Handlungen in die Tat umsetzen.

Sind unsere Gedanken gekoppelt mit niedrigschwingenden Emotionen wie Wut, Ärger, Trauer, Angst oder Verzweiflung, dann werden wir Menschen und Situationen in unser Leben ziehen, die diese Emotionen spiegeln. Wie im Innen, so im Außen. Vielleicht trägst du viel Wut in dir, vielleicht bist du dir dessen noch gar nicht bewusst.

Du erkennst diese Wut aber, wenn du immer wieder wütende oder ärgerliche Menschen in deinem Leben begegnest. Hegst du eine tiefe Angst vor dem Verlassenwerden? Dann reflektieren dies deine Partner oder deine Freunde, indem sie dich verlassen, sich gefühlsmäßig zurückziehen oder gar sterben.

Ein Mensch, der sich sicher, geliebt und innerlich glücklich fühlt, wird auch ein sicheres und glückliches Leben führen und umgeben sein von Menschen, die ihn lieben. Jeder Mensch in deinem Leben, den du nicht magst, zeigt dir Aspekte deiner Selbst, die dir nicht angenehm sind. Ist dein Chef total unordentlich und du ärgerst dich über ihn und du denkst, du bist total organisiert und hast Verantwortungsbewusstsein? Trotzdem gibt es einen Aspekt in deinem Leben, der unordentlich ist.

Gibt es eine Freundin, die dich mit ihrer Art immer wieder auf die Palme bringt? Dann ist dieser Anteil auch in dir... Sehr oft triggern uns andere Menschen auf der Höhe unserer verletzten inneren Kinder oder wir waren selbst mal genauso in einem früheren Leben und haben uns mit diesem Persönlichkeitsaspekt nicht ausgesöhnt. Um herauszufinden, wie du dieses Spiegelbild angezogen hast, achte darauf, wie die Person oder Situation dich fühlen lässt.

Erlebst du das Gefühl der Wut, dann gibt es in dir noch viel Wut zu transformieren. Erfährst du eine Lieblosigkeit, so handelst auch du lieblos dir gegenüber. Somit: Versuche nie einen anderen Menschen zu ändern, denn er spiegelt dich selbst wider. Schau nach innen und ändere dich selbst und eine neue Welt wird sich für dich eröffnen. So wie im Innen, so im Außen.

Das Universum steht immer hinter dir und hilft dir, das zu manifestieren, woran du glaubst. Deshalb ist es so ratsam, sich deiner Gedanken bewusst zu werden. Natürlich manifestierst du nicht jeden Gedanken, sondern du manifestierst die Energie, die hinter dem Gedanken steckt.

Wenn du glaubst, dass du keinen Traumpartner verdienst, wirst du auch nicht den Traumpartner in dein Leben ziehen können. Oder wenn du tief in dir glaubst, dass du nicht liebenswert bist, wirst du Männer oder Frauen in dein Leben ziehen, die dich nur halb lieben und sich nicht binden wollen oder sonst nicht voll und ganz hinter dir stehen.

Spirituelles Gesetz #3 Bitte und dir wird gegeben

Das Universum wartet darauf dir zu helfen! Du musst lediglich darum bitten. Die geistige Welt untergräbt nie deinen freien Willen, sondern wartet auf deine Bitte. Die Antworten kommen in verschiedenen Formen und meist nicht so, wie wir uns das wünschen. Es ist auch entscheidend, dass du immer wieder die Stille und deine innere Ruhe findest und nicht aus einem Ort der Verzweiflung und des Verlangens nach Antworten bittest. Denn wenn du wirklich bereit bist, um Hilfe zu bitten, bist du auch bereit, sie zu empfangen. Du bist bereit, die Weisheit zu akzeptieren, die damit verbunden ist und bist bereit, innerlich zu wachsen und Verantwortung zu übernehmen.

Spirituelles Gesetz #4 Das Gesetz der Anziehung

Die Frequenz, die du aussendest, besteht aus deiner bewussten und unbewussten Energie, die entweder anziehend, abstoßend oder neutral ist. Das heißt „Gleiches zieht Gleiches an". Wir ziehen also Menschen und Lebenspartner und Situationen in unser Leben, deren Frequenz den unseren ähnlich ist.

Nehmen wir das Beispiel, dass dein Partner sich nicht wirklich auf eine Beziehung mit dir einlassen will. Das Problem ist nicht dein Partner, sondern ein Aspekt in dir, der Angst vor Beziehungen hat. Er oder sie würde sich nicht so verhalten, wenn du deiner Sache 100% sicher bist. Unsere Grundüberzeugungen ziehen Situationen und Menschen zu uns hin. Wenn du der Meinung bist, dass du nicht gut genug bist, wirst du Chefs am Arbeitsplatz haben, die dir das spiegeln.

Wenn du der Meinung bist „Ich muss es allen recht machen.", dann ziehst du Menschen in dein Leben, die sich gerne bedienen lassen. Wenn du von Männern oder Frauen immer wieder enttäuscht wirst, kann dies mit deiner Überzeugung des Vertrauens bzw. des Misstrauens zusammenhängen.

Spirituelles Gesetz #5 Das, wogegen du Widerstand leistest, bleibt in deinem Leben

„Tu nicht", „kann ich nicht", „darf ich nicht" oder nur das Wort „nicht" sind Wörter, die das Gesetz des Widerstandes beschwören. Wenn du denkst „Ich werde nie den perfekten Partner finden.", wehrst du den perfekten Partner bereits im Vorfeld ab! Das heißt, du wirst zu dem, wogegen du dich wehrst.

Das, wogegen du Widerstand leistest, wird in deinem Leben bleiben und entzieht dir Energie. Auch hier gilt es, deinen Gedanken zu lauschen und zu beobachten, was sich in deinem Geiste tut. Geh liebevoll mit dir um, denn deine Gedanken zu verändern, braucht viel Disziplin und Durchhaltewillen.

Hier ein paar Beispiele, um das in dein Leben zu ziehen, was du dir im Grunde wünschst: „Ich bin gesund" ist eine Botschaft an deine Gesundheit. „Ich verdiene den perfekten Partner" öffnet dir den Weg für die erfüllte Partnerschaft. „Ich fühle mich wohl im Reichtum" zieht Reichtum in dein Leben.

Meistens braucht es einfach eine Veränderung deines Blickwinkels. „Where focus goes, energy flows". Wir leisten so gerne Widerstand gegenüber unserer inneren Veränderung, weil wir die Verantwortung für unser Glück nicht wahrnehmen wollen.

Lieber bleiben wir in der vertrauten Misere, als uns für unser Glück, unseren Wohlstand und unsere Liebe zu entscheiden. Aus meiner eigenen Erfahrung steckt dahinter oft ein verletztes, trotziges, trauriges und verängstigtes inneres Kind, das du heilen kannst. Was immer du in deinem Leben manifestiert hast, es ist das, was sein soll! Denn es offenbart dir, was du wissen musst, um zu heilen – Du hast nichts falsch gemacht!

Es ist Teil des göttlichen Planes, was jetzt geschehen muss. Alle Umwege bzw. „falsche Entscheidungen", von denen wir vielleicht denken, dass wir etwas „falsches" gemacht haben, sind eigentlich Umwege in die richtige Richtung. Die spirituellen Gesetze helfen dir, im Einklang mit dem Universum dein unvergessliches Leben zu manifestieren. Erwecke deine innere ZauberPower und mach den Weg frei für deine Seelenmission.

Aus tiefstem Herzen wünsche ich mir für dich, dass du deinen Seelenfrieden findest, eine Traumpartnerschaft lebst, dich angenommen und geliebt fühlst und einer Arbeit nachgehst, die dich im Herzen erfüllt. Hab den Mut für deine Träume loszuziehen...

Mögest du ein unwiderstehliches Leben für dich kreieren.

Alles Liebe

Deine Carine

SPIEGLEIN, SPIEGELN AN DER WAND… ZAUBERPOWER, UM DICH MIT DIR SELBST WOHLZUFÜHLEN

Christine Maria Schorer

Christine Schorer ist verheiratet, Mama von 4 Kids und lebt in Bayern. Früher hat sie sich und ihren Körper abgelehnt, sich geniert, versteckt, klein gemacht und jahrelang eine Essstörung zelebriert. Seit sie sich vor 20 Jahren aus ihrer Misere selbst bugsiert hat, liebt sie sich und ihren Körper immer mehr und immer tiefer. Liebe zu ihrem Zauberbody und zu sich selbst ist DER Schlüssel für ein glückliches & erfolgreiches Leben, harmonische Beziehungen und ein erfolgreiches Business. Seit 4 Jahren gibt sie ihre magischen Tools, Erfahrungen und Erlebnisse an andere Menschen weiter.

E-Mail-Adresse: schorer.c@web.de

Webseite: www.christineschorer.de

Facebookseite: https://www.facebook.com/Schorer.Christine

Spieglein, Spieglein an der Wand... ZauberPower, um dich mit dir selbst wohlzufühlen

Wir leben in einer Gesellschaft, in der es ganz wichtig ist, gut auszusehen! Einen fitten, schlanken, vitalen Body zu haben, möglichst nicht zu altern und überhaupt perfekt zu sein. Gerade wir Frauen sind immens empfänglich für den Schönheitswahn und oft ein Leben lang irgendwie im Optimierungs-Modus.

Probieren alles Mögliche - und Unmögliche - aus, um dem aktuell vorherrschenden Ideal zu entsprechen. Wir können gar nicht anders, als uns mit unserem unzulänglichen Körper zu befassen. Von klein auf werden wir konfrontiert damit, dass unser Körper, so wie er ist, falsch ist - oder Teile davon - oder dass wir rummäkeln müssen, uns ganz arg schämen, verstecken, ablehnen.

Nicht dick werden, abnehmen, mal wieder Sport machen, die nach einer Schwangerschaft ruinierte Figur oder - herrje - Falten kommen auch schon - egal was es ist, der Körper und wie er auszusehen hat oder was gar nicht geht, ist allgegenwärtig. Unser Unterbewusstsein wird schon früh damit gespeist, wir bekommen das überhaupt nicht mit und auch wenn wir glauben, dass wir damit kein Thema haben, haben wir meist eines.

Unser zwiegespaltenes Verhältnis zu unserem gigantischsten Geschenk, das wir - und dazu komme ich nachher noch - jemals bekommen haben und bekommen werden, ist umso erstaunlicher, als dass ja eigentlich alles OK ist! Die Frage könnte lauten: Warum glauben wir, dass dieses Wunderwerk so unzulänglich ist??

… Warum die Natur so ein unvollkommenes Ding kreiert hat? … Warum ausgerechnet wir mit diesem so widerspenstigen Teil geschlagen sind - im Vergleich zu jenen, die echt Glück gehabt haben!

Die einfache Antwort ist: Wir müssen das gar nicht. Weder glauben, noch nörgeln. Wir tun es einfach, weil wir so konditioniert sind. Es ist unser gelehriger Verstand, der schon früh beobachtet, gelernt und verinnerlicht hat, was gut und was schlecht ist.

Der auf Fehler programmiert ist und diese auch wie ein Trüffelschwein immer findet! Der uns deshalb ständig einredet, was nicht passt und worüber wir ganz arg im Widerstand sein müssen.

Interessant ist an dieser Stelle ist, dass 9 Monate alles perfekt funktionierte. Alles war cool, alles lief so, wie es sollte. 9 Monate ohne menschliches Zutun - ohne bewertenden und eingreifenden Verstand - läuft alles reibungslos. Dein Herzchen fängt einfach so zu schlagen an in der 5. Woche deines körperlichen Daseins. Stelle dir vor: In der 5. Woche!!!! Nur für dich! Dein Herzchen schlägt ab diesem Zeitpunkt NUR FÜR DICH!!!

Der Prozess deines Menschwerdens greift ineinander wie ein Zahnrädchen. Aus einem kleinen Zellklumpen ist nach wundersamen 9 Monaten ein wunderschöner, kleiner, perfekter Körper geworden. Mit Händchen, Füßchen, Organen, Sinnen - einfach so!!! Einfach toll!

Alle Organe arbeiten, alles geschieht wie durch Zauberhand. Deine Verdauung funktioniert, deine Zellteilung, dein Immunsystem, der Herzschlag, der Blutkreislauf - ALLES! Niemand muss irgendwas bewerkstelligen. Etwas tun, an etwas denken - es passiert einfach alles!

Dann erblickst du das Licht der Welt... und ab jetzt übernimmt die Krone der Schöpfung: der Mensch!!! Endlich! :-) Und weil wir so genial sind, besonders unser Verstand, haben wir uns was Cooles ausgedacht: Wir schauen immer genau darauf, was falsch ist! Irgendwann sehen wir bei unserem wundervollen Körper nur noch Fehler. Er ist zu dick, zu dünn, die Haare sind doof, die Sommersprossen eh, der Hintern ist zu flach, die Schenkel zu fett und überhaupt hat er immer einen Hang für etwas, das du gerade so gar nicht brauchen kannst!

Den meisten Menschen fällt es irgendwann gar nicht mehr auf, wie sehr sie ihren Körper bewerten, wie sehr sie gegen ihn sind. Es ist normal. Jeder tut das. Jeder einzelne hat irgendeine Stelle, die ihn stresst, gegen die er ankämpft, die anders sein soll - oder gleich mehrere.

Und - Hand aufs Herz - welche herrlichen Gespräche könnten wir mit unseren Freundinnen nicht mehr führen, wäre alles ok. Kein kollektives Jammern und Mitleid heischen mehr von deinen Liebsten, keine Bauchpinselei, weil das Schicksal es echt sowas von schlecht mit dir gemeint hat!! Wie sehr du Uneins bist mit deinem Körper, fällt oft auch dann auf, wenn du andere Leute siehst und in dir blitzschnell etwas hochsteigt, meistens eine Bewertung wie:

„Die mit ihren Schwarten sollte lieber kein bauchfreies Top tragen!"

„Wenn ich so aussähe, würde ich mir eine Tüte über den Kopf ziehen! Die ist ja echt gestraft!"

„Solche Titten können doch gar nicht echt sein!"

„Ausgerechnet jetzt, wo ich nicht gerichtet und im Schlabberlook bin, treffe ich xy!"

Mal sind wir glücklich, wenn wir „besser" abschneiden, mal frustriert, wenn wir glauben, im Vergleich hässlich zu sein. Wir tun auch gerne nach Außen so, als wäre alles bestens mit uns und unserem zauberhaften Body, obwohl innerlich die Eifersucht nagt, dass wir eben auch gerne einen großen Busen hätten oder lieber schlanker wären.

Und wir glauben so fest daran, dass wir echt Schei* aussehen, dass wir regelrecht gestresst sind, wenn jemand daher kommt und uns ein Kompliment macht. Sofort wehren wir ab, reden klein, machen unser Aussehen nieder. Unser süßer Verstand erzählt uns also den lieben langen Tag, was mit uns nicht stimmt. Und da beschränkt er sich nicht nur auf unseren Körper, nein, dieses zarte Stimmchen im Kopf meint auch uns selbst. Wie wir nämlich sind: unfähig, niemals gut genug, unwichtig und nicht wirklich beliebt. Er vergleicht, analysiert, bewertet. Den ganzen Tag!!

Dies ist unser eigentliches Dilemma!

Nicht der unzulängliche Körper, sondern die ständigen innerlichen Anfeindungen gegenüber uns selbst, die wir vertrauensselig glauben. Ja, wir glauben unserem Verstand, was er über uns erzählt! Obwohl er manchmal echt verwirrt ist und Erinnerungen verdreht.

Alter emotionaler Schmerz, Verletzungen, Ablehnungen, Zurückweisungen und Abwertungen aus vielen früheren Situationen, haben es sich in unserem Körper gemütlich gemacht. Wir haben schlimme Situationen meist so verdrängt, dass wir uns gar nicht mehr dran erinnern.

ABER UNSER KÖRPER!!!

Der erinnert sich, blitzschnell! Wie dein intelligenter Körper automatisch weiß, welche Buchstaben bei der Schreibmaschine wie angeordnet sind (dein Verstand weiß das gar nicht genau), haben Millionen Zellen deines Körpers Gefühle und Emotionen gespeichert!

Wenn du nun in eine Situation kommst, die nur ansatzweise an früher erinnert, dann sendet dir dein Körper die volle Breitseite deiner damals verdrängten Schmerzen!

Beispiel: Da kommt plötzlich so eine superschlanke, geliftete Tussi daher und irgendeine Erinnerung in dir springt an und du fühlst dich ... hässlich, schlecht und frustriert.

Weil sie dich daran erinnert, als du irgendwann von deiner hübschen Klassenkameradin ausgelacht wurdest - und das hat echt weh getan. Diesen Schmerz und das gute Aussehen dieses Mädchens hast du verknüpft und gespeichert!

Du weißt es natürlich nicht mehr, aber der Schmerz steckt noch in deinem Zauberbody. Und du fängst an, an deinem Körper rumzunörgeln, obwohl du in Wahrheit dich selbst meinst und das abgelehnte Gefühl.

Ein weiteres Dilemma: Unser Grundbedürfnis, dazuzugehören.

Was tun wir nicht alles, um dazuzugehören! Verbiegen uns, passen uns an, verhalten uns so, wie wir glauben, dass die anderen uns haben wollen und vergessen so irgendwann, wer wir selbst eigentlich sind. Haben keinen Zugang mehr zu uns, kennen uns gar nicht mehr. So beschäftigen wir uns lieber mit dem Bild, das wir nach außen hin zeigen wollen.

Wollen so aussehen, wie es sich gehört, die Klamotten tragen, die Haare so stylen, dass die anderen sehen: Hey, die sieht ja toll aus!

Die ist eine von uns! Allein der kleinste Pickel kann dann dieses fragile Gebilde zum Wanken bringen und wir bemerken unsere Unsicherheit in Bezug auf uns selbst, werden wütend und zerfleischen uns, weil wir so unzulänglich sind, mit so einem unzulänglichen Körper gestraft. Natürlich sind die Medien, die Mode und die Gesellschaft nicht ganz unschuldig bei deinem negativen Körperbild, wird doch vermittelt, dass man nur IN ist, wenn man so aussieht, wie die uns sagen. Hinterfragen??

Ein No-Go! Ist der Zenit dann überschritten, fängt das Welken an und das ist erst recht tragisch! Jetzt geht's bergab!

Graues, lichtes Haar, Falten, Rollator - Vorstellungen noch und nöcher, was jetzt alles passiert mit uns und unserem Körper. Welch ein Horror! Hört das denn niemals auf? Können wir nicht endlich mal im Frieden sein??

So halten wir uns ein Leben lang irgendwie beschäftigt mit jenem Instrument, das einst so wunderbar aufs Beste geschaffen wurde für uns, um ... ja für was ist der Körper eigentlich da? Wenn er doch eh so nichtsnutzig und zwider ist?

Für DICH!

Dein Körper ist dein Tempel!

Vor Jahren hatte ich diesen Satz gehört und mit den Augen gerollt! Nur irgend so ein Spiri-Guru, der meint, erleuchtet zu sein, kann solche Schoten bringen.

Heute weiß ich, dass das ganze Leben ohne dieses echt tolle Teil nichts ist! Im wörtlichen Sinn:

Ohne Körper kein Leben!! Nur mit und durch deinen zauberhaften Body lebst du. Kannst Erfahrungen sammeln. Erlebnisse erleben. Gefühle fühlen!

Dein Körper ist immer für DICH da, von der ersten Stunde an.

Ist immer FÜR dich!

Sorgt für dich!

Nährt dich! Liebt dich!

Funktioniert unermüdlich - NUR FÜR DICH. Jede Sekunde, Minute, Stunde.

Ist absolut ohne Bewertung über dich und verzeiht dir alles!

Mit ihm kannst du das Leben, die Liebe, den Luxus genießen - mit allen Sinnen!

Dein wunderschönes DU bewohnt deinen wunderschönen Körper!

Nichts an dir ist falsch, nichts an deinem Körper ist falsch!

Dein schöner Körper ist das Zuhause, das du bewohnst.

In dem du jeden morgen erneut aufwachst. Dein Fleischanzug, den du dir für dieses Leben ausgesucht hast. Bedenke - und hier kommt der erhobene Zeigefinger: Dein Körper hat dich noch niemals bewertet!

Dein Körper will dir niemals was Böses.

Dein Körper ist niemals gegen dich. Oder hat dein Körper mit seinen magischen Heilkräften schon mal eine Wunde trotzig NICHT geheilt?

Sind deine Haare aus lauter Rachsucht mal NICHT mehr nachgewachsen oder wurde deine Nahrung aus lauter Boshaftigkeit mal NICHT verdaut - auch wenn es Chemiefraß war?

Nein, dein Body hat keine Ansicht über DICH. Er verzeiht dir soo viel! Er ist dazu da, zu leben, zu funktionieren, zu arbeiten - für dich und mit dir.

Bewertungen über unseren Körper - und uns selbst - sind eine Erfindung unseres Verstandes. Unser Körper hat keinen kleinen begrenzten Verstand nötig - unser Körper ist nämlich mit dem großen Ganzen verbunden, kann ganz einfach wahrnehmen. Kann die Vögel singen hören und den Duft der Blume riechen, einfach so.

Durch deinen wunderbaren Body strömt die reine Lebensenergie und ZauberPower!

Die darfst du gerne wieder anzapfen. Indem du anfängst, diesen Tempel echt zu bewohnen. Ab und zu mal Hausputz machen - so innerlich. So wie du dein Zuhause im Außen putzt, darfst du deinen inneren Körper auch immer wieder putzen, befreien, ausmisten, wegwerfen, loslassen: all den alten Schmodder, den alten Schmerz. Mach Platz für Neues!!

Du fühlst dich gleich viel wohler und merkst, dass du einen wichtigen Teil deines Lebens echt vernachlässigt hast, den du unbedingt brauchst, um wirklich glücklich zu sein.

Denn du bist halt einfach Körper, Geist und Seele zusammen. Erlaube dir „JA" zu sagen zu deinem Körper. Ihn anzunehmen, wie er ist und loszulassen, wie er sein sollte. Erlaube deine Großartigkeit, deine Liebe, deine Wärme für dich selbst. Du musst nicht erst perfekt werden - du bist es bereits!

Liebe alles, was du bisher nicht lieben konntest, jeden Tag ein bisschen mehr!

Nochmal: Alles ist ok! So wie es ist. DU bist ok, so wie du bist. Dein Körper ist ok, wie er ist. Nimm deinen Körper in Besitz. Lebe in ihm.

Spüre ihn. Ohne Ablehnung, ohne Bewertung. Dann kann diese universelle Energie ungehindert durch dich fließen und nachdem du jetzt keine wertvolle Lebenszeit mehr mit Bewerten und Verbessern verbringst, kannst du endlich dein volles Potenzial leben. Dann kannst du dir mit dieser ZauberPower endlich das kreieren, nach dem du dich sehnst!!

Dir wird bewusst, dass du das gefunden hast, wonach du insgeheim immer auf der Suche warst: Frieden und Glückseligkeit!

Heilung hat stattgefunden! Magisch! Dann passiert das Wunder: Du bist jetzt schön!

Du strahlst jetzt von INNEN. Du bist jetzt schön von INNEN. Dein Licht leuchtet jetzt von INNEN.

Und wenn jetzt jemand die Frage stellt:

„Spieglein, Spieglein an der Wand, wer ist die Schönste im ganzen Land???"

Kannst du laut schreien: ICH! ICH! ICH!!

AUF DER SUCHE- ENDLICH ANGEKOMMEN

Claudia März

Ich bin Claudia von HerzensacheByClaudia und ich unterstütze Unternehmerinnen dabei, ihre Positionierung und den Lieblingskunden auszuarbeiten, um dann die Promotion bzw. Werbung anzupassen und auch ggfs. die Produkte in einen Onlineshop einzustellen. Hier in diesem Buch bin ich, Mutter von einer 18-jährigen Tochter und einem 15-jährigen Sohn und einer Kätzin das 1. Mal als Autorin unterwegs.

E-Mail-Adresse: HerzenssacheByClaudia@gmx.net

Webseite: https://elopage.com/s/HerzenssacheByClaudia

Facebookseite:

Auf der Suche – endlich angekommen

Das Leben besteht nicht nur aus schwarz und weiß.

Es gibt noch so viel mehr - du darfst es nur finden und herausfinden.

Um genau dein Leben nach deinen Wünschen und Träumen zu gestalten … ja … zum Leben braucht es Ziele und ein wenig ZauberPower.

Hast du Ziele?

Wenn ja, was für Ziele hast du? Sind sie klein oder groß, sind sie nah oder fern?

Viele haben eine sogenannte Löffelliste. Ich persönlich mag dieses Wort nicht so, denn diese klingt so endgültig. Ich liebe die Wunschcollage oder Zielegalerie.

Hast du dir schon mal Gedanken darüber gemacht, wie eine Ausstellung in einer Galerie von dir aussehen würde mit all deinen tollen Erlebnissen und erreichten Zielen? Nein? Dann wird es Zeit. Denn wenn du siehst, dass deine Galerie noch ziemlich leer ist, dann kommen auch die Wünsche, Träume und Ziele wieder hoch, die du mal hattest.

Es gibt nix Schöneres, als wenn du dir selber eine Collage mit all deinen Wünschen, Träumen und Zielen anfertigst, die du dir dann so platzierst, dass du sie immer wieder im Auge behältst. Denn glaub mir, es macht so Spaß auf dieser Collage dann abzuhaken, wenn etwas erreicht wurde, oder zu ergänzen, wenn neue Ziele und Wünsche hochkommen, nachdem du dir die anderen schon erfüllt, ja manifestiert hast.

Es macht richtig Spaß, wenn man sieht, was man sich erfüllt hat und das Leben ist viel lebenswerter, viel schöner, viel positiver!

Für manche Ziele darfst du dir auch ein Datum, ein Monat oder eine Jahreszahl dazu setzen, bis wann du es erreicht haben möchtest.

Und BÄHHM ... du arbeitest dann richtig darauf zu.

Und JA ... mit terminierten Zielen klappt es noch viel besser.

Als kleines Kind habe ich immer viel geträumt.

Die Welt war pastellfarben und mit viel Glitzer und mein treuer Begleiter war ein schneeweißes Einhorn. Mein Einhorn und ich (natürlich war ich eine rosafarbene Elfen-Feen-Mischung mit viel Glitzer) haben ständig Seite an Seite Mensch und Tier in „verzwickten" Situationen geholfen.

Auch im „richtigen" Leben konnte ich es nie sehen, wenn jemand ungerecht behandelt wurde, links liegen gelassen wurde, ausgelacht wurde oder geärgert bzw. gemobbt wurde.

Natürlich ist klein Claudia immer bereit gewesen, sich für andere auf die Hinterbeine zu stellen!!

Und dann kam die Zeit, als das Elfen-Feen-Reich verblasste, ich älter wurde und auch immer mehr und mehr meine Ziele aus den Augen verlor – Menschen und Tieren zu helfen. Meine eigenen Wünsche zu erfüllen und meine eigenen neuen Ziele zu finden.

Es fing an im Kindergarten, dann die Schule und natürlich die Eltern. Jede/Jeder will ja nur das „RICHTIGE" für dich. Mach dies und mach dies nicht.

Das ist viel besser. Mit diesem Beruf wirst du nicht genug verdienen. Mit dieser Arbeit bist du immer dreckig...

Kennst du das??

Und Schwups ... hört nicht mal mehr das Kind bzw. der/die Jugendliche mehr auf seine eigenen Wünsche, geschweige denn schaut nach seinen Zielen.

Bei mir war es genauso. Natürlich haben sich einige Wünsche auch so erfüllt, wie zum Beispiel meine tollen Kinder, mein schönes Eigenheim, Reisen, Anerkennung im Beruf...

Aber irgendwie fehlte was, war nicht alles rund. Ich war nicht richtig zufrieden, aber auch nicht unzufrieden.

So wurde ich vor ein paar Jahren ziemlich krank, was das Beste war, was mir je passieren konnte (zu diesem Zeitpunkt). Ich lernte meine Nahrungsergänzungen kennen und da ich so begeistert davon war, fing ich an, an verschiedenen Seminaren und Coachings teilzunehmen, in denen es um Mindset, Zielsetzung und Ausdauer ging.

Ich kann dir sagen: Ich war anfangs total geflasht von den vielen positiven Energien, die um mich herum waren und auch in mir wieder freigesetzt wurden.

Von da an sog ich alles in mich auf, Coachings, Seminare, Treffen, bis ich auf 2 Coaches traf, die mein Leben nochmal komplett umkrempelten. Plötzlich war da Energie-Arbeit, Hypnose, genauere Zielsetzung und vieles mehr. Und ich fand meine ALTEN – NEUEN Ziele.

Ich wollte wieder anderen Herzensmenschen helfen und unterstützen. Und an diesem Ziel arbeite ich jeden Tag und komme jeden Tag meinem „momentanen" Ziel näher!

Ja, ich arbeite mit anderen Herzensmenschen und unterstütze diese dabei, ihre Projekte zu erstellen und ihre Ziele zu erreichen.

Fazit: Du kannst nur etwas erreichen, ERFOLGREICH" sein, wenn DU DIR auch die passenden Ziele dazu setzt.

TRÄUME NICHT DEIN LEBEN- LEBE DEINEN TRAUM!

Evelyn Häberlin

Ich habe mir einen Herzenswunsch erfüllt - DAS Lebensatelier. Es ist für Menschen, die herausfinden wollen, wie sie durch ihre persönliche Kreativität alle Träume und ihre einzigartige Persönlichkeit sichtbar machen können. Ich bringe mit Hilfe meiner Begleitung mehr Farbe, Kreativität und Freude in die Welt.

Schon als kleines Mädchen liebte ich es, kreativ zu sein und ich zeige nun den Menschen auf, dass auch in ihnen eine kreative Seele steckt, die sich intensiv ausprobieren kann und will.

Kreativ sein heißt für mich, ein Stück weit sich selbst zu erfahren und voranzukommen. Egal ob du tanzt, malst, mit Ton oder Stein arbeitest. Alle Ausdrucksformen haben den gleichen Nenner: Sie bieten an, die eigenen Gefühle, Gedanken oder Unterbewusstes ohne Worte ans Licht zu bringen. Um das zu fördern, habe ich das Lebensatelier gegründet.

E-Mail-Adresse: evelyn.haeberlin@gmail.com

Webseite: eh-evelyn.ch

Facebookseite: https://www.facebook.com/evestampfli

TRÄUME NICHT DEIN LEBEN - LEBE DEINEN TRAUM!

ZauberPower

Manifestieren – Wie deine Wünsche Wirklichkeit werden

Kennst du schon das universelle Gesetz der Anziehung, mit welchem du deine kühnsten Träume und Wünsche manifestieren kannst?

Alles was existiert – also alles, was du sehen und fühlen kannst – besteht aus Energie.

Es ist z. B. der Sessel, auf welchem du gerade sitzt; der Garten vor deinem Fenster und natürlich du selbst, bzw. dein Körper. Alle vorhandenen Energien sind miteinander verbunden und diese allgegenwärtige Kraft machst du dir mit dem Manifestieren zunutze!

Es ist wirklich kinderleicht, vertraue mir. Das Beste am Manifestieren ist, dass es JEDE/R anwenden kann. Dafür musst du keine besonderen Fähigkeiten erlangen, sondern nur deiner Kreativität freien Lauf lassen. Hinzu kommt, dass es großen Spaß macht!

Was bedeutet Manifestieren eigentlich?

Manifestieren ist ein Prozess. Es bedeutet nicht, einen Wunsch ins Universum zu senden und sich dann zurückzulehnen, bis er in

Erfüllung geht. Es geht darum, zu vertrauen und die Kontrolle loszulassen.

Wir vertrauen darauf, dass das Universum für uns arbeitet. Warum funktioniert das Manifestieren manchmal nicht?

Wenn du im Mangelgefühl bist, dann kannst du Fülle nicht entgegennehmen. Ja dann können dir die wunderbaren Dinge nicht zugestellt werden und du bestellst dir, was du nicht willst…

Sei deshalb unbedingt aufmerksam und beobachte deine Gedanken und Gefühle. Mit welchen Gedanken, Glaubenssätzen und Gefühlen hast du dein bisheriges Leben erschaffen? Und was willst du jetzt denken?

Du hast sicher auch schon erlebt, dass du gedanklich dort bist, wo du gar nicht sein möchtest. Dennoch zieht es dich mit deinen Gedanken immer wieder dorthin – Gesetz ist eben Gesetz. Es funktioniert also in beide Richtungen. D. h. sind die Gedanken negativ, ziehen wir Angst und Negativität an. Sind die Gedanken positiv und liebevoll, strömt mehr Positivität und Liebe in den Alltag. In der Frequenz der Fülle, Glück und Liebe funktioniert das Gesetz der Anziehung am magischsten. Denn Gleiches zieht wieder Gleiches an.

Ist das nicht faszinierend?

Ich habe gelernt, mich immer mehr so zu fühlen, als hätte ich den gewünschten Zustand bereits erreicht. Und das kannst du auch.

Fragst du dich nun, wie du das Gesetz der Anziehung leichter zum Guten für dich nutzen lernst?

Dankbarkeit ist der Zauberschlüssel – Dankbarkeit ist die größte und magischste Lebenskraft. Sie bringt dich sofort in die Fülle.

Die Energie verändert sich positiv und die Frequenzen erhöhen sich. Klingt nach Zauberei?

Ist es irgendwie auch! Und alle können zaubern! Liebst du Wunder? Magst du es magisch? Dann empfehle ich dir: Sei so oft es geht von Herzen dankbar. Lege dir dafür ein schönes Notizbuch zu.

Schreibe täglich 10 Dinge auf. „Heute bin ich von Herzen dankbar für…" Das Universum wartet darauf dich zu beschenken. Träume und Ziele visualisieren ist ein weiteres super magisches Tool, um sie leichter zu erreichen. Seit ein paar Jahren mache ich mir immer wieder mal ein Visionboard – ein magisches Tool, um Wünsche, Träume, Projekte, Ziele und Visionen mithilfe von Bildern, Zitaten, Fotos und Texten als Collage zusammenzuführen.

"Träume nicht dein Leben - lebe deinen Traum" ... dieser Spruch von Tommaso Campanella ist mir als Jugendliche zum ersten Mal begegnet und seitdem begleitet mich dieses Lebensmotto.

Anfangs war es lediglich ein Wunsch, jedoch nicht greifbar. Ich hatte keine Vorstellung, was es heißt, Träume zu leben. Aber ich fand die Idee sehr schön und ermutigend.

Der Weg zur Umsetzung war ziemlich lange... und dennoch... dieses Zitat hat sich bei mir in jeder Zelle verankert und ich habe es geradezu „verinnerlicht".

Viele Menschen haben mich seither darin begleitet, meinen Traum zu leben. Besonders wichtig dabei ist mein Mann, der mich anspornt und manchmal auch herausfordert, neue Impulse anzunehmen. Immer wieder aufs Neue.

Ich habe viele Lebensziele erreicht, auf die ich sehr stolz bin, wie z. B. die Ausbildung zur Bildhauerin oder Kurz- und Langtrips an besondere Orte. Auch der Traum meines eigenen Ateliers ist in Erfüllung gegangen.

Ich weiß, dass ich zu jedem Zeitpunkt in meinem Leben sagen kann, dass ich mein Leben gelebt habe. Vieles würde ich genauso wieder machen - mit allen Höhen und Tiefen. Manchmal kann ich das alles selbst nicht glauben... mein Leben ist ein Traum und Schritt für Schritt komme ich meiner Selbstverwirklichung ein Stück näher.

Und ich freue mich darauf, auch in Zukunft Menschen dabei zu begleiten, ihre persönlichen Ziele, Träume und Visionen in die Tat umzusetzen. Dass ich mir all das selbst manifestiert habe und ich eigentlich immer mit meinen Gedanken am Manifestieren bin, war mir lange nicht bewusst. Eine Mentorin sagte mir mal, ich sei eine Manifestationsqueen...

Wenn du dir dein Visionboard erschaffst, befasst du dich mit der Frage, was du im Leben wirklich willst – du gewinnst Klarheit, was du wirklich willst.

Du setzt dich mit deinen Träumen und Zielen auseinander. Das fertige Visionboard ist eine Collage, mit welcher du deine Träume, Sehnsüchte und Ziele durch Visualisierung manifestieren kannst.

Je klarer das Bild von deiner Zukunft vor deinem inneren und äußeren Auge erscheint, umso besser siehst du deinen Weg. Möchtest du deine wahren Herzenswünsche herausfinden und ihnen näher kommen? Hast du Visionen?

Dann schenke dir die Zeit und gestalte dir dein persönliches Visionboard. Gerne unterstütze ich dich dabei „DEIN Visionboard" zu erschaffen. Hier ein paar Informationen zum Ablauf eines Workshops: Wir beginnen mit einer Portion ZauberPower. Du besuchst in einer Meditation dein Zukunfts-Ich – dein ICH 10 Jahre älter in deiner besten Version von dir selbst.

Deine Collage besteht aus Fotos, Bildern und Sätzen, die für dich wichtig sind und deine Ziele darstellen.

Du träumst, schneidest, schreibst, malst und klebst deine Träume und Visionen auf eine leere Leinwand. Während ein paar ruhigen Stunden lässt du deiner Kreativität freien Lauf – nur mit dir und deinen Ideen alleine und ungestört. Während du dein Visionboard erstellst, gibst du deine Bestellung beim Universum ab.

Zum Abschluss besprechen wir dein einzigartiges Werk. Schenke dann deinem Visionboard einen einzigartigen Platz in deinem Zuhause. So, dass du täglich an deine Träume und Visionen erinnert wirst. Du wirst sehen, dass die Dinge nach und nach in deiner Realität auftauchen werden.

Magie? Zauberei? Nein!

Du hast so deine Wünsche und Ziele immer vor Augen. Unbewusst nimmst du immer mehr Chancen und Gelegenheiten wahr, die zum Gewünschten führen. Alles ist möglich!

Aus eigener Erfahrung weiß ich, dass dieser Prozess funktioniert.

Es ist Zeit zu träumen, groß zu denken und auf die Stimme deines Herzens zu hören – Du kannst mutig und stolz dazu stehen! Auch wenn deine Wünsche/Träume/Visionen noch so groß, abenteuerlich oder scheinbar unerreichbar erscheinen.

"Alle Träume können wahr werden, wenn wir den Mut haben ihnen zu folgen"– Walt Disney

Also los! Manifestiere deine Wünsche, Träume und Visionen!

WENN DAS LEBEN DIR ZITRONEN GIBT, MACH ZAUBERPOWER DRAUS!

Marianne-Amona Hämmerle

Mein Name ist Marianne-Amona Hämmerle, ich bin Mutter von 3 erwachsenen Kindern, Partnerin, Lebenskünstlerin und ein Mensch, der aus dem Herzen heraus lebt. Ich habe eine große Liebe für alles was ist, und genieße das Leben mit allen Facetten. Meine Mission ist es, das Leben von so vielen Frauen wie möglich zu verbessern, indem ich sie wieder mit ihrem Herzen verbinde.

E-Mail-Adresse: marianne.haemmerle@hotmail.com

Webseite: https://www.spiritsulutions.at

Facebookseite:
https://facebook.com/AlphaSynapsenProgrammierung

Facebook-Gruppe:
https://facebook.com/groups/1824792504204468/?ref=share

WENN DAS LEBEN DIR ZITRONEN GIBT, MACH ZAUBERPOWER DRAUS!

Anfang 30 und viele Jahre später hatte ich eine große psychische Dauerbelastung und Stress in meinem Leben.

Es war alles andere als einfach und ich war noch nicht auf diesem Bewusstseinslevel, wie heute. Einen Mann mit bipolaren Störungen an meiner Seite, und drei Kinder, denen ich trotz dieser Umstände eine gute Mutter sein wollte. Ich war sehr oft verzweifelt und gestresst, da ich in ständiger Angst lebte, welcher Tiefschlag mich morgen wieder erwarten würde, weil ich in Hochphasen der Manie meines Mannes auch verbalen Attacken ausgeliefert war. Wenn du etwas über die Bipolare Krankheit weißt, kannst du dir denken, dass solche Menschen sehr impulsiv sein können, und zudem himmelhochjauzend und zu tiefst deprimiert und antriebslos in extremer Form.

Als wir uns kennen lernten, war das Internet noch nicht so verfügbar wie heute, und ich konnte nicht genau recherchieren, um was für eine Krankheit es sich da genau handelte, von der er mir erzählte, und wie es sich auf das Umfeld auswirkt, wenn diese Menschen nicht achtsam mit sich selber sind.

Und das war er, wie ich in den vielen gemeinsamen Jahren des Zusammenlebens feststellen musste. Ich ließ mich damals blindlings und nichtsahnend auf die Liebesgeschichte ein und es kamen schöne, aber auch sehr harte und extrem herausfordernde Zeiten auf mich zu. Ich musste lernen, mit dem Herzen den Kern meines Mannes sehen zu können, wenn er sich wieder mal daneben benahm und es richtig peinlich war, an seiner Seite zu sein, weil er weit über das Ziel hinaus schoss. Was aber das eine oder andere Mal amüsant war und endete, da er sich sehr gut ausdrücken konnte, und wirklich mit JEDEM Menschen ins Gespräch kommen konnte!

Wenn du in solchen Momenten nur im Urteil über diesen Menschen bist, und nicht mit deinem Herzen sehen kannst, bleibst du in deinem Urteil stecken, und du hast keinen Blick mehr für das Wesentliche!

Mit Urteilen hätte es für uns keine Zukunft gegeben, denn er war in seinen manischen Phasen sehr speziell und leicht reizbar, und in der depressiven Phase sehr verletzlich und zurückgezogen. Und als würde das nicht reichen, war immer wieder sehr viel Alkohol im Spiel.

Nochmals, wenn du da in zu starken Urteilen hängen bleibst, ist es mit hoher Schwingung gelaufen. Das war auch öfters bei mir der Fall. Und trotzdem hielt ich durch, da ich die Liebe meiner Kinder hatte und es doch auch recht viel schöne Zeiten in der Ehe gab, an denen ich mich festhalten konnte. Einfach gehen und aufzugeben war damals auch nicht unbedingt die Lösung, das wollte ich schon wegen den Kindern nicht, weil er trotz allem ein guter Ehemann und Vater war. Wobei ich heute anders handeln würde, wenn ich das alles im Vorhinein gewusst hätte. Aber das war nicht im Sinne des Lebens.

Wobei ich dir gestehen muss, dass meine Intuition mir damals sehr deutliche Warnzeichen gegeben hat, welche mein Ego mir erfolgreich ausredete. Was ich erst jetzt viele Jahre später durch Reflexion realisiert habe!

Mein Tipp an dich. Wenn dich etwas grausam stört und immer wieder triggert, vertrau deiner Intuition! Dann lass die Finger davon!

So hatte es sich in den Jahren ergeben, dass ich mich auf die spirituelle Suche gemacht habe, und dadurch auch seelisch gewachsen bin. Ich lernte energetische Werkzeuge kennen, welche mich in schwierigen Zeiten unterstützten, weil ich mich schämte, mit jemanden darüber zu reden, und auf der anderen Seite nicht noch mehr Energie in das Problem geben wollte. Und das bewährte sich.

Ich habe nicht gejammert, sondern nach Lösungen gesucht. Und vieles hat sich bis heute bewährt, wobei ich heute natürlich neue Werkzeuge wie meine Medialität in Kombination mit Neuprogrammierung des Gehirnes und Klangcodes einsetze, und zwischendurch mein neuer Begleiter, der Healy, der das Ganze abrundet. Also wenn es schwierig wird, steck nicht den Kopf in den Sand, sondern halte Ausschau nach Lösungen!

Verändere dich, schau was in dir ist, und nimm Kontakt mit der Urliebequelle im Inneren auf. Denn dadurch kann auch dein Umfeld heilen, was jetzt nicht unbedingt heißen soll, dass du in einer Situation verharren sollst, wenn du an Trennung denkst. Auch das kann eine Lösung sein. Nach 17 Jahren Ehe verstarb mein Mann im 50. Lebensalter ganz plötzlich an Herzversagen und ich war Witwe von heute auf morgen. Und mir war nun klar, wie schnell alles vorbei sein kann und ich sagte immer wieder zu mir „Ich entscheide mich FÜR das Leben!" Nochmal: „Ich entscheide mich FÜR das Leben!"...... Mit der Schnapszahl 44 begann jetzt mein neues und aufregendes Kapitel in meinem

Leben. Immer noch jung genug, um nochmal neu zu starten, stürzte ich mich hinein ins neue Leben.

Anbei zu dir gesagt, du bist nie zu alt, um neu zu starten. Hol dir ab, was das Leben dir zu bieten hat.

Mach das „Beste" daraus!

Lass dich nicht hängen, wenn das Leben dir Zitronen gibt, mach Zitronen-Limonade oder einen Cocktail mit Zitronen-Verzierung am Glasrand daraus. Denn das ist deine ZauberPower.

Geheimnis an dich (nicht weitersagen): Ich habe von da an mein Leben viel mehr genossen und genieße es immer noch, bis jetzt wo ich diese Zeilen schreibe. Eine prägende Lektion, die ich mit dir teilen möchte.

HÖRE AUF ZU URTEILEN UND IM WIDERSTAND GEGEN ALLES UND JEDEN ZU SEIN! UND LASS DAS JAMMERN SEIN! Denn das macht alles schlimmer und es bleibt an dir kleben!

Sprich, du bleibst in der Geschichte wie in einem Loop hängen. Du spielst immer wieder das gleiche blöde Lied, welches du nicht mehr leiden kannst. Wenn du ein anderes Leben haben willst, musst du lernen anders DU SELBST zu SEIN und nicht überall zu urteilen, denn das erzeugt Ladungen und du hängst in der Geschichte drinnen. Also lerne „Beobachter" vom ganzen Szenario zu sein und schau was passiert. Schau wirklich hin - ohne Emotionen, was da gerade läuft.

Das könnte zum Beispiel sein, wenn dich jemand versucht verbal anzugreifen, dass du als Verteidigung NICHT REAGIERST.

Dann kann dich dein Gegenüber nicht greifen, weil ja nichts da ist, wo er oder sie sich aufhängen könnte, und das macht sie verwirrt.

Zurück zu meiner Geschichte. Ich habe einige Männer durchprobiert und konnte mit einem sogar mit nach New York reisen. Ich genoss das Leben wie im Vollrausch, wo ich im Nachhinein die Erkenntnis hatte, dass ich zu dem Zeitpunkt selber manische Züge hatte, da ich auf meine Kinder keine Rücksicht nahm und das Gefühl hatte, alles an Lebensfreude aufzuholen, was mir in den ganzen Jahren entgangen war, was auch auf den neuen Fotos von mir sichtbar wurde. Gott sei Dank haben mir meine Kinder trotz vielem Leid und Tränen die Stange gehalten, für das ich sehr dankbar bin, weil es für sie sehr schwierig war.

Das ging ein paar Jahre so, bis ich meinem Traummann begegnete, den ich mit viel Verständnis, Nichthandeln und innerer Arbeit erobert habe. Denn er wollte eine offene Beziehung und ich nicht. Ich bin eine Königin, und Königinnen teilen ihre Männer nicht!

Das ist eine persönliche Meinung von mir. Alles oder nichts. Diesen Mann wollte ich auf keinen Fall teilen. Ähhm ... ich würde auch keinen anderen teilen wollen! Auch mit ihm war es anfangs nicht einfach, da er nicht nur nach meinem Geschmack ein sehr gut aussehender Mann ist und ständig angebaggert wurde und wird, was bei mir sehr viel Eifersucht auslöste.

Dazu kommt, dass er Südländer ist und viel Temperament hat und somit sehr stur sein kann und seine eigenen Regeln hat, die ich dann durch Nichthandeln abschwächte, was gut funktionierte und immer noch funktioniert. Ebenso war es anfangs für meine Kinder schwierig, weil ich wieder sehr egoistisch mit manischen Zügen war, und nicht immer für sie greifbar war, wie früher, denn ich war ständig unterwegs.

Aber wie du vielleicht schon erahnen kannst, die Geschichte hat ein Happy End. Wir haben uns zusammen gerauft und führen jetzt schon seit über 8 Jahren eine wirklich tolle und aufregende und treue Beziehung, in der es immer wieder neue Erfahrungen gibt, wie zum Beispiel Motorrad fahren, wo ich zuvor extreme Angst hatte. Ich teile viele Interessen mit ihm, und nein er ist nicht so spirituell angehaucht wie ich und das ist auch gut so, weil er meine Erdung ist. Auch mit meinen Kindern haben sich die Wogen geglättet.

Resümee: Alles fügt sich zu seiner Zeit. Wenn du heute etwas aussäst, erwarte nicht, dass du morgen schon ernten kannst. Einige Dinge brauchen länger Zeit. Du reißt ja auch nicht ein junges Pflänzchen aus, um nachzusehen, ob es schon gewachsen ist, weil dann ist es kaputt. Wertvolle Menschen und Projekte sind es wert, dass man daran arbeitet und dran bleibt und nicht aufgibt, wenn man kurz vor der Ernte steht, und es wieder mal stagniert. Ach ja, pass auf, welchen Samen du säst, denn du kannst nur das ernten, was du gesät hast und nichts anderes.

Denn dem Leben ist es egal, was du willst, es liefert immer und korrekt das, was du bestellt hast! Auch das unbewusste wie in etwa...

Das würde ich niiiiieeeemals haben wollen, und dann hast du genau das, weil das Universum das niemals nicht verstanden hat. Oder du jammerst und nörgelst ständig herum und dann ...

tadaaa ... das Universum liefert wieder korrekte Umstände, die noch mehr jammern und nörgeln beinhalten.

Noch eine Info, wenn du von einer Person oder einer Lektion, die dir das Leben sendet, um aufzuwachen, davon rennst, wirst du garantiert auf die nächste Person oder Lektion treffen, die dir das aufzeigt, weil du vor dir selber nicht davon rennen kannst, nicht mal bis ans Ende der Welt.

Wenn du die Welt verändern möchtest, beginne bei dir selbst. Und wenn das Leben dir Zitronen gibt, mach ZauberPower draus!

DAS UMFELD ALS SCHLÜSSEL, UM DEINE ZAUBERPOWER ZU ERWECKEN - WARUM ES NICHT AUSREICHT, NUR EIN ERFOLGREICHES NETZWERK ZU HABEN

Eva-Maria Bruckner

Eva-Maria Christine Bruckner war als Kind immer sehr schüchtern und angepasst, auch später zeigte sich dieses Verhalten immer wieder. Als ein Mensch der Gemeinschaft, der Harmonie liebt und gerne für andere da ist, hat sie jahrelang ihr Leben und ihr Business nach den Wünschen und Bedürfnissen anderer ausgerichtet.

Doch, nachdem sie einem Burnout entgangen ist, hat sie ihr Leben von Grund auf verändert. Nach und nach hat sie ihr Traumleben definiert und gestaltet und lebt Tag für Tag mehr ihren Traum.

Nun begleitet sie Menschen, mit Hilfe ihrer Gaben und den Karten ihre individuellen Wünsche, Träume und Fähigkeiten zu entdecken und zu leben.

„Allein den Weg zu kennen, nützt nichts, wenn man ihn nicht geht" ist eines Ihrer größten Learnings gewesen. Deshalb stehen Umsetzung, das Leben voll zu genießen auch schon während der Weiterentwicklung & mit Spaß auch jede Menge Geld zu verdienen bei ihr im Vordergrund. Denn ein Traumleben mit viel Geld macht gleich nochmals mehr Spaß.

E-Mail-Adresse: info@evamariabruckner.com

Webseite: https://academy.soulfamily.expert/

Facebookseite: https://www.facebook.com/emcbruckner

Das Umfeld als Schlüssel, um deine ZauberPower zu erwecken -

Warum es nicht ausreicht, NUR ein erfolgreiches Netzwerk zu haben

Da saß ich nun - zigtausende Euros hatte ich ausgegeben. Für Programme, Coachings und Masterminds in den Bereichen Persönlichkeitsentwicklung, Onlinemarketing und Business.

Mir war die letzten Jahre bewusst geworden, dass es hilfreich ist, sich einen Coach oder Mentor an die Seite zu holen.

Da konnte ich einen Haken machen.

Mir war mit der Zeit immer mehr bewusst, dass ich mein Umfeld in Bezug auf die Menschen ändern durfte. Mehr Menschen mit einer positiven Lebenseinstellung, mehr Menschen, die auch am Weg waren oder auch weiter als ich und auch, nicht nur finanziell erfolgreich, sondern auch in den anderen Lebensbereichen glücklich, also jene, die schon dort sind, wo ich hin wollte.

Auch da konnte ich einen Haken machen.

Warum um alles in der Welt kam ich dann noch immer gefühlt nur Mini-Schritte voran?

Ich konnte es einfach nicht verstehen.

Und mit der Zeit wurde ich auch wütend.

Soviel Zeit waren inzwischen vergangen und ich hatte gefühlt alles gemacht. Und trotzdem steckte ich irgendwie fest und kam über einen bestimmten Punkt einfach nicht hinaus.

Was hatte ich übersehen?

Woran lag es?

Nun ja … mein Verstand hatte eine logische Erklärung: einfach die Tatsache, dass sich mein Arbeitsbereich ständig verändert hatte und ich mittlerweile ja vom Verkauf und Onlinemarketing mehr und mehr in den medialen und energetischen Bereich gewechselt bin, mag eine Rolle gespielt haben. Meine Positionierung und mein Auftreten hat sich dadurch geändert.

Trotzdem wusste ich, das war nicht der entscheidende Punkt.

Es war etwas anderes, aber ich kam da einfach nicht ran.

Die ZauberPower fehlte einfach.

Dasselbe hatte ich ja auch bei einigen Mastermind-Kollegen und -Kolleginnen beobachtet, die von Anfang an das gleiche Business hatten, wo die Positionierung sich nicht geändert hatte und die ebenfalls ständig ihr Netzwerk ausgeweitet haben. Also an erfolgreichen Kontakten und auch Vorbildern mangelte es uns allen nicht.

An diesem Punkt meines Lebens war ich schon so weit, dass ich jede Menge erfolgreiche Menschen gekannt habe.

Jede Menge erfolgreiche Strategien und auch jede Menge persönliche Geschichten.

Ich wusste also, dass es möglich ist, sein Leben zu drehen und auch diese Plateaus zu überwinden.

Durch meine medialen Fähigkeiten wusste ich auch ganz gut, wann ich am richtigen Weg war und wann nicht.

Es galt nur herauszufinden, wo ich mir noch selbst im Weg stand und warum ich manche Dinge noch immer nicht umsetzen konnte, obwohl ich schon wusste, dass sie gut für mich wären.

Wo stand ich mir also noch selbst im Weg?

Und dann gab ich ins Universum die Frage ab: "Wen oder was kann ich in mein Leben einladen, damit ich dieses Plateau überwinden kann und ich endlich mein Traumleben leben kann?"

Danach kam eine Kugel ins Rollen und ich bekam meine Antwort:

Im Rahmen eines Coachings, das ich gebucht hatte, bekam ich genau diesen Schlüssel, den ich dir jetzt auch mit an die Hand geben möchte:

Die 9 Lebensbereiche, die jeder Mann und jede Frau sich regelmäßig anschauen sollte.

Es war nicht so, dass mir das Konzept vollkommen neu war.

Ganz im Gegenteil.

Unter den verschiedensten Begriffen ist mir das schon begegnet. Aber es gab einen wesentlichen Unterschied:

Ein einziger Satz war gefühlt anders.

Zumindest hatte ich ihn dieses Mal das erste Mal bewusst wahrgenommen.

Und das war folgender:

"Du wirst nie den Erfolg haben, den du haben möchtest, wenn du immer nur an einem dieser Bereiche arbeitest, es ist erforderlich konstant mindestens an 3-4 Bereichen zu arbeiten."

BOOM!

1000 Steine sind mir vom Herzen gefallen, denn zum einen wusste ich dadurch, dass es geht. Ich bin sofort in Resonanz gegangen. Und zum anderen war endlich dieses Thema "Fokussiere dich nur auf eine Sache!" vom Tisch. Für diejenigen, die sich mit Human Design auskennen:

Ich bin nämlich Manifesting Generator, du kannst aber gerne Scanner, multioptional oder was auch immer sagen.

Sprich: Sich auf nur eine Sache zu konzentrieren, war nie so meins und hat eher Stress ausgelöst. Jetzt zu hören, dass ich 3-4 Dinge gleichzeitig angehen soll, war daher eine riesige Erleichterung.

Was sind nun diese 9 Bereiche:

Nun, in der Mitte des Ganzen stehst natürlich immer DU!

Es ist sinnvoll, dass du dich mit dem beschäftigst, was DU wirklich willst: deine Träume, Bedürfnisse, deine Grenzen:

Was bist du bereit, für dein Traumleben zu machen oder auch aufzugeben und was auf gar keinen Fall?

An zweiter Stelle stehen dann die Medien:

Ob du es willst oder nicht. Wenn du nicht gerade ohne Internet und Fernseher mitten im Wald oder auf einer einsamen Insel lebst, wirst du von den Medien beeinflusst. Selbst wenn du keinen Fernseher hast und keine Zeitung liest, wird es Menschen geben, die mit dir über die Ereignisse reden oder du siehst die Titelbilder der Zeitungen unterwegs usw.

Hier kannst du aber trotzdem dafür sorgen, dass du weitgehend diese Medien bewusst konsumierst, die dich voranbringen und unterstützen.

Rundherum gibt es noch 8 andere Lebensbereiche:

Spiritualität (Sacred Places, tiefe Verbindungen, Urvertrauen stärken)

Beziehungen (Freunde, Kollegen, Familie)

Netzwerk (berufliche Verbindungen und Gruppen)

Finanzen (Geld und Wohlstand)

Physische Dinge (Ort, Gegenstände, mit denen du dich umgibst, Technologie)

Natur (Jahreszeiten, Ausflüge, bist du lieber am Strand oder in den Bergen, wie oft bist du dort...)

Körper (deine Kleidung, deine Ausstrahlung, dein Aussehen)

Du selbst (Stärken, Talente, Charakter)

Und ja, es stimmt:

Ein gutes Netzwerk hilft, es motiviert, aber das alleine reicht einfach nicht. Denn bei mir selbst musste ich erkennen, dass ich vor allem durch Business Coachings zum Beispiel den Körper etwas auf der Strecke gelassen habe.

Zu wenig Schlaf, zu ungesundes Essen etc. Das wiederum hat dazu geführt, dass mir oft die Energie gefehlt hat, um Projekte durchzuziehen.

Ein weiteres Beispiel ist: Ich liebe es, in der Natur zu sein, aber ich hatte viel zu viel Zeit vor dem Computer verbracht. Auch das beeinträchtigte meine Fähigkeit, zu entspannen und dann kreativ zu sein.

Auch die Finanzen sind nicht zu vergessen: Was nützt es, wenn man erfolgreiche Menschen kennt, aber an vielen zusätzlichen Veranstaltungen usw. nicht teilnehmen kann, weil Geld und/oder Zeit fehlen?

Das sind nur einige Beispiele und du wirst für dich deine eigene Skala machen und da mit Sicherheit ein paar Erkenntnisse haben.

Für mich war das der Schlüssel zum Erfolg. Dass ich begonnen habe, konstant an 4 Bereichen zu arbeiten und auch regelmäßig meine Fortschritte gemessen habe.

Durch bessere Ernährung hatte ich mehr Energie.

Durch mehr Auszeit, war ich kreativer.

Und den Bereich Finanzen habe ich auch immer mehr und mehr zum Positiven verändert.

Dadurch konnte ich mir wiederum hochwertige Nahrungsmittel kaufen, öfter Auszeiten machen und bspw. Erlebnisse wie den Bungee-Sprung finanzieren.

Eines fügt sich zum anderen.

Und immer mehr ziehe ich seitdem Erfolg, Glück und Lebensfreude in mein Leben. So habe ich jetzt auch schon mehrfach gewonnen. Gute Energie zieht nämlich auch Geschenke und Gewinne an.

Je nachdem, wo du gerade stehst, macht es evtl. Sinn mit dem Netzwerk zu beginnen, aber das alleine reicht eben nicht. Auch wenn man Teil eines Netzwerkes ist, muss man auch selbst aktiv werden und sein Leben neu gestalten, damit es sich immer mehr in Richtung Traumleben entwickelt. Nur vom "dabei sein" ändert sich nämlich gar nichts.

Deshalb mein Tipp, wenn du gefühlt alles schon versucht hast, aber nicht weitergekommen bist:

Schau dir diese 9 Bereiche an und verbessere konstant dein Umfeld in mindestens 3 Kategorien zum Positiven. Das ist die ZauberPower und dein Schlüssel zum Erfolg und um ein nachhaltig, erfolgreiches Leben zu führen.

VIEL FREUDE DAMIT!

DIE ZAUBERPOWER "LAUSCHEN"

Dharamleen Kerstin Ostendorp

Schon mein ganzes Leben lang interessiert es mich, wo der Mensch herkommt, wo er hingeht und wie das Universum funktioniert. Die Physik, die Biologie, die Anthropologie, die ganzheitliche Medizin, energetische Heilverfahren und spirituelle Philosophien liegen mir sehr nahe. Alles, was ich in meinem Wirken als Heilerin und als Mentorin für neues Bewusstsein weitergebe, habe ich selbst erforscht. Die Verbundenheit mit einer Kraft, die größer ist als alles Greifbare, begleitet mich durch mein Leben. Ich sehe mich als Vermittlerin dieser höheren göttlichen Kraft. Visionären Frauen zeige ich den Weg aus Krise und Krankheit, zurück in ein freudvolles, wahrhaftes, höheres Sein. Mit diesem Kapitel bin ich gern ein Beitrag, das Leben und die Wunscherfüllung weniger vom Kopf zu steuern, als vielmehr aus dem Lauschen und dem Sein geschehen zu lassen.

E-Mail-Adresse: mail@dharamleen.de

Webseite: www.dharamleen.de

Facebookseite:
https://www.facebook.com/DharamleenSeelenkraft

Die ZauberPower "Lauschen"

Lauschst du dem Universum, dem Puls des Lebens, dem unendlichen Feld der Kreation, deinen Geisthelfern, Gott?

Ich nehme dich hier mit in meine Welt des Lauschens, was das genau bedeutet und auf welche Weise du das für deine Erfüllung und deinen Erfolg nutzen kannst. Auf den ersten Blick könnte die ZauberPower des Lauschens passiv wirken, das ist sie aber keinesfalls.

Diese ZauberPower nimmt eher von einer stilleren und höheren Ebene wahr, wann und wie zu handeln ist. Die Inspiration oder Stimme, die da spricht und der zu lauschen ist, kannst du als Quantum-Feld, Akasha-Feld, morphisches Feld, Intuition, inneres Wissen, innere Führung, Geisthelfer, Geistführer, Gott bezeichnen. Jeder Mensch hat hier andere Zugänge zu dieser Welt, die viele als mystisch bezeichnen.

Das Lauschen setzt, wie schon beschrieben, eine gewisse Stille voraus, sowie ein bewusstes Öffnen und Empfangen dieser Inspiration. Stille beruht weniger auf äußerer Stille, sondern viel mehr auf der Abwesenheit des Ego-Verstandes.

Das Anhaften am Ego-Verstand bringt hingegen Kontrolle, Hektik, Ungeduld, Getriebensein und Verbissenheit mit sich. Lauschen und Empfangen geschehen mit dem Fluss des Lebens.

Lass uns noch tiefer eintauchen:

Lauschen und die Hellsinne

Lauschen und das Ego

Lauschen und die universellen Prinzipien

Lauschen und die Synchronizität

Lauschen im Lebensfluss

Klassisches Manifestieren

Lauschen und Manifestieren

LAUSCHEN UND DIE HELLSINNE

Hellsinne und damit sind hier unbeirrtes inneres Wissen, die Hellsichtigkeit, Hellhörigkeit, das Hellfühlen, Hellschmecken und Helltasten gemeint.

Du bist über das Dritte Auge, einem energetischen Zentrum in deinem Stirnbereich, in der Lage, Bilder, höheres Wissen, Klänge, Situationen wahrzunehmen, die im Physischen nicht ersichtlich sind. Es eröffnet sich über das Dritte Auge eine geistige Quelle, mit der du einen wertvollen Zugang zu göttlichen Inspirationen, Eingebungen, tiefen Einsichten und Erkenntnissen über dein wahres Sein erlangst.

Durch die Hellsinne gewinnst du also Einsichten, die mit dem logischen Verstand nicht immer erklärbar sind. Der Wert und Charakter dieser Ideen und Inspirationen ist viel größer und mächtiger, als das, was dir dein gewöhnlicher Verstand bieten kann.

Der Verstand bezieht sich auf vergangene Erfahrungen, Recherchen und begrenzte Daten. Mit den Hellsinnen zapfst du das ganze Universum an und gewinnst Zugang zu einem Feld unendlicher Möglichkeiten.

Von großen Entdeckern, wie beispielsweise Albert Einstein und Nikola Tesla, wird berichtet, dass sie grandiose Formeln und bahnbrechende Theorien durch den Zugang zum Feld der unendlichen Möglichkeiten empfangen haben. Oder von Komponisten, die ganze Sinfonien quasi im Schlaf „heruntergeladen" haben.

Es ist dein natürlicher Zustand, diese Hellsinne als ZauberPower zu nutzen. Vor allem - Entspanne! Lerne deiner Intuition zu vertrauen (Achtung: Intuition ist nicht das Bauchgefühl). Kläre dein Drittes Auge und aktiviere es. Sobald du deine Hellsinne nutzt, kannst du innerhalb von 4 Sekunden entscheiden und dein Leben frei von komplizierten Analysen und Ängsten gestalten.

LAUSCHEN UND DAS EGO

Manche verteufeln das Ego und in der Tat ist es ein Teil deines Verstandes, der niedrig schwingende Gedanken wie Ängste, Sorgen, Zweifel, Verwirrung oder Frustration erzeugt. Sicherlich hast du schon einmal erlebt, wie angstbasierte Gedanken, mangelnder Glaube an deine Kraft, ewiges Zweifeln dich eng machen und dich in deiner Schwingung von deinem Herzenswunsch abbringen.

Auch Ungeduld, Verbissenheit, Haben-Wollen oder die Sucht nach Bestätigung im Außen sind hinderliche Gedanken-Konstrukte des Egos, die eine magische Manifestation erfolgreich verhindern. Ja, so ist es nun mal: Lauschen geht am besten ohne Ego. Wenn du dich weich machst, dich deiner Seele hingibst, die Dinge und Vorhaben an eine größere Macht und Kraft abgibst. Es ist ein Prozess zu dir, zu deiner Seelenkraft und der Öffnung gegenüber der göttlichen Instanz, die dich durchströmt und durch dich im Leben wirkt.

Lauschen bedeutet idealerweise: Das Ego ist aus deinem Gedankenfeld ausgetreten, es ist zur Seite getreten, es füllt keinen Raum mehr. Vielmehr kannst du diesen frei gewordenen Raum nun höheren Schwingungen der Freude, Liebe, Fülle sowie der göttlichen Instanz überlassen.

Übrigens bist du als Seele frei von Ego angelegt. Als Mensch hast du dir das Ego angelernt oder einfach übernommen.

Es beeinflusst die reaktiven Muster im deinem Leben, die dir so viel Energie rauben und dich von deinem ureigenen Weg und Seelenplan abhalten. Wirkliches Lauschen ist Ego-frei.

Dann geschieht das Leben durch dich, du erfüllst deinen höchsten Auftrag hier auf der Erde. Vielleicht klingt es für dich so, als seiest du von dieser göttlichen Instanz gesteuert und das macht dir Angst? Ehrlich gesagt ist es das Einfachste, was du tun kannst, dein Leben an die göttliche Instanz abgeben und von einer höheren Leitzentrale her wirken.

Auch hier sei gesagt, das bedeutet nicht, du liegst irgendwo faul herum. Ganz im Gegenteil, du bist aufgefordert, deine ganze göttliche Macht und Kraft zu leben. Als Mensch bist du Gott in Tätigkeit auf Erden. Du bist somit die Stimme, die Hände, die Ohren, die Augen… einer höheren Instanz, so wirst du Großes erschaffen. Wenn du auf diese Weise in deinem Leben wirkst, wirst du automatisch vergütet.

Du machst dir keine unnötigen Gedanken mehr, wo und wie du beispielsweise Einnahmen generierst. Geld-Zufluss und -Abfluss geschehen durch das Lauschen, Empfangen und „geführte" Handeln.

LAUSCHEN UND DIE UNIVERSELLEN PRINZIPIEN

Ein universelles Prinzip und geistiges Gesetz ist die Liebe. In der göttlichen Kreation ist die Liebe enthalten. Liebe ist der Schlüssel zur 5. (plus x) Bewusstseinsdimension. Wenn du den alten Schmerz und die Traurigkeit aus deinem Herzen (Herz Chakra) erlöst, dann dehnst du dich energetisch aus.

Du beginnst dich immer mehr auf den natürlichen Puls des Universums einzuschwingen, du fühlst dich dann getragen vom Leben und bist in Verbindung mit der Liebe des kosmischen Herzens. Diese hohe Grundschwingung hilft dir, konstant bei deinen ureigenen Herzensanliegen zu bleiben.

Du bist entspannt, du lauschst, du bist in der Selbstliebe und kannst besser unterscheiden, was dir dienlich ist und was nicht. Du vollbringst deine Handlungen aus der Liebe heraus und genau das enthält die entscheidende Manifestations- und ZauberPower.

Das universelle Prinzip der Polarität sagt aus: Es gibt zwei Qualitäten, die sich ergänzen. Bestimmt kennst du das Yin-Yang-Symbol oder die Lemniskate, die liegende Acht. Wenn du das Lauschen integriert hast, dann kommen die Impulse aus der Yin-Energie. Es bedeutet für dich wahrnehmen und empfangen. Im

Yin ist deine rechte Gehirnhälfte aktiv. Wenn du hingegen im logischen Verstand, im Handeln und im Geben bist, dann ist deine linke Gehirnhälfte aktiv.

Wenn beide Qualitäten ausgeglichen sind, dann ergibt sich die Einheit und du erhältst maximale Ergebnisse deiner Kreation. In der Mitte der Lemniskate gibt es den Kreuzungspunkt, null Aktivität, eine Leere, das Nullpunktfeld. Hier bist du in deiner maximalen Zauberkraft. Das „perfektionierte" Lauschen. Beobachten ohne Reaktion.

Stille in dir, das Universum wirkt für dich. Wunder geschehen. Aufgrund von bewussten oder unbewussten Gedanken und Gefühlen sendest du Schwingungen aus, die dich nur selten in dem Nullpunktfeld verweilen lassen.

Du kreierst durch deine Gedankenkraft und das universelle Prinzip der Anziehung sendet dir genau die Ereignisse und Umstände, die zu deiner Schwingung passen.

Sei achtsam, was du denkst und fühlst und bringe dich bewusst auf die Schwingung deiner Herzenswünsche, der Zielfrequenz. Die ZauberPower ist hier die Wahrnehmung deiner Gedanken, deiner Gefühle, deiner Worte und deiner Handlungen. Auch wiederkehrende Zweifel, subtile Ängste oder Sorgen sind wahrzunehmen, damit du diese ehrlich annehmen und auflösen kannst. Richte dich immer wieder auf deine Wünsche aus.

LAUSCHEN UND DIE SYNCHRONIZITÄT

Wie du bereits erfahren hast, hat Lauschen sehr viel mit entspannter, urteilsfreier Wahrnehmung zu tun.

Die Yin-Energien, als Voraussetzung für das Lauschen, sind frei von Hektik und Druck. Vielleicht kannst du die Energie des Nullpunktes halten, das bedeutet dein energetisches Feld sortiert sich auf wundersame Weise und du erfährst Synchronizität.

Bei mir macht sich diese Synchronizität zum Beispiel so bemerkbar: Ich empfange eine Idee oder ein Vorhaben und unverzüglich zeigt sich die Ausgestaltung und Umsetzung, indem ich auf passende Internetseiten stoße, mir Artikel oder Bücher zugespielt werden oder ich Menschen treffe, die mir weiterhelfen und genau die Lösung zu meiner Frage bereit halten.

Alles im Universum sortiert sich und die Dinge kommen im richtigen Moment zu dir. Die ZauberPower ist hier das Vertrauen und die Hingabe an das Leben. Lass die Kontrolle los.

LAUSCHEN IM LEBENSFLUSS

Für die ZauberPower Lauschen musst du dich nicht zurückziehen oder gar meditieren. Lauschen ist gleichermaßen Tätigkeit in Entspannung. Du hast deine „Kanäle" zum höheren göttlichen Feld geöffnet, du bist dir bewusst, dass du mehr als der physische Körper bist und angebunden an die machtvollen Energien der höheren geistigen Ebenen und der göttlichen Instanz.

Du schwingst zugleich als Empfänger und als Sender. Die hohen Energien fließen durch dich, das Universum fließt durch dich. Du brauchst nur weich zu werden und dich zu öffnen.

Deine Liebe will fließen, deine Gefühle wollen fließen, deine Gaben wollen fließen, dein Geld will fließen. Stelle dich in den

Fluss der Energien und des Lebens, komm ins Geben und Empfangen. Auch belastende Gefühle und Emotionen wollen fließen, erkenne sie an und erlaube ihnen aus deinem energetischen Feld abzufließen. Lausche und beobachte einfach aus einer höheren Perspektive den Lebensfluss und setze direkt um. ZauberPower fließt.

KLASSISCHES MANIFESTIEREN

Klassisches Manifestieren ist häufig mit dem Bewusstsein des Haben-Wollen verstrickt: Ich will etwas Bestimmtes haben oder ich habe etwas Bestimmtes anzubieten. Das bedeutet, du kannst bei deiner Manifestation deiner Wünsche lediglich das reproduzieren, was dein Verstand kennt.

Aus diesem Bewusstsein heraus kann es anfangs schwierig sein, die hohe Schwingung deiner Wünsche zu halten. Durch Gedanken „Das schaffe ich nicht." oder „Es klappt schon wieder nicht." verhinderst du die Realisierung deiner Wünsche. Du bestellst beim Universum ab. Deine Stimmung sinkt auf dein altes gewohntes Niveau und damit kreierst du deine alten Umstände erneut. Wichtig ist hierbei, dass du freudvoll, bunt und emotional auf deine Herzenswünsche ausgerichtet bleibst.

Wie kannst du nun die ZauberPower vom klassischen Manifestieren stärken? Schreibe deine Herzenswünsche und Visionen auf oder erstelle eine Zielcollage. Verursache mit deinen Gedanken, Gefühlen, Worten, Taten die Frequenz deiner Herzenswünsche.

LAUSCHEN UND MANIFESTIEREN

Wie manifestiere ich nun richtig?

Darüber wird so viel geschrieben und gesprochen.

Und auch hier sage ich dir, lausche!

Wer bist du?

Welche große Seele bist du?

Wer bist du in Gott, aus einem höheren Bewusstsein heraus?

Wofür bist du gekommen?

Richte hierbei deine Aufmerksamkeit auf dein Sein. Durch das Lauschen erfährst du dich auf einer höheren Bewusstseinsebene.

Über Inspirationen und segensreiche göttliche Mitteilungen gelangst du zur Erkenntnis, wer du bist. Damit wirst du eine Art Wow-Effekt in deinem Umfeld auslösen. Teile deine gewonnene innere Wahrheit mit der Welt.

Du bist dir deiner Selbst bewusst, du bist bei dir angekommen und strahlst mehr Licht, Kraft, Zufriedenheit und Liebe aus. Das macht dich magnetisch für alle guten Dinge, die du dir wünscht.

Verweile in der Kraft des Seins, das ist die magische ZauberPower. Wonach sehnt sich dein Herz?

Welche wohlwollenden Lebensumstände und Ereignisse erwartest du?

Welche deiner Wünsche gehen in Erfüllung?

Vielleicht glaubst du noch nicht 100%ig daran, bist dir aber klar darüber, dass auf bewusster und unbewusster Ebene deine Erlaubnis dazu erforderlich ist. Wenn du das Lauschen so einigermaßen gemeistert hast, dann bist du im ständigen Kontakt mit der Quelle allen Seins.

Deine Wünsche sind in dein Herz gelegt, du bist innerlich still, empfangs- und handlungsbereit. Du wirst Schritt für Schritt an dein Ziel kommen. Oft haben Menschen lediglich eine Ahnung von ihrer großen Vision, sie zeigt sich nur noch nicht klar vor ihnen.

In einem solchen Fall lass los, was nicht zu dir gehört, alles was nicht deinen Werten entspricht und was deine Freude hemmt. Wenn du loslässt, dann öffnet sich der Himmel.

Dein Weg und deine Vision klären sich sehr schnell auf. Gehe fokussiert den Weg, der sich zeigt. Bei mir war es zum Beispiel die Kündigung meines Angestelltenverhältnisses.

Zwei Tage nach dem Loslassen dieser Anstellung hat sich mir eine völlig neue Perspektive als Ayurveda-/Energie-Medizinerin und Heilerin gezeigt. Was genau zu meiner göttlichen Eingebung passt, hier als hohes Lichtwesen Heilung und Segen zu bringen. Wie kommst du jetzt zu größtmöglicher Klarheit, wenn du zu den Menschen mit unruhigem Geist und wirren Visionen gehörst?

Wenn viele Selbstzweifel und Ängste an dir nagen, dann ist es zunächst wichtig, diese ehrlich zu fühlen. Übe das Lauschen und das neutrale Beobachten deiner inneren Welt. Erkenne die schmerzlichen Gefühle an und fühle sie, dann transformierst du dich schnell in höher schwingende Frequenzen hinauf: In die Liebe, in die Freude, in den Frieden, in die Freiheit, in die Fülle.

Sitze in deiner Stille, beobachte deine Empfindungen, lausche, fühle. Lass los und erlaube negativen Gedanken, Gefühlen und Emotionen abzufließen. So kommst du dir immer näher.

Gewinne durch das Lauschen die unerschütterliche Gewissheit über dein Sein und erlaube deinem Seelenweg, sich vor dir auszubreiten. Gehe los für dein erfülltes Leben. Sei dir gewiss, deine Herzenswünsche stehen bereit.

Hierin liegt die ZauberPower des Lauschens.

ZAUBERPOWER, DIE ENTSTEHT, WENN DU DEINE WAHRE ESSENZ IN LIEBE LEBST

Birte Stehle

Selbst durch zwei Scheidungen gegangen, war ich lange im Zweifel, was mit mir bloß nicht stimmen könnte. Beziehungsunfähig? Wo ist dranbleiben oder Krisen durchhalten angesagt und wann ist es besser zu gehen? Auch, wenn es das zweite Mal ist? Darf ich das? Human Design und der Beginn eines spirituellen Weges war für mich die Lösung. Heute lebe ich mit meinen Kindern in einer gepatchten, liebevollen Partnerschaft und zeige als Mentor meinen Coachees, wie gesunde Beziehungen bei sich selbst beginnen und daraus erfüllende Partnerschaften erwachen können.

E-Mail-Adresse: info@birte-stehle.de

Webseite: www.birte-stehle.de

Facebookseite: https://www.facebook.com/BirteStehle

Facebookgruppe:
www.facebook.com/groups/liebeoderwegdamit/

Hier kannst du dein Human Design herausfinden:
www.ihdschool.com/get-your-chart

ZAUBERPOWER, die entsteht, wenn du deine wahre Essenz in Liebe lebst

Stell dir vor, es wäre auf einfache Weise möglich, für jeden Menschen die wahren Potentiale zu ermitteln und zu erkennen, was deine Talente und Fähigkeiten sind. Stell dir weiter vor, für jeden Menschen gäbe es die optimalen Arbeitsbedingungen und einen Leitfaden, wie du mit anderen Menschen umgehen solltest, damit es zu erfüllenden Beziehungen in deinem Umfeld kommt. Welche atemberaubenden Möglichkeiten gäbe es, eine gesunde Beziehung zu deinem Partner, deinen Kindern, deinen Eltern zu kreieren?

Dieses Szenario wird Wirklichkeit durch Beratungen mit dem Human Design System.

Es ist die ZauberPower, die du für dich entdecken kannst. Zu Beginn einer Beziehung, wenn du frisch verliebt bist, siehst du das ganze Leben in rosa-rot. Du bist lebendig und aufgeregt, du freust dich auf jede freie Minute eures Zusammenseins, hast überall Kribbeln und träumst von dem großen Glück.

Diesmal wird es klappen, weil es sich so richtig anfühlt. Diesmal ist es anders, das spürst du genau und hast Pläne wie es ist, wenn ihr einen gemeinsamen Freundeskreis habt, wenn gemeinsame Urlaube anstehen, wenn Harmonie und Frieden mit deinem Partner Alltag ist. Doch keiner erklärt dir, wie du in der Zeit nach rosa-rot glücklich sein kannst. Ohne, dass du dich selbst verlierst oder aufgibst, weil das langfristig nicht glücklich macht.

Du bist jetzt erwachsen und keiner sagt dir, wie du mit der Andersartigkeit deines Partners umgehen kannst und eine langfristig liebevolle Beziehung gestaltet werden kann. Das unterschiedliche Verhalten, was anfangs so reizvoll und sexy war, wird mehr und mehr zu eurem Problem. Was wäre, wenn ich dir sagen würde, dass eure Unterschiedlichkeit, eure immer wiederkehrenden Konflikte das wahre Salz in der Suppe sind?

Wenn du nicht genau weißt, wieso du immer wieder in die gleichen Fallen tappst, dich ständig die gleichen Dinge nerven und ihr euch dann im Kreis dreht, dann wirst du scheitern - wieder einmal. Oder noch blöder: Du könntest erstarren in deiner Liebeswelt und dich nicht wieder einlassen wollen, weil dich der Mut verlässt.

Weil alleine zu sein für dich einfacher erscheint. Du wirst dein Leben schwer statt erfüllt empfinden. Du rennst immer wieder davon oder steckst so tief in einem gefühlten Beziehungs-Sumpf fest, dass deine Energie in den Keller gezogen wird. Was wäre, wenn Human Design dir dabei helfen kann, zunächst dich selbst zu verstehen?

Du bist wie du bist. Aber warum bist du so? Und was brauchst du in deinem Leben, damit es sich erfüllt anfühlt und du dir deine Power zauberst?

Die Auswertung für dein Human Design Chart erfolgt auf Grund deiner Geburtsdaten.

Das Besondere dieser Methode ist, dass die Analyse unabhängig von deiner Selbsteinschätzung ist. Aufwendige Befragungen im Vorfeld können eingespart werden. Die Analyseergebnisse liegen sofort vor und können sehr zielgerichtet besprochen werden. Wenn du verstehen möchtest, wie du erfüllte Beziehungen erschaffen kannst, ist es sehr wertvoll, einen Blick in deinen Chart werfen und dir zeigen zu lassen, welche Talente und Fähigkeiten du mit in diese Inkarnation gebracht hast, um dein wahres, kraftvolles Potential zu leben.

Du kannst auch erkennen, in welchen Bereichen du immer wieder Energie verlierst und etwas lebst, was nicht zu dir gehört. Entdecke deine ZauberPower! Aber ist nach so einer Analyse schon alles tutti?

Leider oft nicht, denn das Human Design System ist sehr komplex und es ist kaum möglich, in einer Einzelsitzung in die Tiefe deines Bauplanes hinabzuschauen. Doch was ist kurz und knackig denkbar?

Lade dir dein kostenloses Chart im Internet herunter und betrachte es eine Weile. Die Figuren (Raute, Quadrate und Dreiecke), die du in dem dir dann vorliegenden Schaubild sehen kannst, werden Zentren genannt. Jedes einzelne Zentrum hat ein eigenes Thema, wofür es steht.

Du kannst es dir ähnlich wie das Chakren-System vorstellen. Nur, dass es sich um neun Zentren handelt, also zwei mehr als in dem gängigen Chakren-Modell. Schnell wirst du feststellen, dass dein Chart in einigen Feldern farbig ist, was dich vielleicht neugierig macht. Denn das Farbigsein hat natürlich einen Grund.

Wir sprechen hier von undefinierten Zentren, wenn sie weiß sind oder von definierten Zentren, wenn sie farbig sind. Der wesentliche Unterschied dabei ist, dass alle deine undefinierten Zentren keine eigenen Energien besitzen, während alle farbigen Zentren unendlich viel davon haben. Letztere sind deshalb die Gebenden, während die undefinierten die nehmenden Zentren sind.

Was bedeutet das nun für deine ZauberPower? Mit einem undefinierten Zentrum fehlt dir die Energie, um jederzeit das Thema des Zentrums zu aktivieren. Das ändert sich jedoch, sobald jemand in deine Aura kommt und er dir von seinem definierten Zentrum seine Energie zur Verfügung stellt (als Gebender). Das definierte Zentrum bietet dir sozusagen das Thema an und du kannst entscheiden, ob du es nimmst oder nicht.

All das läuft natürlich total unbewusst ab, wenn wir von Human Design und seinen Phänomenen noch nie etwas gehört haben. Im Alltag könnte dieser Energieaustausch von definierten an undefinierte Zentren folgende typische Situation erzeugen: Du suchst verzweifelt nach einer Idee oder einem Impuls und drehst zu Hause wie ein Tiger deine Runden, erfolglos.

Du fährst kurz zum Einkaufen, um auf andere Gedanken zu kommen. Und siehe da: In der Kassenschlange wartend fällt dir die Lösung ein - wie vom Himmel gefallen! Pustekuchen!

Die Lösung ist natürlich nicht vom Himmel gefallen, denn was du nicht weißt ist, dass hinter dir an der Kasse jemand steht, der dir seine Energie aus seinem definierten Kopfzentrum angeboten hatte. Dein undefiniertes Kopfzentrum hat unbewusst zugestimmt und mit dieser ZauberPower hast du plötzlich eine Lösung im Kopf. Und für dich als Unwissender fühlt es sich an wie „vom Himmel gefallen". Aus der Human-Design-Brille ist es die Annahme von Energien von definierten an undefinierte Zentren, es ist Biochemie, es ist die Logik des Systems.

Nichts daran ist magic …. Eine andere denkbar typische Situation kennst du vielleicht auch: Du kommst fröhlich in eine Runde, in der jedoch gerade ganz hitzig diskutiert wird. Du hörst nur wenige Minuten zu und stellst plötzlich fest, dass du richtig wütend wirst. Deine gute Laune ist verflogen und aus deinen üblichen Denkgewohnheiten heraus ist logischerweise das Thema dafür verantwortlich. Was wäre, wenn ich dir sage, dass dem nicht so sein muss?

Was wäre, wenn ich dir sage, dass dein undefiniertes Emotionalzentrum gerade die hitzige Energie aus den definierten Emotionalzentren der Diskutierenden als Angebot unbewusst aufgenommen hat und deine Fröhlichkeit deshalb verschwunden ist?

Das wirklich Wunderbarste für mich an diesem Human Design ist jedoch, dass du ab sofort solche Situationen verwandeln kannst. Du bekommst eine Wahl, wenn dir solche Dinge bewusst sind. Denn eines ist doch klar: Wieso solltest du bewusst Wut wählen, wenn vorher Fröhlichkeit herrschte? Also kannst du einen Schritt zurücktreten und dich fragen „Hey, Moment einmal, das gehört doch nicht zu mir? Das will ich nicht haben!"

Und damit gibst du innerlich die ganze Wutenergie zurück und dorthin, wo sie hingehört. Einmal schütteln, fertig. Das ist doch echte ZauberPower, oder? Wenn du ein ganzes Coaching über einige Wochen nutzt, kannst du wahrlich nicht nur dich, sondern auch deine Liebsten besser verstehen und mit diesen Energieflüssen experimentieren. Deine Beziehungen und dein Umfeld können sich völlig verwandeln, wenn du verstehst, wie die Menschen um dich herum ticken, wo du ihnen helfen kannst oder einfach mal akzeptieren solltest, dass sie sind, wie sie sind. So ist doch Liebe im Ursprung gemeint!

Und mit Beziehungen ist ja nicht nur die Beziehung zu einem Partner gemeint. Was wäre, wenn Pubertät ein Thema von anderen ist, du aber einfach nur Spaß mit deinen Kids hast? Stell dir vor, dein Teenager hängt nur noch im Zimmer ab, Lüften ist out, Bewegung findet auf dem Weg zur Toilette statt und Austausch mit der Familie ist uncool.

Wie viele Eltern verzweifeln an so einem Verhalten, was über Human Design vielleicht eine ganz einfache Erklärung haben könnte und aufzeigt, warum dein Teenie es genauso lebt: Du lernst aus dem Human Design deines Kindes, dass es Rückzug braucht, um all die Eindrücke des aufregenden Erwachsenwerdens zu verarbeiten.

Du erkennst aus seinem Chart, dass dieser Heranwachsende sein ureigenes Zeitmanagement und seinen eigenen Rhythmus im Leben nicht aufgeben wird, weil er diese besondere Fähigkeit in seinen Genen mitgebracht hat. Und zwar, um anderen Menschen zu zeigen, wie wichtig es ist, erst weiterzugehen, wenn die Zeit REIF ist und nicht, weil es einen Termin gibt.

Dich könnte die Trödelei deines Teenagers verrückt machen, doch ich frage dich: Wer hat heute Zeit für REIFE?

Und glaube mir, keine Fähigkeit im Universum ist einfach „nur so" mitgegeben worden, wenn sie nicht gebraucht werden würde! Denn wir alle dürfen Zauberer sein. Bleiben wir bei diesem Beispiel Rückzug – Zeitmanagement.

Wenn du verstanden hast, dass der Rückzug deines Kindes der Reife dient und das innerliche Bearbeiten von aktuellen Lebensthemen hier seinen Raum erhält, dieses Vertrödeln von Zeit also wichtig ist, erscheint das Verhalten in einem anderen Licht. Denn wenn es dazu führt, dass dein Teenager irgendwann bei dir im Türrahmen erscheint und dir seine brillanten Weisheiten aus stundenlangen Reifezeremonien seines Rückzugs eröffnet, was wäre dann?

Und sei dir sicher: Diese Weisheiten werden dir nur verraten, wenn du vorher volles Vertrauen und die Überzeugung hattest, dass dein Kind es sowieso richtig für sich macht. Du wirst an Pubertät eher verzweifeln, wenn du permanent deinen Heranwachsenden zu Frischluft, Bewegung und Austausch aufgefordert hättest! Und wie cool wäre es, genau das alles durch Human Design zu wissen und einfach mal entspannt den Rückzug und das Höhlendasein deines Teenies zu beobachten, anstatt zu unterbinden?

Dich selbst und andere durch Human Design zu verstehen, heißt aufhören zu können, Verhaltensweisen weg zu therapieren, die einfach mal zu diesem Menschen gehören. Egal ob dir von deinen Eltern immer gesagt wurde, dass du dir „das!" mal abgewöhnen solltest! Nein!

Das bist du und wieviel cleverer ist es, Strategien zu entwickeln, damit du mit deinen liebevollen Fähigkeiten in noch liebevolleren

Beziehungen bestehen kannst! Und zwar ohne dich ständig falsch zu fühlen oder zu meinen, du müsstest eigentlich anders sein. Herrlich, findest du nicht? Mit ZauberPower leicht durchs Leben gehen!

Was dir mit Human Design deutlich werden kann, ist folgender Punkt: Wenn du verstanden hast, mit welcher Gen-ausstattung du in diese Inkarnation gekommen bist, kannst du leichter aussteigen aus lästigen Konditionierungen und deinem Leben einen anderen Schwerpunkt geben. Und nein, das muss dir keine Angst bereiten, denn im Wesentlichen geht es darum, dein volles Potenzial zu entschlüsseln und dir aufzuzeigen, wie du die beste Version von dir selbst werden kannst.

Du darfst erkennen, wo deine Talente liegen. Mit welcher Lebensmission du hier auf der Welt angetreten bist oder anders ausgedrückt: Was der besondere Zauber an dir ist. Und das Spannende ist, dass bei einer Beratung kaum einer völlig Unerwartetes von sich erfährt. Denn tief im Unterbewusstsein kennst du deinen Zauber und führst ihn in Teilen oft schon aus. Es sind deine Konditionierungen, die dich ablenken, Blockaden stellen sich dir in den Weg oder Glaubenssätze erlauben dir nicht, dein wahres ICH zu leben.

Zeit also für dich, hinter deine Kulissen zu schauen und deinen genetischen Code zu entschlüsseln, meinst du nicht? Ich verwende Human Design als wichtigen Baustein in meinem Coaching, damit Menschen aus möglichen Zweifeln herauskommen können und anstelle dessen Klarheit über ihr ursprüngliches Wesen erhalten. Es ist wie ein Erwachen. Es ist das Entdecken deiner ZauberPower par excellence.

Überzeuge dich selbst von dem eindrücklichen Wahrheitsgehalt und der Aussagekraft des Coachings mit dem Human Design. Im tiefen Inneren wirst du wissen, wie du es haben willst und was der nächste Schritt für dich ist. Vertraue!

Herzlich, deine Birte

DIE EINZIGARTIGE ZAUBERPOWER VON MAMA-SUPERHELDINNEN

Anne Zahnwetzer

Anne Zahnwetzer ist Mama von zwei Kindern und Mamavisionärin aus Leidenschaft. Sie ist Expertin für Mama-Superheldinnen und begleitet diese dabei entspannt, voller Energie und Vergnügen für ihr Leben und Frausein zu brennen. Zudem werden die verborgenen Schätze und Fähigkeiten gemeinsam entdeckt und ans Licht gebracht. Darüber hinaus wird das eigene Universum mit skyrocking energy ganz neu entdeckt. Der Deckel der Denkbox wird gesprengt, no limits als nextlevelmum. Alles geht auch oder gerade als Mama.

E-Mail-Adresse: info@annezahnwetzer.com

Webseite: www.annezahnwetzer.com

Facebookseite: https://www.facebook.com/anne.zahnwetzer.7

Die einzigartige ZauberPower von Mama-Superheldinnen

Sonntagabend: Und wöchentlich grüßt das Murmeltier ...

Da sitze ich mit meinem analogen Kalender und einem DIN-A4-Blatt, um alle Termine und Erledigungen der kommenden Woche einzutragen. Na die ist aber gut gefüllt. Die Nachmittage sind mit Fahraktivitäten oder Haushaltsarbeit voll und da sehe ich noch meine Notiz, dass ich mich für den Kuchenbasar eingetragen habe und als fleißiges Helferlein beim Schulgerüstaufbau. Na wird schon. Das ist ja Pillepalle. Nach weiterer Füllarbeit der Wochenliste, auf der mittlerweile mehr blaues als weißes Blatt zu sehen ist, kommt noch ein Anruf von einer Freundin, ob ich nicht ihre Tochter am Mittwochnachmittag zu uns nehmen könnte, was ich natürlich bejahe. Man hilft sich ja ...

Ich bin stark. Bärenstark. Immer zu mir mit den Aufgaben. Und so gleicht jede Woche der vorherigen und mein Energielevel sinkt ständig. Anforderungen aus dem Job. Haushalt mit zwei Kindern und Mann. Und ich habe es nicht gesehen. Ich habe mich einfach abgelenkt. In der wenigen Zeit, die ich hatte. Fernsehen, basteln, etc... Aber all das hat mir in diesem Zustand nicht geholfen, aus dem Tief herauszukommen. Diesem gehetzten und bedrückenden Gefühl, nicht gut genug zu sein. Nicht alles schaffen zu können. Nach außen hin stark und tough. Innerlich total am Boden. Nach diversen Wutausbrüchen gegenüber den Kids musste etwas passieren. Ich hasste mich, weil ich so war und nicht so sein wollte.

Weil ich doch alles tat, um es allen recht zu machen und doch scheiterte. Der Endpunkt war dann, dass ich nach außen etwas verkörperte, was ich innerlich nicht gefühlt habe. Nämlich Ruhe,

Gelassenheit und meine eigene, einzigartige sanfte Stärke. Ich war in einer Sackgasse und die Kinder und die Summe der Dinge, die zu bewältigen waren, nahmen mir meine Energie. Und ja. Wir dürfen diese Gedanken haben. Du darfst diese Gedanken denken, dass dich die Kinder einengen und dir manchmal die Luft nehmen. Dass du sie auf den Mond schießen könntest. Diese Gedanken haben unterm Strich gar nichts mit den Kindern zu tun. Wenn sie kommen, setzt dein Denkhirn sofort ein und du hängst fest in einer Schleife aus Selbstvorwürfen und Selbstzweifeln, weil das ja so nicht sein kann. Weil du Menschen, die du abgöttisch liebst, nicht gleichzeitig satthaben kannst.

Weil du das gar nicht denken darfst, weil du dir immer Kinder und Familie gewünscht hast. Das steht auch gar nicht zur Debatte. Nur steht dein Kopf dir da im Weg. Diese fiesen Gedanken, für die du dich verurteilst, sind ein Zeichen. Ein deutliches Zeichen, etwas zu ändern. Nur das. Nicht mehr und nicht weniger.

Dein Wutanfall ist ein Geschenk

Da wo unsere größten Trigger sind, sind die größten Geschenke, wenn du dich traust, genau und schonungslos ehrlich da hinzuschauen. Die liegen immer in einem Misthaufen, der dir gerade im Weg liegt. Und sind wir nicht reich beschenkt? Werden wir nicht manchmal nahezu überhäuft mit Geschenken? Es gibt ein Sprichwort, welches sagt, dass man das bekommt, was man fähig ist zu tragen. Lass das mal sacken. Wir sind genial. Wir haben das Vermögen, unsere Welt und unserer Familie zu gestalten und ein wunderschönes Kunstwerk entstehen zu lassen. Weil wir tief in unserem Inneren die Gabe haben alles zu erschaffen. So, wie wir unsere Kinder erschaffen haben.

Nimm dir deinen Raum

Um dir dein einzigartiges Familienkunstwerk erschaffen zu können, musst du in deiner vollen Kraft sein. Und da liegt eine Hürde in der heutigen schnellen Zeit mit ihren vielfältigen Anforderungen an uns Mamas. Und wenn dich das jetzt triggert, ist es genau das Thema, wo du jetzt hinschauen darfst. Alles beginnt bei deinem Raum. Bei dem Raum, den du dir nimmst. Als wichtigsten ersten Schritt wertschätzt du dich selbst mit Zeit, die du alleine dir widmest. Ja das geht. Auch mit Job, Kindern und Haushalt. Wo ein Wille ist, da ist auch ein Weg.

Setz eine andere Brille auf

Sieh, was ist. Nimm es an und dann ist der Weg bereitet, um Neues zu generieren. Gib zu, dass du dich sch* fühlst. Nimm es an und es löst sich mit der Zeit. Geh durch das Tal mit Geduld und Sanftmut dir gegenüber. Schau nur auf dich und vergeude deine Energie nicht an äußere Dinge. Es ist egal, was andere tun. Du bleibst bei dir. Kein Vergleich und keine Wertung. Geh diesen Weg und du wirst frei. Deine Kinder und dein Mann werden dir folgen. Vielleicht gleich, bestimmt aber nach einer Weile. Einfach, weil du in deiner wahren und tiefen Energie bist. Weil du du bist und nicht das, was du denkst, was die anderen sehen wollen oder irgendein Abziehbild von der perfekten Mama, von der du vielleicht bis jetzt geglaubt hast, dass es sie gibt. Nope. Du bist vollkommen klar und ruhst in dir. You are back.

Und noch geiler ist, was dann kommt.

Ich dachte ja damals es wäre prima, wieder Kraft zu haben und nicht jeden Abend kurz nach den Kindern ins Bett zu fallen. Nur um das Ganze am nächsten Tag wieder so zu erleben. Die Energie war wieder da und dann passierte das Magische. Ich fragte mich immer wieder, was da noch ist. Ich war gerne Mama und spürte aber auch, dass da noch so viel mehr ist. Ich vertiefte mich in der Zeit, die ich für mich hatte in meinen Büchern. Ich hörte, sah und las.

Ich saugte alles auf, was ich fand. Ich war und bin immer noch süchtig nach Wachstum. Nach diesem freien Gefühl der Weite und der Möglichkeiten. Und dann passierte es. Es kribbelte und ich schwitzte und fror gleichzeitig, bei dem Gedanken, etwas Großes für mich zu tun. Mein eigenes Business zu gründen. Mit dem, für das ich brenne und die Welt verändern möchte. Und dann kamen fiese Gedanken und im Außen auch Unverständnis: „Was ist denn mit dir los? Du hast doch einen tollen Job!" - „Die Kinder brauchen dich doch!" - „Das verstehe ich nicht. Wie kannst du das tun!". Aber mein engster Familienkreis hat mich unterstützt und ich folgte dem Wachstum. Dem Pfeil, den ich vor mir sah. Manchmal kam es mir vor, als wäre er auf meine Stirn tätowiert.

Der Weg lag allerdings völlig im Dunkeln und ich sah die fiese Grinsekatze wie bei Alice im Wunderland öfters mal. Aber ich ging weiter und weiter, auch wenn ich manchmal völlig im Dunkeln tappte. Ich blieb dran und folgte meiner inneren Stimme und meinen Mentoren. Der schönste Moment war, als meine große Tochter kam und sagte: „Mama, du bist grade nicht so viel bei uns wie sonst, aber weißt du was.

Du siehst total glücklich aus." Ich habe Tränen vergossen, als sie aus dem Zimmer kam. Und ich war ganz ich. Die Gedanken, dass ich eine schlechte Mutter bin, weil ich doch die Kinder habe und das doch nicht noch zusätzlich machen kann, waren wie weggeblasen. Mir wurde schlagartig klar, dass es kein ‚Oder‘ ist, sondern ein ‚Und‘. Ein Und, welches dir die Energie gibt, der hellste Stern für dich selbst zu sein. Für deine Familie und dein ganzes Umfeld. Wenn du ihm folgst, hast du eine nie versiegende Energiequelle. Auch wenn es schwierig wird und dich äußere Umstände in die Knie zwingen. Du stehst wieder auf, weil du ihn hast. Weil du mit dieser Energie von Liebe für deine Welt und deine Lieben brennst.

In allen deinen Lebensbereichen kannst du diese Power aktivieren. Weil du ihn Tag für Tag mit in deiner imaginären Tasche trägst und um ihn weißt. Dann entstehen auch viel weniger Momente, die dich aus deiner Energie hauen. Deine ZauberPower.

Nicht entweder/oder, sondern UND

Tu, was du spürst, was dir Kraft gibt. Was dich zutiefst erfüllt und wachsen lässt. Damit ziehst du das an, was du brauchst, um in deiner vollen Energie zu sein und dich zu entwickeln. Um das beste Vorbild für deine Kinder zu sein. Wie geil bitte ist es, wenn Kinder sehen, wie du für deine Träume gehst. Wie du deine Bedürfnisse achtest und erfüllst. Dann lernen sie genau das. Sich selbst zu achten und auf ihre eigene innewohnende Stimme zu hören, sie nicht durch äußere Einflüsse zum Schweigen bringen zu lassen. Du gehst voraus für sie und die anderen.

By the way … auch eine gute Frage für jetzt gerade. Was sehen deine Kinder, wenn sie dich sehen?

Achte den Grat.

Acht immer auf dein Energielevel. Deine Kinder und dein Mann sind dein Spiegel. Nicht mit dem Kopf durch die Wand. Umwege sind auch Geschenke zum Wachsen. Stück für Stück. Immer in Einklang mit dem großen Ganzen in deiner wundervollen Welt.

Sobald Druck kommt, nimm ihn raus. Halte deinen Fokus auf der Liebe zu deinem Leben, deinen Kindern und Mann und auf deinem Nordstern, wie auch immer es für dich heißt, was dich antreibt. Was wäre, wenn die Kinder dich als das hellste Vorbild ever sehen? Was, wenn du in ihnen den Samen säst, sich entwickeln zu wollen. Ihre Fähigkeiten entdecken zu wollen.

Was, wenn dein Mann um die Ecke kommt und sagt „Schatz, du strahlst total. Ich verstehe nicht alles, was du machst, aber du bist wunderbar und inspirierend. Und sexy!" ? Was, wenn dich Freunde oder Kollegen ansprechen und fragen, wo du deine Energie herhast? Du hast die Macht, weiter zu gehen, als du jetzt denkst. Du kannst alles machen und werden, was du möchtest. Zu jedem Zeitpunkt. Auch und gerade als Mama und Frau.

Wir haben Fähigkeiten, die liegen far beyond dem, was wir meinen, was geht. Was, wenn unsere ZauberPower unendliche Facetten hat? Wenn es die Gabe ist, genau zu spüren, was es gerade braucht? Für dich selbst und deine Kinder und Familie, dein ganzes Umfeld.

Wenn es die grenzenlose Flexibilität ist, keinen Deckel auf deinem Gedankentopf zu haben, sondern frei denken zu können, wenn du dich traust und es zulässt. Ohne Limitierungen. Und was, wenn sich unsere Gabe gar nicht in Worte fassen lässt, weil sie so unendlich vielseitig und wandelbar ist, dass sie der Kraft der Mutter Erde ähnelt.

Was, wenn das so ist?

Was, wenn unsere ZauberPower Liebe, Energie und Grenzenlosigkeit sind?

Folge dem weißen Kaninchen....

Und geh für dich!

Nextlevelmum

MIT DEINEM KÖRPER ALS KREATIONSPARTNER ZU DEINER WUNDERBAREN ZAUBERPOWER

Nicole Schroeter

Nicole Schröter ist Gesundheitspraktikerin für Entspannung und Vitalität sowie Persönlichkeitsentwicklung im Berufsverband für Gesundheitspraktiker (BfG), Body Workerin, Mentorin, Coach, Lehrerin für intuitive Massagen und Körperarbeiten u.v.m. Sie lebt mit ihrem Partner und ihrem Hund im Speckgürtel von Berlin. Als Inhaberin einer Entspannungslounge bietet sie ihren Kunden eine Oase, in der jeder Urlaub vom Alltag machen kann. Mit unterschiedlichen Methoden unterstützt sie ihre Kunden, im Einklang mit ihren Körpern entspannt und voller Leichtigkeit ihr Leben voller Freude zu leben.

E-Mail-Adresse: info@hoaloha-lounge.de

Webseite: www.hoaloha-lounge.de

Facebookseite:
https://www.facebook.com/nicole.schroter.589/

Informationen zu den Access®-Körperarbeiten/-Körperprozessen erhältst du auf
https://www.accessconsciousness.com.

Mit deinem Körper als Kreationspartner zu deiner wunderbaren ZauberPower

„Durch die Stille kann Neues entstehen", erklärte mir meine erste Lehrerin für Massagen und Körperarbeiten, nennen wir sie Petra, vor fast genau zehn Jahren voller Überzeugung. Aber was genau bedeutete das? Sollte ich jetzt den ganzen Tag meditieren? 21 Tage auf einem Berg sitzen, fasten und der Stille erlauben, in jede Faser meines Daseins einzudringen? Ich war gespannt und neugierig darauf, was mit dieser Erkenntnis alles möglich ist. Meditationen, Entspannungsübungen, Reiki, Bewusstseinstraining, Yoga Nidra, NLP (Neuro-Linguistische Programmierung) – diese Praktiken bereicherten mich auf allen Ebenen. Dennoch fragte ich mich, wie ich all das noch unterstützen könnte. Für Petra war die Antwort klar: Wenn nicht auch der Körper in die eigene Persönlichkeitsentwicklung einbezogen wird, ist es nicht zu 100 Prozent möglich, seine volle Kraft, diese ganz eigene ZauberPower voller Manifestationskraft und Magie, die in jedem von uns steckt, herauszubringen. Dafür braucht es laut Petra Stille im Körper-Geist-und-Seele-System. Auch durch ein Glas mit Wasser können wir nur dann klarer sehen, wenn sich Sand oder Schwebstoffe abgesetzt haben und das Wasser zur Ruhe gekommen ist. Als ich Petra traf, suchte ich gerade neue Möglichkeiten, wie ich mich und meine Kunden über meine energetisch gestützten Bewusstseinscoachings hinaus weiterbringen könnte, ohne wieder in alte Muster zu fallen.

Ich fragte mich, wie Persönlichkeitsentwicklung noch nachhaltiger und intensiver, einfacher und wirkungsvoller sein könnte. Ich hatte von einer hawaiianischen Massage gehört, die auch unter dem Begriff „Seelenmassage" bekannt ist: eine ursprüngliche Massage, die nach den alten Meistern, den sogenannten Kahunas (Schamanen) Polynesiens, benannt war.

Eine Massage, die Menschen dabei unterstützt, mit Leichtigkeit von einer Lebensphase in eine andere überzugehen. Ursprünglich wurde sie tagelang angewandt, um Altes aus dem Körper herauszustreichen, damit Neues entstehen kann – sowohl auf der körperlichen als auch auf der geistigen Ebene. Heute wird sie unter dem Namen „Lomi-Lomi-Nui-Massage" angeboten, der Begriff „Kahuna-Massage" taucht seltener auf. „Lomi" bedeutet „drücken, kneten" und „Nui" „großartig". „Lomi Lomi Nui" heißt also „drücken, kneten, drücken, kneten, großartig".

Wenn ich von Kahuna- oder Lomi-Lomi-Nui-Massage spreche, meine ich immer eine intuitive Form, die mit viel Öl auf einem Öl-Laken angewendet wird und zahlreiche unterschiedliche Elemente beinhaltet. Charakteristisch für diese intuitive Massageform, die weniger eine einfache Massage, sondern vielmehr ein Body Work ist, also eine tiefe Körperarbeit, sind lange Streichungen, Streckungen, Dehnungen, Gelenkmobilisationen, tiefe Bindegewebsmassagen und vieles mehr. Es wird nicht nur auf dem Körper gearbeitet, sondern auch unter den Körper gegriffen. Deshalb ist auch das Öl-Laken ein wichtiger Bestandteil.

Der Masseur/die Masseurin setzt ebenfalls den eigenen Körper ein, um die Massageelemente zu intensivieren. Vor fast genau zehn Jahren schenkte ich mir die Basisausbildung für die Lomi-Lomi-Nui-Massage. Sie war mein Einstieg in ein tieferes Verständnis meiner Selbst, meines eigenen Körpers und der Körper, die ich mit unterschiedlichen Massagen, Körperprozessen und -arbeiten sowie zusätzlichen Coachings seitdem begleiten darf.

Nicht nur die Massage faszinierte mich, sondern auch die damit verbundene Lebensphilosophie, die sogenannte Huna- Weisheit, die 7 Prinzipien beinhaltet:

(Die Huna-Weisheiten stammen aus dem schematischen Wissen Polynesiens und wurden von den hawaiianischen Kanhunas (Meistern) seit jeher weitergegeben. Für die Verbreitung ist der bekannte hawaiianische Schamane und Psychologe Serge Kahl King seit 1973 der Bekannteste.)

1. IKE: Die Welt ist, wofür wir sie halten

2. KALA: Es gibt keine Grenzen

3. MAKIA: Energie folgt der Aufmerksamkeit

4. MANAWA: Jetzt ist der Augenblick der Macht/der Kraft/deiner ZauberPower

5. ALOHA: Lieben heißt, glücklich sein mit….

6. MANA: Alle Macht/Kraft/ZauberPower kommt von Innen

7. PONO: Wirksamkeit ist das Maß der Wahrheit.

Es ist also alles in uns, wir brauchen unsere ZauberPower nur herausbringen. Doch genau das scheint uns ab und an im Leben einfach nicht zu gelingen. Und was hat das nun mit Stille zu tun?

Studien von Quantenphysikern zufolge denken wir 60.000 – 70.0000 Gedanken pro Tag. Wir haben ständig Gedanken im Kopf, die nicht alle so beitragend sind wie wir es gerne hätten. Vielleicht sind diese nicht mal in uns bzw. aus uns heraus entstanden. In der Körpersymbolik – hier meine ich die Körpersymbolik nach O.M. Kelly (Autorin und Dozentin für Metaphysik, Philosophie und das Verständnis des kollektiven Bewusstseins) – geht man davon aus, dass immer alles mit einem Gedanken beginnt. Das kann z. B. der Gedanke sein, dass ich mich nicht für gut genug halte. Ich denke also immer wieder diesen Gedanken, ganz gleich, ob mir dies nun bewusst ist oder es unterschwellig abläuft. Wenn nun dieser Gedanke immer wieder seine Schleife dreht, entsteht eine Dysbalance im Körper-Geist-und-Seele-System. Dauert diese an, kommt es erst einmal zu einer inneren Anspannung, später vielleicht zu Schmerzen oder anderen Symptomen. Körperarbeiten, Körperprozesse und Massagen setzen in diese Bereiche wieder einen anderen Impuls, abhängig davon, mit welcher Methode gerade gearbeitet wird. Das kann Ruhe in die entsprechenden Bereiche bringen, Neues in unserem Körper-Geist-und-Seele-System ist möglich. Auch der Mensch, der die Körperarbeit, den Körperprozess oder die Massage gibt, geht idealerweise in seine Stille, um für den anderen Körper neuen Raum und neue Möglichkeiten zu erzeugen – und zwar ganz ohne eine Absicht, eine Erwartungshaltung oder eine Ansicht darüber, was diese

Anwendung bewirken soll. Die Entspannung tritt auf allen Ebenen ein, festgehaltene Muster und Gedanken können sich lösen. Dadurch ist es leichter, neue Wahlen zu treffen, neue Handlungsmöglichkeiten zu finden und ein neues Körpergefühl mit mehr Leichtigkeit zu erleben.

Wenn du dir also tiefgreifende Veränderungen in deinem Leben wünschst, kann es eine spannende Erfahrung sein, deinen Körper mit einer Massage, einer Körperarbeit oder einem Körperprozess zu unterstützen, damit sich auf allen Ebenen mehr Stille ausbreiten kann, angespannte Körperpartien zur Ruhe kommen und nun wieder etwas Neues entstehen darf. Ich empfehle dir, deinem Gefühl zu folgen und die Methode zu wählen, die gerade jetzt für dich die Passende ist. Alle Methoden sind wunderbar, einzigartig und entfalten ihre eigene Magie, sofern du die Wahl triffst, dies auch zuzulassen. Ohne deine Wahl, dass Veränderung entstehen darf, wird es dir vielleicht nicht das gewünschte Ergebnis bringen.

Den Körper mit einzubeziehen, ist eine uralte Idee. Laut Wikipedia beschrieb der Chinese Huáng Dì bereits 2600 v. Chr. Massagehandgriffe und gymnastische Übungen. Heutzutage haben wir eine extrem große Vielfalt und somit auch eine spannende Auswahl bei Massagen, Körperarbeiten, Körperprozessen und anderen das Körper-Geist-und-Seele-System stimulierenden Aktivitäten wie z. B. Floaten, Frequenztherapie, Klopftechniken, Yoga und IntenSati. Für mich hat jede Anwendung ihre eigene Persönlichkeit und Magie, um deine ZauberPower hervorzulocken. Zu den entspannenden und deine Regeneration aktivierenden Massagen gehören die Hot-Stone-, Hot-Chocolate-, Lava-Shell-, Ayurveda-, russische

Honigzupf- und Fußdruckpunktmassage und andere. Wenn wir noch tiefer gehen, noch mehr Stille hereinbringen und noch mehr unserer ZauberPower hervorbringen wollen, dürfen wir neben der bereits erwähnten Kahuna-Massage die folgenden nicht außer Acht lassen: Tuina-, Tao-, Tantra-, Kalifornische-, Esalen-, Tiefengewebs- (Deep Tissue) sowie die Massage der fünf Kontinente.

Zuletzt möchte ich mit dir einen Ausflug in den Bereich der Körperarbeiten und -prozesse machen. Zu ihnen gehören unter anderem die Cranio Sacrale-Therapie/Cranio Sacrale-Anwendung, die Cranio Sacrale-Körperarbeit, der Metamorphische Körperprozess, Rebalancing, Klangschalenmassage, Access Bars®, Access Energetic Facelift®, Access Körperprozesse®. Sie sind alle sehr tief greifend. Einige von ihnen arbeiten im Körper-Geist-und-Seele-System bis zu zwei Wochen lang weiter – wie auch einige Massagen bis zu ein oder zwei Wochen im System wirken. Ich würde sie dir gern alle vorstellen, aber das würde den Rahmen dieses Beitrags sprengen. Mach deinen Körper zu deinem Kreationspartner, beziehe ihn in dein tägliches Erleben, dein Business und deine Persönlichkeitsentwicklung ein. Lass Stille in dir und um dich herum entstehen, womit auch immer du gerade deine Stille finden kannst oder was immer für dich der Moment der Stille bedeutet. So kann auch Erdbeerpflücken für dich und deinen Körper ein Moment der Stille, ein Augenblick des In-dir-Ankommens sein. Was ich damit meine: Hör auf deinen Körper. Und wenn du Lust hast auf eine Massage, eine Körperarbeit, einen Körperprozess oder etwas ganz anderes, das deinen Körper einbezieht, dann gönne es dir und hab Spaß damit. Und vor allem erlaube dir, dass deine wunderbare ZauberPower so unbändig und wild und wundervoll herausfließen kann für alles, was du dir in deinem Leben wünschst.

Yoga als ZauberPower

Silke Schütte

Silke Schütte unterrichtet seit 2010 Yoga in Passau und seit 2020 auch online. Ihre Leidenschaft ist es, Yoga in den Alltag zu integrieren, z. B. über kleine Übungen, aber in erster Linie über mehr Bewusstsein und Achtsamkeit. Das Fundament ihrer Yogapraxis bildet eine klassische Hatha Yoga-Ausbildung, die aber bald durch Elemente aus dem Kundalini Yoga und dem Vinyasa Yoga bereichert wurde. Fortbildungen in Yogatherapie und Faszien Yoga prägen ihren heutigen Unterrichtsstil. 2020 traten Energieziehen und Access Consciousness in ihr Leben und brachten die Reise zum „Selbst" auf ein neues Level. Seit 2021 bietet sie deshalb auch Access Bars-Behandlungen an. Ihre Schüler lieben den Humor und die Klarheit ihres meist intuitiven Unterrichts. Privat ist sie verheiratet, hat 2 Kinder und kümmert sich um ihren großen Garten.

E-Mail-Adresse: silke.Schuette@yahoo.de

Webseite: http://www.yoga-passau.de

Facebookseite:
http://www.facebook.com/groups/yogaeinfachbesserleben

Yoga als ZauberPower

Wie es dazu kam und wie auch du dem Universum vertrauen darfst

Finde deinen roten Faden

„Du bist doch nicht der Typ Yogalehrerin"

Das waren die Worte, die ich hörte, als ich aus einer Werbung vorlas, dass man bei uns im Ort eine Yogalehrer-Ausbildung machen könnte und darüber fantasierte, dass das ja schon irgendwie cool wäre.

Hast du das auch schon mal gehört?

Das passt doch nicht zu dir! Willst du das wirklich machen?

Während ich dieses Buchkapitel schreibe, bin ich sage und schreibe bereits seit 11 Jahren selbstständige Yogalehrerin. Vielleicht sogar eine ganz untypische - was typisch ist und was nicht, bestimmt sich sowieso nur aus deinen eigenen subjektiven Erfahrungen.

Damals vor 11 Jahren war ich schon sehr, wie sagt man, Yoga „affin". Yoga war zu einem festen Bestandteil meines Lebens geworden - aber wie war es eigentlich dazu gekommen?

In meiner Jugend war ich nicht sehr sportlich gewesen. Ich interessierte mich für Aromatherapie und machte meine ersten Versuche mit selbst gemachter Kosmetik. Während meines Studiums kam ich „zufällig" in Kontakt mit progressiver Muskelentspannung und Atementspannung - beides Methoden, die sehr gut bei mir wirkten. Ich liebte es auch morgens barfuß in den nahen Stadtpark zu gehen, meine Füße in den Teich zu hängen und den Leuten zuzusehen, wie sie in die Arbeit hetzten. Ich denke im Nachhinein waren das meine ersten Yoga-Anfänge …

Tief beeindruckt hat mich als Kind wohl einer der ersten westlichen Yogis in den 70ern auf einem Campingplatz, der seine Beine hinter den Kopf in den sogenannten Pflug brachte – aber, dass man das Yoga nennt, wusste ich lange nicht.

Jahre später, nach meinem BWL-Studium, einem Umzug nach England, einem 9-to-5-Office-Job und regelmäßigen Migräne-Attacken, empfahl mir eine Freundin Yoga. Da war ich schon über 30 und war zwar schlank, aber ohne nennenswerte Muskeln, außer kräftige Beine vom Mountainbiken (was übrigens nur meinem Partner zu verdanken war, der mich überhaupt erst zum Sport gebracht hat).

Was danach kam, war wirklich verblüffend. Ich spürte zuerst die körperlichen Effekte des Yoga. Ich bekam Muskeln, ohne dass ich in ein Fitnessstudio ging oder zu Hause trainierte. Sogar am Bauch! Meine Migräne-Anfälle verschwanden ganz und ich konnte meine rechte Hüfte wieder voll bewegen. Die war durch einen Unfall in ihrer Bewegung eingeschränkt gewesen und von Geburt an habe ich eine Fehlstellung. So war Yoga zum ersten

Mal ZauberPower in meinem Leben geworden. Da wusste ich noch nichts von Yogastilen, Philosophie und hatte auch noch nie ein Studio von innen gesehen. Die Stunden fanden in der Kantine des Unternehmens statt wo ich arbeitete, man hatte einfach die Stühle zusammengeschoben. Yoga war für mich nicht hipp und schick, sondern Mittel zum Zweck gewesen. Ich liebte die Fantasiereisen am Ende und bald merkte ich auch die mentalen Effekte. Ich regte mich nicht mehr so schnell auf und hatte das Gefühl, dass sich alles fügen wird.

Einmal kam ich vom Yoga nach Hause und mein Mann war sehr aufgeregt, da er einen Anruf vom Vermieter bekommen hatte, dass wir ausziehen müssten - Eigenbedarf … . Irgendwie wusste ich, dass kein Grund zur Besorgnis bestand. Ich war total ruhig und sagte „Jetzt warten wir erstmal ab, ich glaube nicht, dass wir so schnell raus müssen." Es sollte sich als wahr erweisen. Der Vermieter fand ein anderes Haus, dass ihm viel lieber war und so konnte er uns als Mieter behalten! Wieder hat Yoga seine ZauberPower gewirkt! Im Nachhinein kann ich jetzt sagen - ich habe mir das manifestiert - dass es so kommt - damals hatte ich davon keine Ahnung, aber im Unterbewusstsein hat sich die Ruhe vom Yoga positiv ausgewirkt. Manifestieren passiert eben auch, ohne dass du eine Ahnung hast! Deshalb ist es cool, darüber zu wissen und es zu deinem Vorteil einzusetzen! Deshalb liest du hier dieses Buch! Das ist kein Zufall!

Wie ging's weiter?

Es kam der Punkt, als ich diese Werbung las - die als Wurfsendung in unserem Briefkasten gelandet war. Aber auch das trat erst wieder in den Hintergrund.

Ich hatte ja einen Job!

Kennst du das - dass du manchen Dingen gar keinen Raum gibst, weil du so in deinem Alltag eingebunden bist, dass du dir gar nichts anderes vorstellen kannst? Es ist halt so - und es läuft - es ist nicht mega prickelnd, aber warum sollte ich was ändern? Never touch a running system - ist ja auch ein beliebter Spruch. Auch das Wort „eigentlich" sollte dich aufrütteln: Wir führen eigentlich eine gute Ehe. Mir gefällt mein Job eigentlich ganz gut …

Da musste das Universum weiter eingreifen - der Flyer war nicht genug gewesen.

Wir waren zurück in Deutschland und ich führte meinen Job im Homeoffice weiter. Es lief nicht so wie ich mir das vorgestellt hatte, ich wurde zunehmend unzufriedener und ich sehnte mich nach einer Besserung. Ich dachte dabei an den Chef! - nicht an mich oder den Yoga Flyer.

Es kam anders.

Ich bekam eine betriebsbedingte Kündigung - nach 12 Jahren. Keiner der Mitarbeiter konnte es fassen, da ich wirklich einen guten Job gemacht hatte. Die Entscheidung: Soll ich meinen Job aufgeben und mich selbstständig machen, stellte sich mir so also nicht. Aber ganz ehrlich: Ich hätte sie wahrscheinlich nie getroffen!!! Die Selbständigkeit war auch erst mal kein Thema, aber …

auf einmal war sie wieder da, die Yogalehrer-Idee. Und sie wuchs, denn auf einmal hörte und las ich überall von Yoga. Egal ob ich das Radio einschaltete, beim Zahnarzt die Zeitschrift aufschlug oder mich mit Leuten unterhielt. Yoga war überall und ich hatte es kapiert.

Im Nachhinein kann ich auch wieder sagen, dass ich mich unbewusst auf Yoga konzentriert hatte und das Universum mir dann ganz viel davon anzog …

Ich etablierte mein Yogabusiness und durfte immer wieder feststellen, wie sich Dinge „fügten". In meinem bisherigen IT Job hatte sich „zufällig" meine Arbeit so entwickelt, dass ich Leuten helfen durfte, wenn sie Probleme mit der Software (SAP) hatten und ich auch Trainings abhalten durfte. Das hat mir am besten gefallen an meinem Job. Als Yogalehrerin machte ich dann nur noch das: unterrichten und helfen - wie schön! Ich hatte meinen roten Faden gefunden. Während des Studiums schon, als ich als Bedienung arbeitete, fand die Chefin heraus, dass ich mich mit Computern gut auskannte und zog mich manchmal für Computer-Nachhilfe ab und zahlte mir wesentlich mehr als ich als Kellnerin verdiente! Das Unterrichten und Helfen war mein roter Faden!

Schau mal in dein Leben - kannst du einen roten Faden entdecken? Was findet dich immer wieder?

Yoga hilft dir zur Ruhe zu kommen, den neutralen Beobachter einzuschalten und in die Innenschau zu gehen. Es hilft dir deine Intuition zu schärfen und Impulsen nachzugehen. So kann Yoga auch zu deiner ZauberPower werden. Aber nicht, wenn du es nur als hippe Sportart siehst - dann kannst du zwar Muskeln bekommen wie ich auch und durch die Bewegung, Kräftigung und Dehnung gesünder werden - aber dann hast du noch nicht die volle ZauberPower.

Der neutrale Beobachter

Die Technik des neutralen Beobachters funktioniert, indem du dir vorstellst, deine Gedanken und Gefühle wären alle gleich ohne jegliche Bewertung. Wenn du als Beispiel Geräusche nimmst, dann sind das Singen eines Vogels, das Rauschen eines vorbeifahrenden Autos, ein rauschender Bach und das Lachen eines Babys alle gleich - alles nur Geräusche, die dein Ohr wahrnimmt. Diese Technik kann helfen, wenn du einen Informations- oder Gefühls-Overload hast, dich aber entspannen und/oder konzentrieren möchtest. Du lässt alles einfach durch dich hindurchfließen und konzentrierst dich nur auf das was du jetzt tun möchtest oder entspannst. So funktioniert auch Meditation in einer quirligen Fußgängerzone. (Ende des Kastens)

Die volle ZauberPower kommt dann, wenn du dich ganz einlässt - mit Haut und Haaren - das heißt neben den körperlichen Aspekten auch die mentalen Aspekte - also nicht nur Entspannung, sondern Yoga als bewusstes Tun - zulässt. Denn das ist Yoga wirklich - wenn man es ganzheitlich betrachtet.

Bewusstes Tun

Vielleicht denkst du dir jetzt „Komisch ich dachte immer - Yoga ist Dehnen und Entspannung und vielleicht noch Fitness, je nach Stil - oder vielleicht sogar noch Meditation, aber bewusstes Tun?

Und was hat das mit ZauberPower zu tun? Wie soll mir das in meinem Leben helfen?

Als ich das in einer Infoveranstaltung zu meiner Yogalehrerausbildung hörte, war ich zugegebener Maßen auch sehr verwirrt.

Bewusstes Tun heißt weg vom Autopilot - hin zu: Was mache ich da gerade eigentlich? Tut mir das gut? Was hat es für Folgen? Wenn es mir nicht gut tut, wie kann ich es ändern?

In der klassischen Yogapraxis auf der Matte sieht das folgendermaßen aus: Während du im normalen Sport oder Gymnastikunterricht halt bestimmte Übungen machst und versuchst, es ebenso zu machen wie die Lehrerin oder das Bild, gehst du im bewussten Yoga weiter.

1. Schon bevor du überhaupt anfängst dich zu bewegen - nimmst du deinen Körper und dich als Ganzes wahr. Wie fühlt er sich an? Wie geht es dir? Wieviel Energie hast du? Was bewegt dich? Wie fühlt sich dein Körper jetzt in der Ausgangshaltung an? Wie ist dein Atem?

2. Wenn du die Stellung schon kennst - nimmst du sie im Geist vorweg und stellst dir vor, dass du das jetzt machst.

3. Dann kommst du in die Stellung und spürst dich hinein - balancierst dich aus - lässt unnötige Anspannung los. Schaust, ob es dir gut tut, wo du Dehnungen spürst - wie ist dein Atem?

4. Genauso achtsam kommst du wieder raus.

5. Dann spürst du nach - wie ist es jetzt? Was hat sich verändert? Wie ist mein Atem? Wie ist meine Stimmung? Was ist mit meinen Gedanken passiert?

Wenn du das regelmäßig auf der Matte praktizierst, wird das auf der Matte auch zur Gewohnheit und du musst dich nur immer wieder daran erinnern (lassen).

Ich gehe in meiner Praxis noch weiter und nehme dieses Bewusstsein mit in meinen Alltag. Bleiben wir beim Körper. Immer wieder spüre ich bei Alltagsbewegungen rein und halte kurz inne, so als wäre es eine Yogaübung.

Beispiele:

- Spülmaschine ausräumen: Ich spüre hinein, wenn ich mich vorbeuge, so als würde ich mich auf der Yogamatte vorbeugen - automatisch wirst du die Bewegung so ausführen, dass sie optimal ist für deinen Körper. Du wirst die Bauchmuskeln anspannen, evtl. die Knie beugen und bewusster atmen.

- Gartenarbeit: Auch hier bist du bewusster was die Knie, den Rücken angeht und nimmst vielleicht sogar den Duft der Blumen, die Farben oder was auch immer viel aktiver und bewusster wahr!

- Rückwärtsfahren im Auto oder einfach nur der Schulterblick: Spüre hinein wie es sich anfühlt sich zu drehen (nur ganz kurz) und genieße diesen Minimoment an Achtsamkeit.

Generell wirst du bei allen körperlichen Aktivitäten immer wieder hinein spüren und Gegenbewegungen finden, wenn notwendig. Du wirst merken, wenn dein Körper Bewegung und Dehnung braucht und auch wann es Zeit ist, wieder mal mehr kräftigende Übungen zu machen. Ob du darauf hörst, ist eine andere Sache …

Mental geht das genauso:

Dein Kopf dreht sich und du bist aufgeregt. Halte inne und spüre in dich hinein. Wie ist dein Atem? Vermutlich kurz und sehr weit oben.

Atme tief in den Bauch und erde dich (spüre in den Boden hinein)!

Was geht dir gerade durch den Kopf?

Was genau hat dich denn aufgeregt? (Wenn dich das zu sehr aufregt, dann lass das weg!)

Der neutrale Beobachter kann dir hierbei sehr helfen.

Bleibe so lange dabei, bis du eine Erleichterung spürst. Das kann mit ein bisschen Übung ganz schnell gehen und du kannst es überall machen.

Je länger du Yoga übst, desto feiner wird dein Gespür werden, dein körperliches und auch deine Intuition. Ein verspannter Körper hat viel weniger Gespür. Dein Bindegewebe, das alles zusammenhält (die Faszien) verkleben und schalten damit ganz viele Wahrnehmungsrezeptoren aus. Wenn das Gespür wieder feiner wird, merkst du viel schneller, wenn etwas nicht gut tut und auch wo du was spürst. Du kannst körperliche Empfindungen viel besser zuordnen.

Genauso ist es mit deiner Intuition, je öfter du in dich rein spürst, desto mehr wirst du wahrnehmen. Du wirst Impulse bemerken und diesen auch vertrauen lernen. Dann kannst du deine Yogapraxis an deine Bedürfnisse anpassen.

Diese Fähigkeiten kannst du dann 1:1 auf dein Alltagsleben übertragen. So wird Yoga zur echten ZauberPower für dein Leben!

Du wirst gesünder und lebst dein Leben viel bewusster und bekommst die richtigen Impulse, was du als Nächstes tun kannst, um alles in die richtigen Bahnen zu lenken. Das hat sich bei mir aufs Essen ausgewirkt, hat mich zum Studium der Persönlichkeitsentwicklung gebracht und mir die richtigen Fortbildungen gezeigt. Immer mehr kommen die richtigen Personen und Begegnungen in mein Leben. Vor zwei Jahren hätte ich nicht gedacht, dass ich jemals ein Buch schreiben werde, geschweige denn Onlinekurse anbieten würde für Leute, die ich nicht persönlich kenne ... Auch die Energien, die im Yoga wirken, kann ich nun viel besser verstehen und deuten.

Das ist auch eine wunderbare ZauberPower des Yoga - die Energien spüren zu lernen. Am Anfang kann sich das einfach wie eine bessere Durchblutung anfühlen. Das höre ich öfter von Anfängern. Das stimmt auch. Yoga regt den Kreislauf an, den Stoffwechsel und sorgt dafür, dass alles wieder schön fließt, aber eben nicht NUR das Körperliche - auch das Feinstoffliche - das was nicht mit dem bloßen Auge erkennbar ist - kommt ins Fließen. Die Yogis nennen das Prana - Lebensenergie. Allein wenn ich jetzt darüber schreibe, stellt es mir schon wieder die Haare auf. Gänsehaut-Momente - die kommen immer öfter, wenn du dich dem Energiespüren öffnest und hingibst.

Einmal habe ich einen Assist ausgeführt (eine Hilfestellung) im Yoga und spürte wie es an der Stelle wo mein Knie den Schüler berührte (Schulterblatt) anfing zu kribbeln - wie Energie floss. Ich fand das schön, nahm das zur Kenntnis, aber maß dem keine weitere Bedeutung zu. Zwei Wochen später berichtete dieser Schüler mir, dass er auch Energie gespürt habe und dass seine geplante Schulter-OP absagt worden wäre, da sie nicht mehr nötig wäre. Ich war ganz schön perplex. Jahre später lernte ich, dass unsere Körper andere Körper heilen können - sogar ohne das Zutun unseres Willens - sogar vielleicht viel besser - und wieder kommt eine weitere ZauberPower in mein Leben, immer wieder werde ich geschubst, was Neues zu erkennen und anzuerkennen.

Yoga lehrt dich zu fühlen, loszulassen, Anspannung und Entspannung auszugleichen. Du lernst, wann und wo Anspannung nötig ist und wo du lieber alles Unnötige loslässt. Sei es bei den Asanas, bei der Endentspannung oder der Meditation. Und immer ist es der Atem, der alles verbindet - der dich runterbringt oder aktiviert - ein wunderbares Werkzeug - eine ZauberPower in its on right - ganz für sich alleine.

Lerne also dem Universum bzw. deiner inneren Führung zu vertrauen - mit Hilfe von Yoga oder anderen Techniken und finde deinen roten Faden - das was dich ausmacht - deine ureigene ZauberPower!

Ich hoffe, ich konnte dich begeistern für die ZauberPower des Yoga und dafür, deiner Intuition zu vertrauen. Zum Abschluss gebe ich dir jetzt noch eine Energiesäulen-Übung mit, zusätzlich zu den anderen Anregungen im Text.

Energiesäulen-Übung

Suche dir einen Platz, wo du ungestört stehen kannst - oder distanziere dich einfach von allem, was um dich herum ist.

Stehe hüftbreit und mit den Füßen parallel. Spüre in den Boden hinein. Wie fühlt er sich an? Pendle dein Gewicht aus und finde eine Position wo du gleich viel Gewicht auf den Fersen und den Zehen hast. Spüre nochmal ganz intensiv in den Boden hinein und verbinde dich mit dem Boden, so als ob du Kleber an den Füßen hättest. Spanne leicht den Bauch an und richte die Wirbelsäule auf. Entspanne deine Schultern. Lasse sie sinken. Öffne die Brust und balanciere deinen Kopf aus. Entspanne deine Augen. Entspanne deine Lippen, deine Stirn, das ganze Gesicht, den ganzen Körper.

Konzentriere dich nun auf deinen Atem. Spüre, wie er durch deinen Körper fließt. Atme nun durch die Nase ein und wieder aus und zieh die Luft in den Bauch. Beim Einatmen hebt sich der Bauch, beim Ausatmen senkt sich der Bauch. Die Schultern bleiben ganz unten.

Nun konzentriere dich wieder auf die Füße. Spüre die Verbindung zum Boden. Schicke mit jeder Ausatmung Wurzeln in den Boden und lasse sie bis zum Erdmittelpunkt wachsen. Immer tiefer und tiefer. Mache das ruhig einige Male. Du verbindest dich nun mit der Energie im Mittelpunkt der Erde und ziehst Energie mit der Einatmung nach oben. Spüre die Aufrichtung deines Körpers (ich merke wie ich mich beim Schreiben schon aufrichte und die Effekte anfange zu spüren ...) und stelle dir eine Achse oder Säule vor, die mit der Energie aus der Erde wächst. Sie geht durch deine Beine, dein Becken, die Wirbelsäule nach oben, durch den

Nacken und oben am Scheitelpunkt deines Kopfes wieder heraus und wächst bis ins Zentrum des Universums. Dein Körper richtet sich noch mehr daran aus und du bist nun verbunden nach unten mit der Erde und nach oben mit dem Himmel. Spüre wie mit jedem Atemzug sich die Energiesäule immer mehr verstärkt und dich einhüllt. Dich trägt und stärkt und auffüllt mit neuer Energie. Du kannst es dir als Licht vorstellen oder was auch immer für dich passend ist. Fühle dich leicht und trotzdem stark und getragen. Inhaliere diese Energie, die dich umgibt und genieße.

Wenn du wieder herauskommen möchtest, atme tiefer, achte wieder auf deine Umgebung, komme ganz bewusst wieder in deinen Alltag zurück. Öffne die Augen und fange an dich wieder zu bewegen. Je öfter du das übst, desto schneller kommt dieses Gefühl und du kannst dich ganz schnell wieder aufladen, Trost finden, Stärke bekommen. Was eben gerade ansteht.

Zum Üben kannst du die Übung auch erst mal mit offenen Augen im Sitzen machen - da liest es sich besser ... Wenn du es im Kopf hast, kannst du im Stehen üben, mit Augen geschlossen.

Ich wünsche dir viel Freude und Erfolg beim Finden deiner ZauberPower!

Deine Silke Schütte

Yogalehrerin und Access Bars Practitioner

WIE DU DEINE ZAUBERPOWER MIT HILFE DEINER ENGEL STÄRKST

Catharina Breu

Ich bin Catharina Breu und Mama von einer 2,5-jährigen Tochter. Wir leben im Norden von München. Ich weiß, dass deine Engel immer bei dir sind. Sie begleiten dich, unterstützen dich und helfen dir. Und mit ihrer Hilfe wird dein Alltag - gerade als Mama - so viel leichter. Ich kann dir dabei helfen, deine Engel wieder mehr in dein Leben einzubinden.

E-Mail-Adresse: catharina.breu@gmail.com

Webseite: https://bit.ly/3D1UBQJ

Facebookgruppe:
https://www.facebook.com/groups/LifestyleCoachingfuerSchwangereundjungeMamas/

Facebookseite: https://www.facebook.com/catharina.breu.7

Wie du deine ZauberPower mit Hilfe deiner Engel stärkst

Hey, wenn du bis hierhergekommen bist, dann hast du schon richtig viel gelesen von dieser einzigartigen ZauberPower, die in jedem/jeder von uns steckt. Wir können alle mit Hilfe unserer Gedanken, Gefühle und Ausrichtung uns die Zukunft und das Leben erschaffen, das wir uns wünschen, uns erträumen - kurzgesagt es einfach manifestieren. Ich selbst habe vor einigen Jahren bereits davon erfahren: Manifestiere dir das, was du dir wünschst.

Und es ist eine wundervolle ZauberPower, die wir da alle in uns tragen. Nur für mich hat es nicht ganz so „einfach" geklappt - am Anfang schon. So der berühmte Parkplatz in der Innenstadt, wenn wir ihn gebraucht haben und so. Aber als es dann konkreter wurde, tiefer ging ... da war es plötzlich für mich nicht mehr ganz so einfach.

Ich habe den Zugang irgendwie verloren, das Vertrauen in mich, dass es wirklich so einfach klappen kann. Es ging mir damals darum, dass ich sooo gerne bereits in jungen Jahren (sprich unter 30) heiraten und Mama werden wollte. Aber mein Freund war dazu noch nicht ganz so bereit, wie ich es war. Das Thema überschattete, zumindest für mich, immer mehr unsere Beziehung.

Ich wurde unzufrieden, zweifelte an mir, an meiner ZauberPower usw. Also begann ich damit, mir weitere spirituelle Hilfe zu suchen. Denn einfach nur Bücher lesen reichte für mich nicht mehr aus. Meine spirituelle Mentorin half mir einiges klarer zu sehen. Sie hat mir dann auch recht bald ihre Ausbildung angeboten zum spirituellen Coach. Und das fühlte sich für mich so gut an, so passend. Ich wollte sie erst einmal nur für mich selber machen. Ich habe dann aber nach ganz kurzer Zeit schon gesehen und gefühlt, was das für eine wahnsinnig tolle Möglichkeit ist.

Die kann und will ich gar nicht für mich alleine behalten. Die muss ich einfach weitergeben. Vielleicht kennst du das ja auch? Du lernst etwas kennen, was einfach so wundervoll ist, so großartig, dass du gerne auch andere daran teilhaben lassen möchtest. Ich habe in dieser Zeit auch meine Engel wieder mehr und mehr kennen gelernt, mich an sie erinnert und angefangen, ganz bewusst mit ihnen zu arbeiten. Das wurde im Laufe der Zeit ganz natürlich mehr und mehr. Und siehe da ... plötzlich war meine ZauberPower auch wieder wie selbstverständlich und viel leichter da!!

Die Dinge schienen mir einfach so zuzufliegen. Mit der Hilfe meiner persönlichen Engel konnte ich meine ZauberPower viel besser nutzen. Ich hatte wieder mehr und mehr Vertrauen in mich und in meine ZauberPower. Ich habe den Zugang dazu mit Hilfe meiner Engel wiedergefunden. Und heute bitte ich, wenn sich doch mal wieder ein kleiner Zweifel einschleicht, einfach meine Engel um Hilfe.

Natürlich war nicht sofort alles eitel Sonnenschein ... aber ich habe für mich einen tollen Weg gefunden, mit meinen Gefühlen und Ängsten - gerade in Bezug auf unsere unterschiedlichen Wünsche für die Familienplanung - umgehen zu können. Und to make a long Story short: heute sind wir Eltern von einer wundervollen 2,5-jährigen Tochter - zwar immer noch nicht verheiratet, aber was soll's! Hihi. Hauptsache glücklich!

Aber jetzt möchte ich dir noch ein wenig mehr davon erzählen, wie unsere Engel uns dabei unterstützen können, unsere tolle ZauberPower mehr und mehr zu entfalten. Nimmst du deine Engel denn schon wahr? Wie sie dich jeden Tag voller Liebe begleiten?

Mir ging es als Kind zwar so, dass Engel und Lichtwesen für mich schon da waren, aber ich habe den bewussten Kontakt zu ihnen über die Jahre irgendwie verloren. So war es - und ist es auch heute noch - immer wieder ein wundervolles Gefühl, wenn ich wahrnehme, dass meine Engel zu jeder Zeit bei mir sind und mich unterstützen, beschützen und begleiten.

Dazu möchte ich dir gerne ein wenig von meinen Erfahrungen erzählen.

Vor ein paar Jahren sind meine Schwester und ich mit dem VW-Bus auf der Autobahn unterwegs gewesen. Wir wollten unsere Zusatz-Oma im Krankenhaus besuchen. Aus heiterem Himmel hat es plötzlich einen Schlag getan, so als ob ein Reifen geplatzt ist. Dabei waren wir auf der mittleren Spur. Wir wechselten auf den Standstreifen und stellten das Auto sicher ab. Als wir dann nachgeschaut haben, haben wir feststellen dürfen, dass es kein Reifen war.

Die Vorderradaufhängung auf der Fahrerseite war gebrochen!!! Das Auto stand ganz schief. Aber wir sind von unseren Engeln geleitet worden und konnten, obwohl recht viel Verkehr war und viele LKWs unterwegs waren, unversehrt aus dem Auto aussteigen.

Uns beiden war sofort klar, dass wir hier sehr viel Hilfe von unseren Schutzengeln hatten. Ich habe natürlich auch angefangen, dass ich gerade in etwas stressigeren Situationen mit meiner Tochter (Stichwort Autonomiephase, Wutanfälle und alles was dazu gehört) sehr gerne meine Engel um Hilfe bitte.

So war es im Sommer im Urlaub in Griechenland, dass meine Tochter, nachdem sie mittags eingeschlafen war, noch nicht wieder richtig wach war und ein wenig unleidlich gewesen ist. Das hatte sich dann so weit gesteigert, dass sie mir fast von der Sonnenliege geplumpst ist, weil ich sie nicht anfassen sollte. Dabei hat sie lautstark geschrien und geweint.

Ich habe mich dann kurz zurück gezogen (hab mich auf einen Stuhl neben sie gesetzt, meine Augen geschlossen) und mich ganz bewusst noch einmal mit meinen Engeln verbunden und sie um Hilfe gebeten. Und es war wirklich wundervoll - ich habe einen großen, hellen Engel vor mir stehen sehen, eingehüllt in einer Lichtsäule.

Er hat den totalen Frieden ausgestrahlt. Und er hat mir zu verstehen gegeben, dass ich „Liebe" einatmen und „Vertrauen" ausatmen soll. Wahnsinn, oder??? Das habe ich natürlich gemacht - ich meine so eine klare Anweisung zu missachten, wäre ja schon heftig, oder??? - und nach ungelogen 3 oder 4 Mal so atmen war meine Tochter deutlich ruhiger. Ich hab ihr meine Arme hingestreckt und sie ist dankbar zu mir gekommen, hat sich auf meinen Schoß gesetzt und war ganz schnell wieder ruhig. So konnte sie ganz in Ruhe wach werden, war wieder fröhlich und gut drauf. Unser Sonnenschein eben, wie wir sie kennen.

Sogar jetzt beim Aufschreiben dieser Geschichte, fließt mir wieder so eine liebevolle Energie gerade rauf und runter. Oder an einem Tag hatte ich 1.000 Dinge im Kopf – To-Do-Listen, Einkaufslisten, Dinge, die abzuarbeiten waren, ... Und das hat mir meine Tochter natürlich gespiegelt. Ich wollte zur Post. Sie war auch begeistert - hat dann aber noch x Sachen vorher machen wollen. Ich habe das Mittagessen vorbereitet und sie wollte dieses und jenes. Jetzt. Sofort. Ohne Verzögerung! Kennst du das vielleicht auch? So hat es den Tag über immer wieder solche Dinge gegeben. Bis wir nachmittags im Sandkasten waren.

Da hat sie mir einen Kuchen gebacken. Und sie war so vertieft. In dem Moment hat mir jemand - meine Engel - zugeflüstert: „Genau das. Konzentriere dich auf das, was vor dir ist. Was du gerade tust." Es ist einfach immer wieder magisch, wie sich meine Engel bei mir melden. Wie sie mir helfen, wieder mehr im Hier und Jetzt zu sein. Oder auch einfach „nur" da sind und mich mit ihrer Kraft und Liebe unterstützen. Und vor ein paar Wochen wollten wir eigentlich - hauptsächlich der Papa - nur noch ne kleine Runde drehen.

Mein Kind fährt auf dem Laufrad. Sie entdeckt erst ne kleine Baustelle. Muss natürlich begutachtet werden, ist klar, oder? Dann die nächste - diesmal mit kleinem Bagger. Dauert natürlich nochmal etwas länger. Und dann... dann findet sie einen echt versteckten Spielplatz... Ab jetzt war klar: das dauert erst mal ne Weile. Und das zur schönsten Abendessenszeit. Kennst du so etwas auch? Bist du dann eher entspannt oder gestresst? Ich hab tatsächlich zwischen beidem hin und her geschwankt.

Als ich es gemerkt habe, hab ich mich dafür entschieden, dass ich entspannt sein will. Ich hab mich an meine Engel erinnert, durchgeatmet und schon hatte ich eine mögliche Lösung, die ich meiner Tochter vorgeschlagen habe. Und siehe da, plötzlich konnten wir zu dritt weiter und haben gemeinsam ein Abendessen aussuchen können - ohne Stress, ohne Streitereien oder Gemecker. Und genau das ist es: einfach deine Engel um Hilfe bitten. Zu hören. Umsetzen. Und es kann so viel leichter werden, deine Wünsche zu erreichen. Unsere Engel geben uns immer (!!!) gerne liebevolle Hinweise, Unterstützung und Ideen, wie wir uns das Leben leichter machen können.

Wie wir unsere Wünsche erreichen können. Wie wir bestimmte Situationen so drehen können, wie es für uns gut ist. Aber sie wollen darum gebeten werden - eigentlich brauchen unsere Engel sogar den Auftrag, um tätig werden zu dürfen. Außer natürlich in ganz brenzligen Situationen - aber das ist ein anderes Thema.

Wie wäre es denn für dich, wenn du dir sicher sein kannst, dass deine Engel zu jeder Zeit bei dir sind? Dich unterstützen? Dich führen? Dir dabei helfen, deine ZauberPower zu nutzen und zu leben? Wäre das nicht soooo wundervoll!!! Mega!!! Voll cool!!! Und auch so einfach!!! Um deine Engel immer mehr und mehr bewusst in deinem Leben zu spüren, kannst du einige Tools nutzen. Zum Beispiel kannst du meditieren. Oder du kannst sie mit einem Ritual, das dir gefällt, bewusst einladen. Oder du kannst immer wieder ins Gespräch mit ihnen gehen...

Die Möglichkeiten sind da so vielfältig. Ich möchte dir gerne erzählen, wie ich es mache und wie ich meine Kundinnen dabei unterstütze, es selbst zu machen. Ich bereite mich (fast) jeden Tag morgens nach dem Aufwachen auf den neuen Tag vor, indem ich eine Farbenatmung mache und ein kleines Gebet spreche, bei dem ich meine Engel bewusst an meine Seite einlade (das hat nichts mit irgendeiner Kirche oder Religion zu tun, sondern es ist für mich einfach meine Art, mich in das Vertrauen zu betten, dass ich immer Hilfe haben werde). So bin ich bestens vorbereitet und kann in allen Situationen, in denen ich gerne die Hilfe meiner Engel hätte, sie ganz schnell und „nebenbei" um Unterstützung bitten. Inzwischen geht das bei mir schon wirklich fast nebenbei ohne, dass ich bewusst darüber nachdenke. Natürlich nutze ich auch noch ein paar weitere Tools, aber die alle hier mit aufzunehmen, würde den Rahmen des Buches sprengen. Hihi. Was meinst du, wie toll es sich anfühlt, wenn du dir sicher bist, dass du immer deine Engel an deiner Seite hast und sie dich begleiten?

Wenn du einfach weißt, dass sie dir helfen all das zu erreichen, was du dir wünschst? Vielleicht magst du es auch einmal ausprobieren.

Hol dir auch gerne dazu kostenlos meine „5 SOS Tipps für sofort mehr Engelsenergie" oder komme in meine Mama-Gruppe auf Facebook.

Ich wünsche dir unglaublich viel Spaß dabei, dieses tolle Gefühl zu erleben!

Deine Catharina

DARM, ERNÄHRUNG, ZELLEN UND EMOTIONEN - MAGISCHE KRÄFTE UND ZAUBERPOWER DURCH GESUNDHEIT UND WOHLBEFINDEN

Charlotte Stegen

Ich bin Charlotte Stegen. Ich verhelfe Menschen zu mehr Wohlbefinden und Gesundheit durch Ernährungs- und Darmberatungen sowie mitochondriales Zelltraining und auch den Einsatz von ätherischen Ölen. Die Emotionen und die Psyche sind immer ein Teil vom Ganzen! In der Vergangenheit habe ich viel selbst erlebt und hatte selbst gesundheitliche Herausforderungen, weswegen ich mich auf diese Themen spezialisiert habe. Die Magie bei meinen Angeboten liegt unter anderem in der Individualität, Ganzheitlichkeit und vor allem in der BestForMe-Magie.

E-Mail-Adresse: charlotte.stegen@bestforme.de

Webseite: www.bestforme.de

Facebookseite: https://www.facebook.com/bestforme.de

Darm, Ernährung, Zellen und Emotionen - magische Kräfte und ZauberPower durch Gesundheit und Wohlbefinden

Kennst du das? Du fühlst dich müde, energielos und deine Laune ist nicht die Beste? Und doch möchtest du eigentlich so viel erreichen, so viel schaffen und hast eigentlich doch so viele magische Ideen, so viel Power? Du fragst dich: „Wo ist das Ganze hin?", „Wie konnte es nur dazu kommen?" und „Wann habe ich mich eigentlich das letzte Mal um MICH so richtig gekümmert?".

ES IST NOCH IMMER ALLES DA!!! In dir steckt noch immer die ganze Energie und die ganze Magie und die ganze ZauberPower!

Manchmal ist dort vielleicht eine kleine Blockade, und dein Körper braucht etwas Unterstützung. Manchmal braucht es eine bewusste Entscheidung FÜR sich selbst, eine Art „Erinnerung".

Unser Körper ist, neben unseren Emotionen und der inneren Einstellung, ein essenzieller Bestandteil in Bezug auf unsere Gesundheit und unser Wohlbefinden. Gesundheit und Wohlbefinden wiederum sind sehr wichtig für ein gesundes Business. Warum? Wenn du krank bist oder dich krank arbeitest, dich nicht wohl fühlst, oder gegen dich arbeitest, wird die Leistungsfähigkeit geringer. Ein erfolgreiches Business ist, meiner Erfahrung nach, geprägt von Leichtigkeit und Wohlbefinden. Man strahlt von innen heraus und die Energie ist positiv, man zieht Menschen an. Menschen wollen positive Energie, sie wollen Gesundheit, sie wollen Wohlbefinden, sie wollen sich umgeben mit dem, was ihnen guttut. Wie kannst du das Menschen geben, wenn du dich selbst nicht um dich kümmerst?

Ich möchte dir erklären, was du tun kannst und was dir helfen kann, dieses kleine Steinchen aus dem Weg zu räumen.

Schritt 1: Nimm die Situation an und habe Mitgefühl mit dir

Dieser Schritt ist eigentlich mit der Wichtigste. Manchmal gibt es weniger energiereiche oder positive Zeiten, manchmal gibt es Herausforderungen, und das ist okay. Sich jetzt noch mehr unter Druck zu setzen und sich noch mehr Stress zu machen, sorgt in der Regel nicht unbedingt für Verbesserungen. Nimm dir einen Moment für dich, atme tief in den Bauch hinein, schnappe dir ggf. ein hochwertiges ätherisches Öl, welches zu dir und deiner Situation passt und nehme all das erst einmal an. Habe einfach einmal Mitgefühl mir dir und nimm dich gedanklich oder auch physisch vielleicht selbst einmal in den Arm. Du kannst dir sagen: „Es ist okay, wie es gerade ist und ich nehme all das jede Minute etwas mehr an."

Schritt 2: Nimm wahr und nimm dir ein klein bisschen Zeit

Vielleicht nimmst du dir ein klein bisschen Zeit und nimmst einfach mal konzentrierter wahr, wie es dir geht. Und jetzt ACHTUNG: Ich bitte dich, nimm WERTFREI wahr. Nimm Bewertungen und negative Energie raus. Warum sollte man in Dinge, die sowieso schon belasten, noch mehr Energie in Form von Bewertungen reinstecken?

Achte insbesondere einmal auf deinen Darm – ja, genau! Warum, erfährst du gleich. Also: Wie geht es deinem Darm? Hier ein paar Impulse:

- Hast du einen regelmäßigen Stuhlgang?

- Belasten dich irgendwelche Verstopfungen, Blähungen oder auch Durchfälle?

- Hast du Unverträglichkeiten oder Allergien?

- Hattest du schon immer solche Beschwerden oder sind sie mehr geworden? Wann sind sie mehr geworden?

- Wie geht es dir, wenn du noch nicht auf der Toilette warst und nachdem du auf der Toilette warst?

- Verändert sich bei dir, solltest du eine Frau sein, etwas in Bezug auf deinen Darm, wenn du eine bestimmte Zyklusphase hast?

Das sind vielleicht gewöhnungsbedürftige Fragen, und es wird noch weiter gehen, doch sie werden dir helfen, dass du mögliche Steinchen entdeckst, die deine ZauberPower nicht so magisch glitzern lassen, wie du es dir wünscht.

Dann beobachte einmal deine Ernährung, denn auch diese liefert Hinweise. Hier ein paar Impulse:

- Nach welcher Nahrung fühlst du dich müde? Nach welcher Nahrung fühlst du dich energiereich?

- Sinkt deine Leistungsfähigkeit, wenn du zu wenig getrunken hast?

- Hast du ausreichend Mikronährstoffe drin oder ist dort noch Potenzial?

- Was in Bezug auf die Ernährung stresst dich? Was entspannt dich?

- Warum isst du? Hast du ernsthaft Hunger, ist es nur Appetit, ist es richtiger Heißhunger?

Jetzt noch ein weiterer Themenbereich, der so wichtig ist. Deine Emotionen, deine Stimmung, dein Stresslevel! Es wird immer wieder unterschätzt, doch dieser Teil macht so viel aus!

- Wie geht es dir WIRKLICH?

- Was brauchst du und was sind deine Bedürfnisse? Werden sie erfüllt?

- Wie viel Stress machst du dir eigentlich selbst?

- Welche Emotionen sorgen für Stress und Unwohlsein? Und welche Emotionen treiben dich an und sorgen für so viel wundervolle Energie?

- Wie ist deine Einstellung zu DEINER Energie, zu deiner MAGIE, zu deiner POWER? Sind dort vielleicht auch Ängste oder Steine, die du dir selbst in den Weg legst?

- Was kommt raus, wenn du aus allem Gesprochenen, Gedachten und Geschriebenen die Wörter „nicht", „nie" und „kein" rausstreichst?

- Welche Emotionen sorgen für welche Reaktionen?

Du kannst zusätzlich noch achtsam auf deinen Schlaf achten, auf deine alltäglichen Gewohnheiten, auf deine Umwelt und Umgebung. Wie gut schläfst du? Welche Gewohnheiten geben oder nehmen dir Energie? Was in deiner Umwelt, in der Umgebung sorgt für einen Zufluss oder Abfluss von Energie?

Schritt 3: Entscheide dich FÜR DICH und FÜR deine ENERGIE, deine POWER, deine MAGIE

Nun hast du die Situation angenommen, wahrgenommen und nun darfst du dich entscheiden. Du darfst dich für DICH entscheiden und für mehr Selbstfürsorge, sowie dafür, etwas zu ändern, und diesen kleinen Klumpen, der deine Energie, Power, Magie blockiert, wegzuzaubern! Das geht manchmal richtig schnell, manchmal geht es nicht so schnell. Letztendlich hast du persönlich, deine Gedanken und deine Grundeinstellung einen entscheidenden Einfluss auf die Geschwindigkeit der Veränderung! Denn so, wie es ein Placebo-Effekt gibt, gibt es einen Nocebo-Effekt, außerdem wurde die Macht der Gedanken schon mehr als genug deutlich bewiesen. Aus Gedanken werden irgendwann Taten.

Schritt 4: Kümmere dich um dein Wohlbefinden und deine Gesundheit

So, nun bekommst du ein bisschen etwas von der BestForMe-Magie! Ich beginne hier wieder einmal mit dem Darm. Warum? Im Darm sitzt nicht nur der allergrößte Teil unseres Immunsystem, sondern auch die Kommunikation findet hauptsächlich von Darm zu Gehirn statt, nicht andersherum! Der Darm hat einen entscheidenden Einfluss auf unser Energielevel, unser Wohlbefinden und auch auf unsere Gesundheit. Der Darm hat übrigens auch einen Einfluss auf unser Gewicht und auf unsere Hormone. Zu den Hormonen und dem Darm sage ich immer gerne eines: „Im Grunde genommen sind wir eine hormongesteuerte, biochemische Maschine, mit Gedanken, Emotionen und einem Darm, der mehr Einfluss auf uns hat, als wir denken!"

Was kannst du konkret tun?

Ich bin ein Fan von Ursachenforschung und konnte schon vielen Menschen helfen, indem wir einfach mal eine Stuhlanalyse gemacht haben und geguckt haben, was ist da eigentlich los? Es gibt aber auch andere tolle Dinge, die du tun kannst, um deinen Darm zu unterstützen. So kannst du ihn z. B. durch ausreichendes gesundes und gutes Wasser, gute Ballaststoffe, die richtigen Probiotika, die Vermeidung von Stress und Antibiotika sowie die Zufuhr von Mikronährstoffen unterstützen. Die Darmbakterien brauchen gutes Futter, und nicht jedes Bakterium mag alles. Akazienfasern sind z. B. die Lieblingsspeise von einem Bakterium, das Entzündungen reduzieren kann und einen positiven Effekt auf das Gewicht hat. Sie sind wasserlöslich, geschmacksneutral und lassen sich super integrieren. Auch kannst du z. B. einfach Reis, Kartoffeln, Nudeln etc. vorkochen, und die resistente Stärke, die sich dann entwickelt, nutzen, um deine Darmbewohner zu unterstützen. Du kannst auf einen ausreichend hohen Vitamin-D-Spiegel achten, denn Vitamin-D ist wichtig für den Darm. Vitamin-D hat übrigens Kofaktoren, wie z. B. Magnesium. Ohne Magnesium bringt dir das ganze Vitamin-D nichts, also hier bitte das mit ausreichend betrachten oder dir Unterstützung suchen.

Darm und Psyche hängen übrigens auch eng zusammen. Und so sind also auch deine Emotionen so unglaublich wichtig. Lerne sie zu verstehen, sie einzusetzen, denn JEDE Emotion ist wertvoll und hat eine Funktion. Aus Emotionen werden Gefühle, sobald wir sie wahrnehmen und interpretieren. Das was uns letztendlich stresst, ist nicht die Emotion, sondern WIE WIR DAMIT UMGEHEN. Ganz viel kannst du beeinflussen, ich nutze dafür z. B. sehr aktiv und viel hochwertige ätherische Öle. Sie wirken direkt im limbischen System, im Gehirn, wo die Gefühle und Emotionen den Ursprung haben. Wenn du lernst, diese Emotionen zu verstehen, und damit umzugehen und Stressreaktionen zu vermeiden bzw. sie schnell wieder umzuwandeln in Momente des positiven Lernens, dann wirst du merken, wie sehr deine Energie und deine ZauberPower auf magische Weise wieder aufgedreht wird.

Dann zur Ernährung, und jetzt mal ein paar meiner Erfahrungswerte:

1. Grundsätzlich: eine richtige Ernährungsform, die für alle gilt, gibt es nicht! Ernährung ist individuell! Finde also etwas (oder hole dir hier auch gerne Unterstützung), was ZU DIR passt, was IN DEIN LEBEN passt, und dich mit Energie, Leichtigkeit und magischer Power erfüllt!

2. Es gibt Lebensmittel, die passen zum einen, aber nicht zum anderen, Zeiten zum Essen (Frühstück – ja oder nein?), die passen zum einen, aber nicht zum anderen. Was und wann du isst, ist also individuell. Und das was dir tut gut, kann auch abhängig von deiner aktuellen Lage sein.

3. Trinken ist das A und O.

4. Die Mikronährstoffversorgung ist meist durch die normale Ernährung heutzutage nicht mehr abzudecken,

insbesondere, wenn Stress, Darm-Herausforderungen oder auch Energielosigkeit vorliegen.

5. Kalorien zu zählen, macht vielleicht für eine Minderheit Sinn, doch in dem meisten Fällen gibt es magischere Lösungen, die auch noch viel mehr Spaß machen. Woran viele viel mehr denken dürfen, ist das „WIE" bei der Verstoffwechselung und nicht das „WAS bzw. WIE VIEL" bei der Lebensmittelzufuhr.

6. Die Dosis macht das Gift, und ein absoluter Verzicht sowie Verbote sind häufig eher kontraproduktiv, besser sind Achtsamkeit und das bewusste – mit positiver Einstellung – Zulassen von Ausnahmen.

7. Die Einstellung zum Essen hat einen großen Einfluss!

Wenn es dir an Energie, Power, MAGIE gerade fehlt, dann ändere es. Wie schon gesagt ist die Entscheidung die Wichtigste, und durch die Unterstützung des Darmes kannst du ganz viel positiv verändern und verbesserst auch die Aufnahme der Mikronährstoffe. Durch die Ernährung, und zwar durch die, die zu dir passt, kannst du

- die Mikronährstoffmenge erhöhen,

- die Reaktionen im Körper durch die Verstoffwechselung beeinflussen, und somit z. B. auch Stressauswirkungen reduzieren, und die Hormonbalance im Körper beeinflussen,

- Leichtigkeit in einer der wichtigsten Dinge im Leben (Nahrungsaufnahme) bringen,

- deinem Körper die Power geben, indem der Darm und auch (oder insbesondere) letztendlich deine Körperzellen, deine MITOCHONDRIEN (Kraftwerke deines Körpers!), davon profitieren.

Gehen wir jetzt noch einmal mehr auf die Mitochondrien ein, welche wie schon gesagt, die KRAFTWERKE deines Körpers sind. Sie sind MAGISCH! Sie produzieren die Energie. Jedoch reagieren sie empfindlich auf Stress (hierzu kannst du auch Entzündungen und Umweltgifte zählen) und Negativität. Der Darm bzw. wie es deinem Darm geht, hat einen Einfluss auf die Mitochondrien. Die ausreichende Zufuhr von Mirkonährstoffen und Flüssigkeit sind zusätzlich wichtig. Die Ernährung ist ein wichtiger Baustein hierbei.

Die meisten Mitochondrien sitzen übrigens in der Leber, unterstützt du deine Leber also durch z. B. Leberwickel und Bitterstoffe sowie durch eine gute Unterstützung der Entgiftung, so kannst du auch etwas für deine Mitochondrien tun.

Mitochondrien erneuern sich immer wieder, doch mit der Zeit werden sie in der Regel schwächer und die Gesamtleistung der Mitochondrien nimmt ab, weil sich die neuen Mitochondrien an der Leistung der bestehenden Mitochondrien orientieren. Die einen Fasten regelmäßig oder nutzen beispielsweise das Intervallfasten, andere fahren besser mit der Kältetherapie, ich selbst bin ein riesengroßer Fan des mitochondrialen Zelltrainings, welches Höhentraining simuliert. Je mehr wir unsere Mitochondrien schützen, unterstützen und trainieren, desto besser wird auch die Leistung und dein Energielevel!

Und dann setzt du noch einen drauf, und du versorgst deinen Körper mit magischer, zauberhafter, positiver, wundervoller Power-Energie. Wie?

Hier eine kleine Übung zum Schluss:

1. Setzte dich bequem hin und schließe deine Augen.

2. Atme ein paar Mal tief ein und aus, am besten in den Bauch.

3. Spüre deinen Körper, nimm ihn liebevoll und wertfrei wahr.

4. Stelle dir deine Mitochondrien in deinen Zellen vor und wie ihr eine direkte und magische Verbindung habt.

5. Nun stelle dir vor, wie du ganz viel positive Energie, vielleicht auch Mikronährstoffe und alles was die Mitochondrien brauchen, um fit und leistungsstark zu sein, auf einem goldenen Tablett zu ihnen hinreichst. Du kannst ihnen jenes auch in Form von goldenen, magischen Glitzerstaub zur Verfügung stellen. Wähle das, was dich am meisten mit Positivität und guten Gefühlen erfüllt!

6. Und nun stelle dir vor, wie die Mitochondrien es dankend annehmen und feiern, und so sehr feiern, dass sie für dich unglaubliche und wunderschöne Energie produzieren, magische Energie produzieren!

7. Bedanke dich und verankere dieses Gefühl, wenn du magst, mit einem hochwertigen ätherischen Öl, welches zu dir und deiner Situation passt! Du kannst das Ganze

auch anders verankern, mit einem Ton oder einem Wort, einer Bewegung oder irgendetwas, was dich anspricht.

8. Und nun lass noch immer die Augen geschlossen und stelle dir vor, das Ganze ist steuerbar mit einem Drehschalter. Installiere ihn vor deinem inneren Auge, und immer, wenn du möchtest, darfst und kannst du nun das Ganze aufdrehen!

9. Atme noch einmal tief ein und aus und öffne deine Augen.

Schritt 5: Nutze den Drehschalter und behalte kleine Gewohnheiten, die dich mit Energie, Power und Magie erfüllen, bei.

Ich glaube die Überschrift sagt schon alles, ich wiederhole es noch einmal:

- Nutze den von dir installierten Mitochondrien-Energie-Drehschalter! Und bei Bedarf erneuere oder verstärke ihn, er ist für dich da und er ist ein magisches Instrument! Mache deine Zellen, deine Mitochondrien, deine KRAFTWERKE, glücklich!

- Je nachdem, was du letztendlich tust, es wird Gewohnheiten, Rituale oder Dinge geben, die du gelernt hast, die dir guttun! Nutze sie, notiere sie und wende sie an. Das könnte aus dem Bereich der Darmgesundheit kommen, oder du hast deine Mikronährstoff-Versorgung optimiert, deine Ernährung auf dich und deine Bedürfnisse angepasst, auch vielleicht gelernt, deine Emotionen zu verstehen und zu nutzen sowie den Stress zu reduzieren.

- Und noch einmal wichtig: habe weiterhin Mitgefühl mit dir, erlaube dir, Fehler zu machen und aus ihnen zu lernen, nimm den Druck raus und lebe die LEICHTIGKEIT.

Wenn es dir in deinem Körper, mit deinen Emotionen, gut geht und du dich wohl fühlst, du mit positiver Energie von innen heraus strahlen kannst, wird die Anziehungskraft signifikant steigen, die richtigen Menschen werden zur dir kommen. Falls du dich also noch nicht ausreichend um dich kümmerst, du noch kein „WARUM" für mehr Selbstfürsorge gefunden hast, vielleicht hilft dir dieser Impuls. Ich wünsche dir ganz viele magische Momente!

PoesieReise, um deine ZauberPower zu entfachen

Rosi Höß

Mein Name ist Rosi Höß und ich komme aus dem wunderschönen Weinviertel in Niederösterreich. Hier lebe ich gemeinsam mit meiner wunderbaren Tochter und wir rocken das Leben mit all seinen spannenden Herausforderungen. Meine Freunde bezeichnen mich als sehr kreativ, offen, freundlich, strahlend und aufgrund meiner Spontanität vielleicht sogar ein bisschen verrückt. Kreativität bestimmt all mein Tun und so wurde aus der früher zurückhaltenden Floristin eine heute selbstbewusste und strahlende Persönlichkeit! Stetig meine Komfortzone zu verlassen, um meine Ziele zu erreichen, ist mir total wichtig und bei allem, was ich angehe, bin ich mit meinem ganzen Herzen dabei! Sei es in meinem Beauty-Business verbunden mit meiner Poesie, welche ich mit meinen Songs und Gedichten zum Ausdruck bringe. >Der Freude folgen< lautet meine Devise und >einen Schritt nach dem anderen

machen< – dies hat sich bewährt, um meine kreativen Berufungen miteinander zu verbinden und auszuleben. Ich bin so glücklich, meine wertvollen Beauty-Tipps stetig weitergeben zu dürfen und gleichsam mit meinen GEDICHTEN, meinen LIEDERN Mut zu machen und zu inspirieren. JA, ich zeige mich da draußen, hab es endlich auch gewagt und noch keinen Tag davon bereut, meinen eigenen Weg zu gehen. Bei diesem magischen Buch dabei sein zu dürfen, ist ein riesiges Geschenk und ich freue mich, dir auf diesem Wege, mit meinen Worten – meiner POESIE – ein Beitrag sein zu dürfen, um dich gleichsam zum Strahlen zu bringen und zu motivieren, (wieder) an deine eigene ZAUBER-POWER zu glauben, denn du hast bereits alles in dir. Lass mich der Funke sein, der dein Feuer wieder entfacht! In diesem Sinne, tauch ein in meine bunte Welt und erstrahle!
Herzensgrüße Rosi

E-Mail-Adresse: rosi.hoesslombagine@gmx.at

Webseite: https://www.lombagine.com/de/berater/at15082

Facebookseite: www.facebook.com/rosi.hoess

POESIE-REISE, um deine ZauberPower zu entfachen

Bist du bereit, mehr Farbe in dein Leben einzuladen?

Nun nehme ich dich ein kleines Stück mit auf meine bunte Herzensreise, denn alle meine Zeilen sind voller tiefer Emotionen und jedes einzelne Gedicht ein Geschenk an dich.

Es ist noch nicht allzu lange her, als ich begonnen habe, mich mit Persönlichkeitsentwicklung zu beschäftigen. Im Laufe dieser Zeit gab es da einen magischen Schlüsselmoment, ich weiß gar nicht mehr, wodurch ausgelöst, doch von einer Sekunde auf die andere waren und sind sie in meinem Kopf - meine Gedichte und Lieder. Ich hatte auf einmal das dringende Bedürfnis, meine innersten Gedanken aufzuschreiben und sie ganz mutig nach >außen< zu teilen. Jedes geschriebene Wort gab mir neue Kraft und half mir über so manche Hürde hinweg ... kaum waren die Zeilen zu Blatt gebracht, ging es mir besser und ich fühlte, wieder einen Schritt mehr geschafft zu haben. Einfach pure Magie – es lässt sich kaum beschreiben, in jedem Fall der Beweis, dass wir alle – auch DU - unglaublich viel Potenzial in uns tragen und oftmals verlernt haben, unserer inneren Stimme zu folgen. Ja, ich glaube in meinen Gedichten spricht mein Herz zu mir, es zeigt mir den Weg und lässt mich wachsen und erblühen.

Vielleicht sind meine Worte auch für dich Wegweiser... ich habe ein paar für mich besonders Bedeutsame ausgewählt, sie sollen dich anspornen, wieder an deine >ZauberPower< zu glauben, denn du bist wundervoll und trägst bereits alles in dir, was du zum `Glücklichsein' brauchst!

Viel Freude damit!

VOM HERZEN GETRAGEN

Gib deinem Leben einen Sinn! Sagt sich so leicht –

doch wo will ich denn überhaupt hin? Mein Herz soll den Weg mir zeigen, doch hab' ich gelernt, dies zu vermeiden.

Eingeengt in meinem Gedankenkarussell geht mir der Lauf der Dinge meist viel zu schnell. Wie ein Sturm, der um mich weht, ein Gefühl, dass alles wackelt, nichts mehr steht. Herumgerüttelt wird an mir von allen Seiten – wie soll mich da mein Herz nur leiten?

Ich hab's wohl verlernt … wie schaff ich's nur? Dann zieht's mich raus in die Natur. Dort ist Stille, alles ruht, kein Stress zu spüren oder Wut. Nicht mal meine Gedanken sind zu hören – Vielleicht will mich Mutter Erde etwas lehren?

Vollkommene Ruhe atme ich ein, möchte nicht mehr ohne sie sein. Ich nehm' sie ganz tief in mich auf - und fühle – Es geht, wenn auch langsam, schließlich bergauf!

Mein Herz klopft laut, bis zum Hals schlägt's mir hoch! Komme endlich heraus aus meinem Gedankenloch! Mutigen Schrittes geht es weiter voran mit dem Wissen, dass nur ich mich aufhalten kann!

Kein Tag gleicht dem anderen und so ist es gut in dieser Welt, doch ist es wichtig, mir immer bewusst zu machen, was meinen Geist erhellt.

Mich mit Schönem zu umgeben und vor lauter Leichtigkeit und Freude abzuheben! JA, so will ich MEIN LEBEN WAGEN: unbeschwert, frei, erfüllend, glücklich, sinnvoll und dankbar vom Herzen getragen!

RUHELOS

Ruhelos, so fühl ich mich! Wo die Reise hingeht, weiß ich nicht! In mir kribbelt's ganz verrückt, Ideen sprudeln, laufend macht´s klick. So viel Energie, in der ich mich beweg´ - mal hoch, mal tief meine Leidenschaft mich trägt.

Ruhelos und doch ganz nah bei mir. Verrückt und zugleich geerdet fühl ich mich hier. Die Reise ist spannend und ich schwebe dahin. Jeder noch so winzige Schritt ist für meine Entwicklung Gewinn.

Tägliches Lernen und tiefes Vertrauen in mich - so geht's voran! Ich stell mich dem Leben und zeig', was ich kann! Gestern gefühlt noch die graue Maus, wag ich mich heute ins Abenteuer hinaus. Es ist an der Zeit, nicht mehr zurückzublicken, dies würde bloß meine Träume ersticken.

Denn die Angst beginnt im Kopf, ganz gleich wie Mut, ich pack die Gelegenheit beim Schopf, bin überzeugt: alles wird gut!

Ruhelos und doch ganz nah bei mir. Meine Ziele ich nicht mehr aus den Augen verlier'. Kommst du mit auf meine Reise? Hör hinein in dich ganz weise!

Denn die Zeit verfliegt – ist uns allen nur geschenkt. Sie lehrt uns zu leben, dies bedenk'! Mir liegt daran, der Ruhe >Zeit und Raum< zu geben – loszulassen, dankbar zu sein und mich in meinem Tempo stetig weiter zu bewegen.

Ruhelos – so fühl ich mich! Geht es dir ähnlich, so hoffe ich, meine Zielen inspirieren dich!

AUF DEM RICHTIGEN WEG Wenn nicht jetzt, wann dann? Wo fang ich am besten an?

So viele Gefühle tanzen in mir – Will's endlich wissen – jetzt und hier! Träume, Werte, Ziele auf die Liste – raus aus der `Gedanken-Abstellkiste'!

Will in die Welt und alles erfassen, mich von nichts mehr ablenken lassen! Der Weg ist geduldig und wartet auf mich, doch prüft er mich täglich, ob ich's ernst meine, oder nicht!

Fünf Schritte vor und dann wieder zwei zurück, JA – durch all das geh' ich – auf meinem Weg zum Glück! bin schlaflos vor Freude und Tatendrang – Ich fühl es tief in mir, ist die Straße auch lang.

Jeden Tag öffne ich mein Herz ganz weit, will alles wissen, begreifen und geb' mir die Zeit! Ich tanze vor Freude und lache und singe, freu mich über jeden kleinen Erfolg, auch wenn ich öfters mit mir ringe.

Perfekt sein war gestern, ich bin gut, wie ich bin – Konzentrier' mich aufs Wesentliche – so macht meine Entwicklungsreise Sinn. Zuversichtlich schau ich der Zukunft entgegen und weiß genau – Dies ist der richtige Weg und ich liebe mein Leben!

LICHT UND SCHATTEN

Licht und Schatten durchfluten mich. Bringen mich täglich näher an mein Ich.

Der Weg hält so manch Hürde bereit, ich stelle mich ihr, mache mein Herz ganz weit. Aufwachen, erkennen, bejahen – jeden Tag aufs Neue! Das ist es – Spaß zu haben, zu lachen, zu feiern, ja zu genießen ohne Reue.

Licht und Schatten durchfluten mich. Bringen mich täglich näher an mein Ich.

Es klingt wohl so einfach, doch falsch gedacht – Um diesen Weg zu erkennen, geh ich oft durch manch schlaflose Nacht. Auf mein

Herz will ich hören, welch schlauer Satz. Mich nicht mehr davor wehren, ich geb' nun der Liebe verdienten Platz.

Licht und Schatten durchfluten mich, bringen mich täglich näher an mein Ich.

Hell und Dunkel, beides darf sein. Ich entwickle mich weiter, das gehört dazu auf dem Weg in mein Innerstes hinein. Mal lachen, mal weinen, doch geht es mit Freude voran, so sieht er aus, mein neuer Lebensplan.

Licht und Schatten durchfluten mich. Bringen mich täglich näher an mein Ich.

MOMENTAUFNAHME

Fang ihn ein! Scheint er für dich auch noch so klein. Mit dem richtigen Blick — beinah wie aufgehellt, Erstrahlt dieser winzige Moment ganz schnell auch deine Welt.

Mach sie auf deine Augen, durchfluten möge dich das Licht, weite deinen Blick auf das Schöne und verschließ dich nicht.

Es ist alles da und entfacht sich als schier wunderbar. Fühl es, spür es … halte inne. Komm an im Zauber und folge der Magie deiner Sinne!

Ja … genauso darfst du dein Leben leben … folge der Magie deiner Sinne, spür tief in dich hinein, was dir gut tut und was nicht. Ehrlich zu dir selbst sein, dich fragen, ob dein Leben mehr Farbe verträgt, oder ob du bereits auf dem für dich richtigen Pfad bist. Auch ich stelle mir diese Fragen immer wieder, habe meine Ziele fest vor Augen und so entstand >Make-up-Poesie< - sie verbindet all mein Tun zu einem Ganzen. >>MAKE-UP<< bezieht sich ja nicht bloß auf das Thema Schminken, obwohl dies natürlich eine meiner großen Leidenschaften ist, sondern, es erklärt ebenso alles, wenn es darum geht, mehr Zauber in dein wundervolles Leben zu bringen. Bei deutschen Übersetzungen dieses Begriffs gibt es wahrlich eine solche Vielzahl an Beschreibungen – daher umschließt kein anderes Wort mein kreatives Wirken mehr für mich. >>POESIE<< erklärt sich quasi von selbst.

Zum einen, weil jedes `Erstrahlen' wahre Poesie ist und zum anderen schreibe ich GEDICHTE, LIEDER und singe seit ich denken kann. Also POESIE ist die MAGIE meiner Arbeit, sie ist die zauberhafte Verbindung in all meinem Wirken – meine ZauberPower! Es ist eine Reise, ein Wachsen an sich selbst. Fühl dich in deine wahre Größe hinein, tief in dir sind alle Fragen auf deine Antworten und du kannst mir glauben, da bin ich auch noch längst nicht durch, jeder Tag birgt neue Überraschungen, Herausforderungen und Chancen, drum lerne, dich zu sehen und dich mit dir - deinem Herzen - zu verbinden, um deiner wahren Schönheit wieder Ausdruck zu schenken.

Oft höre ich, `ja was soll sich denn schon verändern, wenn ich mich schminke oder Schmuck trage?' Richtig, wenn du dich nicht auf dich selbst besinnst, dich spürst und dich selbst liebst, dir das `schön sein' nicht erlaubst, wird dir auch das perfekteste Make-Up und der teuerste Schmuck kein Strahlen herbeizaubern – bzw. nur oberflächlich als Fassade dienen. Wenn du dich allerdings bewusst dazu entschließt, für dich zu gehen, dann kann schon die kleine Entscheidung, einen neuen Lippenstift zu tragen oder dir die Ohrstecker endlich selbst zu schenken, mit welchen du schon so lange liebäugelst, deine ganze Welt verändern ... das versprech ich dir!

DU BIST WUNDERSCHÖN

Wie oft schaust du dich gern im Spiegel an? Wie oft stehst du als Frau deinen Mann? Wie oft fühlst du dich wirklich schön? Nicht nur mal beim `abends fein Essen gehen'!

Woran liegt's, dass du dich versteckst? Dir immer wieder neue Ausreden ausdenkst? Dir nichts gönnst, denn du bist dir nichts wert – Doch innerlich fühlst du längst, da rennt was verkehrt!

Für alle Menschen hast du ein offenes Ohr, doch an dich denkst du kaum, so kommt's einem vor. Wie wär's, wenn du das jetzt endlich drehst und du dein Leben in seiner ganzen Magie verstehst?

Verschließ dich nicht mehr vor der Welt – Gestalte deine Zeit, so wie sie dir gefällt! Erlaube dir, glücklich und frei zu sein, dann stellt sich von selbst - zauberhafte Schönheit - ein.

Lerne dich zu lieben, wenn du's noch zu wenig tust – Vertrau dir selbst, es gibt nichts, was du musst! Du bist der wichtigste Mensch in deinem Leben – Sei dir gut und vergiss nicht, zu vergeben.

Alles hier ist ein Wunder und du bist eines davon – Glaub daran, stell dich auf den Thron! Sei mutig, dankbar, erstrahle – nicht bloß zum Schein – All das macht dich wunderschön und du wirst magisch anziehend sein.

Also, du lieber Mensch, ich leg dir hiermit meine Worte ans Herz und freu mich riesig, wenn diese dir ein Beitrag sind. Du wirst merken, sobald du beginnst, dir selbst besondere Aufmerksamkeit zu schenken, spürst du auch die Magie im

Außen. Erlaube dir, schön zu sein, sei es dir wert, denn es gibt dich nur einmal, daher schau bewusst in den Spiegel und wähle, wie sehr dieser Mensch strahlen darf. Zum Schluss noch ein Gedicht, welches dich zum einen an die einzigartige Farbpracht der Natur erinnern soll – und zum anderen, wie wichtig es ist, zur Ruhe zu kommen, all diese wunderbaren Geschenke um uns zu bejahen, sie zu sehen, zu spüren und daraus immer wieder neue Lebensenergie zu tanken. Es ist alles da, wir dürfen unsere Augen öffnen und diese großartige Magie, welche uns täglich umgibt, dankbar annehmen. Genieß jeden Moment und vergiss nicht zu STRAHLEN!

ABENDRÖTE

Abendröte voller Zaubermagie. Magisch, wunderschön oder beängstigend wie nie? Voller Pracht und roter Kraft, sie wunderbare Ruhe in mir entfacht.

Abendröte nach des Tages Verlauf, sie strahlt unglaublich intensiv – spürst du das auch? Zur Ruhe kommen, den Tag ausklingen lassen – Ein Bild so schön, ich kann's kaum fassen.

Ist nicht Mutter Erde der Kunst größte Königin? Sie allein ist all der Zauber, nur sie allein kriegt sowas hin. Bin dankbar, erfüllt und doch brodelt es in mir – Vielleicht ist's auch nur die Ruhe vor dem Sturme hier.

Abendröte über meiner Welt –

Kann es kaum erwarten, bis die Morgenröte wieder alles erhellt.

MIT ZAUBERPOWER AUF DEM WEG ZU DEINER GOLDENEN LEBENSMISSION

Kerstin Conzelmann

Kerstin ist, seit sie 19 Jahre alt ist, auf ihrem Seelenweg. Damals erwirkte ein tiefer Schock, dass sie aufwachte, erwachte, und wieder begann, sich an ihre alte Identität zu erinnern inkl. ihren geistigen Fähigkeiten. Sie probierte viele Methoden, Techniken und Wege aus, nur um am Ende festzustellen, dass sie das alles nicht brauchte (weil sie schon alles wusste). Heute ist sie als Expertin für den Seelenweg bekannt, begleitet ihre liebsten Klienten dorthin zurück, wo sie sich an ihre übernatürlichen Fähigkeiten erinnern, an ihre Größe und daran, warum alle Menschen zu ihnen kommen und Schlange stehen, um mit ihnen zu arbeiten. Kerstin arbeitet v. a. mit dem morphischen Feld, dem Maya Kalender, Human Design, der Astrologie und Seelenkommunikation, um alle zauberhaften Schätze ihrer großen (atlantischen) Seelen, die sie begleitet, zu Tage zu fördern und damit ihr Business zu stabilisieren und nach vorne zu katapultieren.

E-Mail-Adresse: kerstinconzel@aol.com

Webseite: https://www.lavenderhealth.de

Facebookseite:
https://www.facebook.com/kerstin.conzelmann.77/

Auf dem Weg zu deiner Goldenen Lebensmission

Ich werde total oft gefragt, was das eigentlich ist, eine „Lebensmission". Und deshalb möchte ich gleich zu Anfang die magische Einladung an dich aussprechen, dass du da einfach dein ganz eigenes Wort dafür einsetzt, das was mit dir am meisten in Resonanz geht.

Du könntest z. B. „Seelenmission", „Seelenweg", „Lebenssinn", „Potenzial", „Soul Journey" dazu sagen. Oder den „Zweck der Existenz". Oder ein ganz eigenes Wort dafür kreieren. Ich mag „Lebensmission" am meisten. Oder du kannst auch einfach „Schokolade" dazu sagen. Höhö. Da merk ich gerade, dass sogar das mein Favorit ist. „Wie du deine Schokolade findest". Genial. „Na, im Schrank natürlich bei den anderen Süßigkeiten! Wo sonst?" Auch wenn das jetzt bisschen lustig ist, aber mit der Lebensmission ist es tatsächlich ganz ähnlich.

Sie ist nicht so schwer zu finden! Eigentlich beFINDEt sie sich direkt vor unserer Nase. Oder sogar noch näher. Jahre lang hab ich das nicht so ganz verstanden und hab ewig „nach ihr gesucht". Und wie so oft im Leben ist es einfach auch mit ihr, der Schokolade, so dass sie ganz leicht zu finden ist und wir das deshalb manchmal gar nicht glauben können. Die meisten Menschen sind so gestrickt, dass sie das Offensichtlichste am wenigsten sehen können oder möchten. (ich war auch so) Okay, aber nun komm ich mal zum eigentlichen Thema.

Deine Lebensmission. Warum bist du hierhergekommen? Ich meine: auf diesen Planeten?

Was bringst du an Schätzen mit, tief verborgen in deinem Unterbewusstsein, was dich hier und jetzt magisch leicht manifestieren lässt?

Womit du Wunder vollbringen kannst?

Und last but not least: womit du deine Lieblingskunden begeisterst, ihnen Durchbrüche bescherst und womit du sie magnetisch in dein Leben ziehst. Ich meine, da draußen gibt es Millionen Menschen, die nur darauf warten, dass ihr Problem gelöst werden kann. Und stell dir vor, du hast ganz genau DIESE Fähigkeiten, ihnen mit deiner ganz besonderen Gabe zu helfen. Eine Gabe, die nur du hast.

Weswegen sie alle bei dir Schlange stehen würden!!! Wenn doch nur...

Diese Menschen davon wüssten. Dich sehen könnten. Wenn du doch nur selbst das sehen und realisieren könntest. Meistens sind wir für uns selbst (und sehr oft für die grandiosen, hilfreichen und einzigartigen Seiten am meisten) ja ziemlich blind.

Was aber, wenn du dich so krass daran erinnern würdest, wer du bist in Wahrheit und wie du wirkst in Wahrheit und wie sehr du mit dem was du bist, hier gebraucht wirst, dass du das gar nicht mehr vergessen könntest?

Die Verbindung zu dem Zeitpunkt in deinem Bewusstsein so freilegen würdest (wie eine verschüttete Goldader), wo du das alles wusstest und frei gelebt hast? Dann könntest du das doch gar nicht mehr vergessen, richtig?

Dann wärst du einfach genau diese Person, dieses wunderbare, kosmische, goldene Zauberwesen, das du bist. Oder? Bist du neugierig geworden?

Dann beginne ich hier nochmal mit einer Frage: was würde es dir und deinem Business kreieren, wenn du ganz genau wüsstest, warum du hier bist, was der „Zweck deiner Existenz" ist, womit du anderen dienst und weshalb sie dich aufsuchen, um Rat und Unterstützung zu bekommen?

Und der Grund, warum ich heute über dieses magische Thema sprechen kann, möchte ich dir in einer kleinen Geschichte erzählen. Ich bin in Costa Rica. Es ist 2015 und ich liege etwas erschöpft in einem Hotelzimmer in Cartago in der Nähe der Hauptstadt und denke an den gestrigen Abend bzw. die Nacht zurück, die ziemlich ereignisreich war. In einer schamanischen Ayahuasca-Zeremonie bin ich dahin zurückgereist, wo die bewusste Erinnerungsaufzeichnung beginnt: zur 4 Jahre alten Kerstin.

Und die hat sich schon damals gefragt, was das hier eigentlich alles soll. Warum die Menschen so betrübt sind. Warum sie nicht einfach tanzen und springen und singen und lachen den ganzen Tag. Warum sie sich das Leben so schwer machen. Und was ihre Rolle in diesem gesamten System hier wohl ist.

Sie konnte sich mit dem Unterbewusstsein und Energiesystem der Menschen um sich herum ganz magisch verbinden (die kleine Kerstin), ihre Gedanken und Gefühle, ihre Energie lesen und sogar die Energien innerhalb ihrer Familie so lenken, dass sie wieder harmonisch wurden und gut flossen.

Sie wusste genau, dass ihre Aufgabe darin bestand, den Menschen wieder die Augen zu öffnen, damit sie die Schönheit der Welt und ihres eigenen Lebens erblicken konnten. Damit sie morgens aus dem Bett hüpften wie kleine Äffchen, sich auf den Tag freuten und singen und sprangen und tanzten, so wie es ja eigentlich normal sein müsste.

Vielleicht erinnerst du dich ja auch noch an deine Kindheit und ganz ähnliche Erinnerungen oder Erlebnisse? Ich liege also in diesem Hotelbett und schmunzle sehr, als ich an letzte Nacht denke.

Weil ich 4 Stunden am Stück nur gelacht habe. Nur gelacht. Keine Luft mehr bekommen vor Lachen sogar! Mein Bauch tat am nächsten Morgen richtig weh - so hatte ich meine Muskeln beansprucht! In dieser Geschichte bin ich 29 Jahre alt. Gedanklich geh ich ein paar Jahre zurück: dahin als ich 19 bin und von zuhause ausziehe, um in Stuttgart studieren zu gehen.

Damals habe ich nämlich den Schock meines Lebens erlebt und wusste nicht, wie mir geschieht. Ich war Tag und Nacht wach, um herauszufinden, was mir da passiert ist. Als 19-jährige zog ich (freiwillig) aus, um die „große weite Welt" zu erkunden (ich bin vom Land in die „Großstadt" Stuttgart gezogen hihi) ... Und vielleicht denkst du dir jetzt: okay, was ist da jetzt so schockierend dran?

Nun ... für mich war es außerordentlich krass (als sensibler Krebs), 100 km von zuhause weg zu sein, meinen Haushalt allein zu führen (die Wäsche türmte sich oft und es gab meistens was aus der Dose abends - leckerlecker), ohne meine geliebte Family zu sein, zu studieren und das Studium auch noch halbwegs gut zu meistern. Alles auf einmal war zu viel für mein System, es brach zusammen und irgendein Portal öffnete sich dadurch, wodurch ich plötzlich Wesenheiten (nicht Geister!) wahrnehmen konnte und auch wieder die Energien der anderen Menschen.

Ich war vollkommen überfordert. Und gleichzeitig begann in diesem Moment die schönste Reise meines Lebens: die Reise zurück zu mir selbst. Zurück zum Ursprung. Zurück zu dem, was ich schon immer war. Ein unendliches Wesen mit unendlichen Fähigkeiten. Also seit ich 19 bin, gehe ich wieder den Weg meiner Seele und er war teilweise verdammt anstrengend und mühselig, aber es hat sich allemal krass gelohnt, denn ich hab gaaanz viele Schätze und Zauberstäbe wieder ausgegraben und zaubere jetzt so, wie es sich für eine moderne Hexe gehört, durch die Gegend.

So hab ich mir z. B. meine 4-monatige Europa-Reise manifestiert, meinen Seelenmann angezogen (wir kennen uns auch schon viele Leben) und ein Business kreiert, das mir und meinen Vorlieben ganz und gar entspricht („soll ja auch ne Weile halten" würd der Schwab' jetzt sagen).

Und was hat das jetzt alles mit deiner Lebensmission zu tun? Fragst du dich bestimmt.

Nichts.

Gar nichts. Hihi.

Denn DU hast deine ganz eigene, individuelle, magisch-goldene Glitzermission auf dieser wunderschönen Erde. Und damit du auch wieder morgens wie das Äffchen aus dem Bett hüpfst, weil du unfassbar liebst was du tust und dich das Ganze auch finanziell trägt und frei macht, hab ich hier 5 SCHRITTE für dich, wie du deine Lebensmission findest und lebst (ich bin schon sehr gespannt, was du dazu sagst):

1. Du VERBINDEST dich mit deinem Hohen Selbst. Täglich. Wie du das machst? Einfach machen! Du könntest z. B. sagen „Ich verbinde mich mit meinem Hohen Selbst!" und dann spüren, wie dein Hohes Selbst in Form eines Energiestroms antwortet.

2. Du FRAGST nach dem, was du haben willst. Z. B. „Hohes Selbst (auch hier gilt wieder: setze dein eigenes Wort ein, das mit dir in Resonanz geht, es bringt nichts, wenn du dich da immer daran störst. Du könntest z. B. auch „Schokolade" sagen hihi), zeigst du mir bitte meinen Seelenweg?" oder „Hohes Selbst, bringst du mich zu meinem Seelenpartner?"

3. Du HÖRST auf die Impulse, die du erhältst in Form von Ideen („Ich könnte doch mal wieder die Tabea anrufen"), Synchronizität (auf einmal ruft dich deine Freundin an und erzählt dir „hey, die suchen da gerade Co-Autoren für das Buch XY, ich dachte an dich, wär das nicht was?) und noch BEVOR dein Verstand einsetzt und losquatscht („Ähm, wieso bitte solltest du jetzt Tabea anrufen? Die hat sich seit Monaten nicht bei dir gemeldet!" oder „Was ich, bei einem Buch mitschreiben? Das geht nicht. Das kann ich nicht. Keine Zeit."), machst du Folgendes:

4. Du SETZT den Impuls um oder du schreibst ihn dir auf und setzt ihn später um. Du rufst Tabea an und du schreibst bei diesem Buch mit (Punkt!) (und das hier ist wahrscheinlich der Punkt, an dem die meisten scheitern! Was uns meistens vom Handeln abhält, sind unsere jahrelang gepflegten Glaubenssätze, tief abgespeichert in unserem System, aber auch dafür gibt es eine Lösung).

5. Du SCHAUST, was passiert als Konsequenz deiner Handlung und genießt das Ergebnis. Unbändige Freude? Ein unerwarteter Auftrag? Ein überraschender Blumenstrauß von deinem Schatz? Auf der Straße schauen dich alle Leute an? Plötzlich kommen so krass viele Buchungen rein? Wohoooo! Da belohnt dich das Universum mal wieder fett für deinen Mut! Und eigentlich gibt's noch nen

6. Schritt, der eigentlich ganz logisch ist, deshalb führe ich ihn hier nicht als extra Punkt auf: WIEDERHOLE das ganze so oft und so viel du Lust hast. Yeah! Und das Coole ist ja schon, dass, wenn du das ein paar Mal machst, wird's immer leichter und die Impulse werden immer lauter. Und je mehr du angebunden bist (an den kosmischen Strom deiner Seelenmission), desto mehr Anbindung kannst du wahrnehmen. Ein magischer ENGELSkreis sozusagen hihi.

So hast du die kosmische Weisheit auf deiner Seite, folgst immer mehr deinem Seelenplan und wirst gleichzeitig immer reicher, glücklicher, erfolgreicher, strahlender, magnetischer für alles, was du manifestieren willst.

So be it!

Es war mir eine Ehre. Herzlichst, deine Kerstin

DEINE ZAUBERPOWER, DIE DEIN TRAUMFAMILIENLEBEN MAGISCH ANZIEHT

Helga Maria Rein

Ich bin davon überzeugt, dass wir alle hier sind, um glücklich zu SEIN und gemeinsam in Liebe zu wachsen. Nach 18 Jahren Erzieherin ... bin ich jetzt Coach für Glücksvorbilder-Eltern und Expertin für achtsame Begleitung von Kindern. Meine Herzensvision ist es, Eltern, wie dich, zu inspirieren und zu begleiten, ihr wahres Selbst wieder zu entdecken, wie du auf die Welt gekommen bist vor jeglicher Prägung (negative Glaubenssätze...), damit du von innen heraus strahlst und deine Kinder als Glücksvorbild achtsam und bedürfnisorientiert ins Leben begleitest. Damit ihr glücklich und erfüllt euer Traumleben lebt! In Herzensverbundenheit, deine Helga

E-Mail-Adresse: helga@helga-mueller.com
Webseite: helga-mueller.com
Facebookseite:
https://facebook.com/groups/gluecklicheelterngluecklichekinder

Deine ZauberPower, die dein Traumfamilienleben magisch anzieht

Klapperndes Geschirr, Kinderschreie und dreckige Wäsche, dazwischen noch arbeiten, die Kinder von der Kita/Schule abholen und kochen... Zwischendurch noch ein wütendes Kind, da es nicht das rote Kleid anziehen darf und du selbst am Rande des Wahnsinns. Ein ganz normaler Familienalltag, wie er in vielen Familien vorkommt. Denkst du das auch? Ist das wirklich „normal" und wie lange soll das noch so gehen bei dir und in unserer Gesellschaft? Was wäre, wenn es möglich ist, dass du dir ein, dein neues „normal" erschaffst?

So wie Pippi Langstrumpf, kannst auch du dir dein Familienleben machen, wie es dir gefällt. Wie sehe das aus, wenn es nach deinen Wünschen ablaufen würde? Halte einmal kurz inne, leg´ gerne das Buch zur Seite. Was wäre dann anders und woran würde ich es merken, dass du dein Traumfamilienleben führst? Wäre dein Familienleben geprägt von Harmonie, Ruhe und Lebensfreude? Vielleicht würdest du dich tiefenentspannt, glücklich und erfüllt fühlen.

Hier hast du Platz groß zu träumen. Wie möchtest du es haben, dich fühlen und wo sein? Gerne darfst du dir das so blumig wie möglich aufschreiben. Komme von dem Standpunkt „Wenn alles möglich wäre". Welche Stolpersteine darfst du noch mit deiner wieder entdeckten ZauberPower aus dem Weg räumen, um dorthin zu gelangen? Anfangs machen sich vielleicht Zweifel, Schwere und Trägheit breit. Es hat den Anschein, dass es für dich nicht zu schaffen sei.

Die Stimmen in deinem Kopf werden immer lauter, deine anfängliche Euphorie weicht Lustlosigkeit und Stillstand. Wäre da nicht ein Lichtblitz in deinem Kopf, der dir sagt: „Wo ein Wille ist, ist auch ein Weg. Jetzt nicht aufgeben, das ist keine Option!" Also rappelst du dich wieder auf und fasst neuen Mut mit der Gewissheit „Glaube versetzt Berge", das heißt für dich, du kannst alles erreichen, was du dir vorstellen kannst und woran du ganz fest glaubst.

Du gehst fest entschlossen, alles zu tun für dein Traumfamilienleben, los. Zuerst hängst du dir deine Powersätze sichtbar in der Wohnung auf, die dich erinnern dran zu bleiben und dein Ziel zu erreichen. Vielleicht schreibst du dir Sätze wie „Ich lebe mein glückliches, erfülltes Traumleben.", „Meine Familie ist gesund und lebt in Fülle.", „Ich bin stets dankbar, glücklich und erfüllt." oder „Ich weiß, ich kann das!" Jetzt machst du dich an die alten negativen Glaubenssätze von deiner frühkindlichen Prägung. Du hast verstanden, dass, solange du unbewusst unterwegs bist, sich nichts ändert und du weiterhin dein Leben auf den Denkmustern eines Kindes aufbaust.

Alles, was du in den ersten sieben Lebensjahren von deinen Eltern und deinem Umfeld an negativen Glaubenssätzen, wie „Ich bin nicht gut genug." oder „Das Leben ist kein Ponyhof.", ungefiltert als deine Wahrheit übernommen hast, bestimmt heute dein Leben. Möchtest du weiter dein Leben auf dieser Basis aufbauen oder lieber bewusst aus deinem erwachsenen Ich heraus entscheiden, wie du es haben willst? Du hast immer die Wahl, Opfer oder Schöpfer deines Lebens zu sein.

Ich bin mir sicher, dass in unserer westlichen Welt kein Mensch wirklich Opfer seiner Umstände oder eines anderen Menschen ist. Diese Illusion besteht nur im Kopf. Dein Leben passiert dir nicht wirklich, auch wenn du so aufgewachsen bist und dir dieser „Glaube" anerzogen wurde. Was, wenn alles, was du bisher geglaubt hast, gar nicht wahr ist? Ich lade dich zu einem Experiment ein.

Wenn du Lust hast, lese das restliche Kapitel vom Standpunkt „null" aus. Tu so, als ob dein bisheriges Leben, all deine Gedanken, Erfahrungen und deine Kommunikation nur eine Geschichte und gar nicht wahr seien. „Meine Kinder sollten mehr für die Schule lernen." … nein, das ist nicht wahr! „Meine Kinder dürfen ihren Interessen und Bedürfnissen frei nachgehen, denn dabei bilden sie sich von innen heraus selbst."

Du denkst jetzt vielleicht mit deinem alten Bewusstsein: „Das geht nicht gut, dann würden sie nur noch fernsehen und zocken." Mag sein oder auch nicht, jedenfalls wenn sie von Anfang an diesen Weg gegangen sind, sind sie selbstbestimmt in der Lage, Entscheidungen zu treffen, gesteuert durch ihre Neugier, Lernfreude und intrinsische Motivation. Mit bewussten Eltern, die ihr wahres Selbst wieder entdeckt haben, ihnen einen Raum der Liebe halten, Sicherheit, Orientierung und Halt geben, geht nichts schief. Kurzer Exkurs in die freie Bildung, das Freilernen.

Als wahres Selbst bezeichnen wir dein freies Selbst mit all deinem Potenzial, deinen Fähigkeiten und Talenten, wie du auf die Welt gekommen bist vor jeglicher negativer Prägung. Durch deine bedingungslose Liebe zu deinen Eltern hast du dich, wie viele vor dir, von deinem wahren Selbst entfremdet.

Du hast dich angepasst, Glaubenssätze und Muster deiner Eltern als deine eigenen übernommen, um dazuzugehören und vermeintlich „richtig" zu sein in einer Welt voller Beurteilungen und Bewertungen. Dein Bedürfnis war es, gesehen und geliebt zu werden und dafür hast du all das getan und vielleicht noch mehr. Dies nur zum tieferen Verständnis, wie du dir vielleicht noch heute deine Realität und dein Leben erschaffst aufgrund dieser übernommenen Wahrheit. Jeder Mensch hat vor dem Hintergrund seiner Erfahrungen des bisherigen Lebens seine individuelle eigene Wahrheit.

Deshalb kommt es auch in manchen Beziehungen zu Konflikten, da die Wahrheiten nicht ganz kompatibel sind und jeder im Ego voll auf seine „einzig wahre" Wahrheit pocht. Bist du veränderungsbereit und möchtest wieder mehr du selbst sein und die alten Kamellen von deinen Eltern loslassen? Dann ist es jetzt an der Zeit, dich der Gedankenhygiene, dem Gamechangertool zu widmen. Das tust du am besten offen und unvoreingenommen.

Mach dich gerne bereit, mutig Neues auszuprobieren und deine sichere, gemütliche Komfortzone zu verlassen. Denn in deiner Komfortzone ist kein Wachstum möglich, weil dein Verstand nur auf bereits Bekanntes zurückgreifen kann. Dafür wird er immer Bestätigung finden. Dein Gehirn sucht stets für all seine Annahmen und Hypothesen Bestätigung und es findet sie auch ausnahmslos immer.

Denn Energie folgt der Aufmerksamkeit und wenn du deinen Fokus auf Mangel richtest „Das Geld reicht eh nie", dann findet dein Gehirn stets die Beweise dafür, es sucht so lange, bis es so ist. Du sendest Mangelgedanken aus, erzeugst dadurch Mangelgefühle und Sorgen, was bekommst du also? Klar, noch mehr Mangel.

Was, wenn du das mal umdrehst, denn du hast die Wahl und wenn es in diese Richtung funktioniert, dann sicher auch in die andere. Du beginnst Klarheit zu schaffen in deinem Leben. Hierzu nimmst du dir deinen Aufschrieb von anfangs über dein Traumfamilienleben zur Hand. Wie denkst und fühlst du wohl, wenn du all das bereits lebst, was da steht? Gerne darfst du das dazu schreiben.

Vielleicht hast du Gedanken, wie „Wow, was war das für ein erfüllter Tag mit meiner Familie in unserem Traumhaus. Ich bin so unendlich dankbar für mein Traumleben." Dabei fühlst du die Dankbarkeit, tiefe Freude und Erfüllung. Schreibe gerne mehr auf und fühle dich hinein in dein Traumfamilienleben. Wer darfst du also jetzt schon sein, um dieses Ziel zu erreichen. Du gehst los, beginnst dich dankbar und glücklich so zu bewegen, zu denken, zu fühlen, zu sprechen und zu handeln wie dein zukünftiges Ich. Mutig gehst du shoppen, kleidest dich neu ein, um aus der inneren und äußeren Fülle heraus, all das in dein Leben zu ziehen, was du dir wünschst.

Doch was machst du jetzt, wenn doch wieder Zweifel und runterziehende Gedanken aufkommen? Du hast von einer Frau gehört, deren wundervolle Methode einmal um die Welt ging und Menschen auf dem ganzen Globus glücklicher und bewusster gemacht hat.

Byron Katie's „The Work" ist nur deshalb so erfolgreich, da es in vier ganz einfache Schritte gegliedert ist, die sich jeder aneignen und merken kann (ist alles öffentlich online zu finden. Frei - nicht wörtlich zitiert aus dem Buch: „Lieben was ist" von Byron Katie mit Stephen Mitchell):

1. Ist das wahr?

2. Kann ich mit hundertprozentiger Gewissheit sagen, dass das wirklich wahr ist?

3. Wer bin ich mit diesem Gedanken, was macht er mit mir? Wie fühle ich mich?

4. Wer bin ich ohne diesen Gedanken? Angenommen diesen Gedanken hat es nie gegeben? Wie fühle ich mich? Nach diesen vier Fragen folgt die Umkehrung des Gedankens.

Du schaust dir folgendes Beispiel dazu an und auch wenn das echt schräg klingt, du bist vollkommen offen und lässt dich einfach darauf ein. Wähle gerne selbst einen deiner negativen Glaubenssätze und mache schriftlich mit.

Negativer Glaubenssatz „Ich bin nicht gut genug.":

1. Ist das wahr? – Du: „Ja"

2. Siehe oben! – Du: „Nein"

3. Siehe oben! – Du: Ich fühle mich klein, minderwertig, nicht in der Lage, Herausforderungen zu meistern, ohnmächtig voranzukommen, handlungsunfähig, abhängig von anderen. Versager, Verlierer...

4. Siehe oben! – Du: „Ich fühle mich frei, großartig, wundervoll, voller Lebensfreude und Tatendrang, selbstbewusst, selbstwirksam, erfolgreich zu allem fähig. Ich bin mir meiner

wahren Größe und dass ich alles erreichen kann, woran ich glaube, bewusst. Gewinner, erfolgreicher Unternehmer…

Umkehrung: „Ich bin genug!", „Ich bin unendlich kraftvoll.", „Ich bin energiegeladen und zu allem fähig." Die Umkehrung ist für dich superwichtig geworden, denn du hast begriffen, dass darin die wahre Kraft liegt. Glücklich sprichst du immer wieder begeistert deine „Power-Sätze" laut aus und fühlst sie dabei. Ein wohliges, unbeschreiblich geniales Gefühl erfüllt dabei deinen Körper, welches du nicht mehr missen möchtest. Du hast es fast geschafft und schaust glücklich erregt auf deine Erfolge zurück. Zeit, kurz innezuhalten und zu feiern. Deine Lieblingsmusik tönt durch deine Wohnräume, du tanzt singend ausgiebig und feierst dich und dein Leben.

Jetzt kommt deine Familie wieder mit ins Spiel. Wie transportierst du jetzt all das erworbene Herzenswissen in deinen Alltag und lebst es mit deinen Liebsten? Beginne auf gar keinen Fall deine/n Partner/in zu belehren oder „zwinge" sie zum Lesen dieses Buches!

Setze es einfach für dich selbst um und lebe es, alles Weitere geschieht von selbst durch deine ZauberPower-Ausstrahlung. Du siehst bald in deinem Umfeld, wie der Funke von dir überspringt und vielleicht wirst du sogar gefragt, was du gemacht hast, weil du so anders seist. Wie machst du das jetzt genau in deiner Familie, um dir nach und nach deine Träume ins Leben zu ziehen?

Du hast nicht nur mit dem Verstand begriffen, sondern auch mit deinem Herzen gefühlt, wie „The Work" funktioniert und praktizierst es bewusst täglich. Darüber hinaus hast du begonnen, stets deine Wahrheit auszusprechen, deine Gefühle und Bedürfnisse zu äußern, anstatt ewig um den heißen Brei zu reden oder in Vorwürfen zu kommunizieren. Du fragst auch deine Liebsten, was sie brauchen, welches Bedürfnis sie haben und gehst liebevoll darauf ein.

Wenn dein Kind beispielsweise morgens bereits weinend und schreien überfordert mit der ganzen Situation ist, zeigst du Verständnis und fragst: „Was brauchst du jetzt, damit wir in Ruhe losgehen können?" oder du machst ihm ein Angebot: „Soll ich dich nochmal fest in den Arm nehmen, können wir dann losgehen?".

Du hast im Herzen vollkommen begriffen, dass alle Liebe und Verständnis brauchen und gibst dies in erster Linie dir selbst, damit du es auch dankbar und glücklich teilen und weitergeben kannst. Denn du weißt jetzt genau, dass du alles bereits in dir trägst und es weder Liebe noch Anerkennung und Wertschätzung im Außen zu suchen gilt. In deinem Bewusstsein hat es sich fest verankert, dass alle Rennerei im Außen und „Fishing for compliments" zwecklos ist und ins Leere verläuft.

Wahre Erfüllung findest du nur in dir selbst. Frieden beginnt in jedem von uns, nicht im Außen. Dankbarkeit ist für dich, neben Selbstliebe/Selbstfürsorge zum Schlüssel deines glücklichen und erfüllten Lebens geworden.

Einer deiner Hauptwerte, die du an deine Kinder weitergibst und als festen Bestandteil in deiner Familie praktizierst. Wenn deine Kinder noch kein eigenes Dankbarkeitstagebuch schreiben, tauscht ihr euch abends vor dem Schlafengehen darüber aus und fühlt die Dankbarkeit tief in eurem Inneren. Du hast begonnen, in der Frage zu leben und offen zu sein für all die unzähligen

Möglichkeiten da draußen. Eine deiner tiefsten Erkenntnisse ist es, dass die Begrenzungen nur in deinem Kopf existieren. Menschen, die, wie du früher auch, für alles die Antwort schon parat haben und aus dem Ego heraus immer recht haben wollen, stehen ihrem Glück damit nur selbst im Wege.

Daher fragst du dich täglich: „Will ich recht haben oder will ich glücklich sein?" Wenn du doch unbewusst ins Ego rutscht, anderen deine Meinung überstülpst, ihnen gar sagst wie das Leben funktioniert, holst du dich ganz schnell aus der Bewertung raus zurück in die Liebe und Wertfreiheit. Vielleicht bedankst und entschuldigst du dich anfangs für das Aushalten des Ego-Ausrutschers.

Bewusst sprichst du auch mit deinem Ego, bedankst dich für seine Treue und Unterstützung, sagst ihm, dass es hier gerade nicht zuständig sei und gehst noch, bevor du etwas aus dem Ego heraus ausgesprochen hast, in die Liebe und bleibst dort. Du hast erkannt, dass alles ein Spiegel deiner Selbst ist.

Wie im Innen, so im Außen. Deshalb löst du deine Schattenthemen auch auf, indem du sie dir anschaust, ihnen bewusst kurz Raum gibst und sie dann in Liebe durch dich hindurch fließen lässt. Gefühle, englisch „emotions" = in Bewegung. Alles ist Energie und möchte fließen. Deshalb weißt du, dass sich unterdrückte Gefühle als Blockaden, Schmerz oder gar Krankheiten im Körper festsetzen können. Du betreibst bei Bedarf „Schattenarbeit" und fühlst alles kurz durch, lässt es fließen. Dir ist durch C.G. Jung bekannt, dass es normal ist, Unliebsames in den Schatten zu schieben (Unterbewusstsein), um gut zu überleben. Weiter weißt du, dass dein System nach

Ganzheit strebt und deshalb Unbewusstes/Unterdrücktes ins Außen projiziert, um damit in Kontakt zu treten.

Deshalb ist dir bewusst, dass alles was dich im Außen triggert/aufregt, auch in dir ist und gelebt und gefühlt werden möchte. Häufig haben Erwachsene unterdrückte Wut, da dies in der Kindheit nicht gern gesehen war, denn Wut war etwas Schlechtes, Böses. Deine wütenden Kinder oder dein wütender Nachbar regt dich tierisch auf?

Dann ist es deine Wut, die du nach Hause holen, anschauen, lieben und fühlen darfst. Du kannst Leid deiner ganzen Ahnenreihe heilen, wenn du dir selbst vergibst, deinem inneren Kind, dass du einst warst, die Liebe, Aufmerksamkeit und Anerkennung schenkst, die dir als Kind gefehlt hat. Nimm dein kleines Ich, dass weiter in dir lebt, ganz liebevoll auf den Schoß und umreiche es („umarmen" ist für Arme). Jetzt kreierst du dir aus all den Inhalten dieses Kapitels deine ZauberPower-Morgenroutine. Damit du dein Leben nachhaltig veränderst und dein Traumfamilienleben erreichst, darfst du neue Gewohnheiten schaffen.

Wie sieht es aus mit ausreichend Ruhepausen? In deine Morgenroutine packst du alles rein, was dir Spaß macht, um dein erfülltes Leben zu erreichen. Du packst dir mit folgenden drei Komponenten deinen neuen Gewohnheitskoffer voll mit deinen Lieblingselementen zur Transformation deines Lebens in Leichtigkeit und Freude:

1. Bewegung: Yoga, joggen, Gymnastik, Aerobic, Zumba...

2. Visualisierung deines Traumlebens: laut vorlesen, vor dem inneren Auge sehen und fühlen

3. Ausrichtung für den Tag: Wie willst du es haben, dich fühlen? Tagesziel, drei kleine Dinge, die du heute tun möchtest, um kontinuierlich deinem Ziel näherzukommen. Du weißt, dass deine Energie, dich bereits wie hinter der Ziellinie zu fühlen, extrem wichtig ist. Doch ohne deine Entschlossenheit und deine bewussten Entscheidungen und Handlungen bleibt dein Ziel auf ewig ein Traum. Alles im Leben beginnt mit einer bewussten Entscheidung!

Hol dir deine Power zurück, setz dich ans Steuer deines Lebens und übernimm die volle Verantwortung für dich, dein Leben, deine Gedanken, deine Gefühle, deine Worte und deine Taten.

Möge die ZauberPower mit dir sein! Erfolgreiche Menschen entscheiden schnell, tun es einfach, ohne über Folgen nachzudenken. Denke stets an Thomas Edison, der 10.000 Versuche brauchte, bis er die Glühbirne funktionsfähig erfand.

Thomas Alva Edison: „Es gab keine Fehlversuche und keine Fehlschläge. Ich habe tausende von Weisen gefunden, wie man Glühfaden und Gas nicht miteinander kombinieren kann." Mit anderen Worten: Jeder scheinbare Fehlschlag ist eine Lernlektion und ein Schritt auf dem Weg.

DEIN MAGISCHES SEIN IST DEINE GRÖSSTE ZAUBERPOWER

Simone Ferner

Schreiben ist meine Passion! Schon vor meiner eigentlichen Schulkarriere lernte ich lesen und habe quasi jeden Buchstaben eingesogen! Ich bin Simone Ferner, 46 Jahre jung und Mutter einer nunmehr auch lesenden und schreibenden Tochter. Als ich endlich schreiben konnte, gab es kein Halten mehr. Auch heute schreibe ich fast alles und über fast jedes Ereignis etwas auf. Zettelchen, Notizbücher, eigens gestaltete Interessenbücher und und und ... händisch oder Computer? Ich liebe beides, die Kombination macht es perfekt. Dazu kommt noch handlettering, scrapbooking ach ja ... btw ausgebildete Buchhändlerin bin ich auch. Eh klar! Und nun mündet meine Faszination Buch, Schrift, Buchstabe und Geschichten in die Faszination selber Bücher schreiben. Ich liebe es!

E-Mail-Adresse: simoneferner@gmail.com
Webseite: www.gluecksfrau.net
Facebookseite: https://www.facebook.com/groups/simoneferner

Dein magisches Sein ist deine größte ZauberPower

Ich erinnere mich gerade, als wenn es gestern gewesen wäre. Lange hatte ich nicht mehr dieses wundervolle Gefühl. Dieses Gefühl der warmen, voraussehnenden, kribbelnden Vorfreude. Und heute durfte ich es wieder erfahren! Im ganzen Körper! Wie damals als Kind. Die Vorfreude an Weihnachten. Wenn wir Kinder im Esszimmer warten mussten, bis das Christkind angeflogen kam ins Wohnzimmer. Wo unsere Eltern am Heiligen Abend alles in klammheimlicher Geheimniskrämerei für uns vorbereiteten. Und wir nichtsahnend eine Serie anschauen durften, bis endlich das Glöckchen klingelte, welches helltönend die Ankunft des Christkinds verkündete. Wie verrückt, dieses Gefühl, bevor die Doppeltür sich öffnete und wir jedes Jahr auf den wunderschönsten Tannenbaum des Dorfes, des Jahres, der Welt blicken durften. Zumindest aus Sicht von uns Kindern! Die Kerzen erleuchteten den Raum und gaben dem Baum etwas Zauberhaftes, etwas Magisches, etwas, was irgendwie nicht von dieser Erde zu sein schien. Erst beim zweiten Blick warf ich dann mein Augenmerk auf den irgendwie jedes Jahr noch größeren Geschenkeberg und jubelte innerlich. Unzählige Päckchen lagen dort, schön drapiert, mit Namen versehen. In wundervolles Glanzpapier eingepackt. Dieser Moment, dieser wundervolle, auf den ich das ganze Jahr schon entgegen fieberte, war es, der mich jedes Mal einen Freudentanz aufführen ließ, eine Aufregung, die mich am ganzen Körper kribbeln ließ und eine Vorfreude, welche absolut von Magie durchdrungen war. Und genau dieses Gefühl, sozusagen mein Lieblingsgefühl, welches ich sonst in ähnlicher Empfindung vor Urlaubsreisen, Geburtstagsfesten und außergewöhnlichen Anlässen verspüren durfte, konnte ich heute mit meinem ganzen Sein erneut erleben. Dieses Gefühl, welche von Lebendigsein und Magie für mich kaum zu übertreffen ist.

Wie war das möglich? Ein Gefühl, welches mir doch fast schon abhandengekommen war. Ein Gefühl, welches ich der Kindheit zuordnete und welches in meine Erwachsenenwelt irgendwie nicht zu passen schien oder die Erlebnisse schienen nicht zum Gefühl zu passen. Wie auch immer! Noch immer schwebe ich selig in diesem Glücksrausch und traue mich kaum, die Augen aufzumachen, könnte es doch einfach wieder abhauen. Und dennoch spüre ich, wie sich diese Empfindung, dieses Sein in meinem ganzen Körper, um nicht zu sagen auf zellulärer Ebene eingespeichert hat.

Nun, was war geschehen?

Seit geraumer Zeit widme ich mich dem Feldlesen und arbeite damit. Feldlesen ist eine spezielle Art, Informationen aus dem Feld „abzuholen". Mittels einer Intention bzw. einer Frage des Klienten lese ich entsprechende Antworten aus dem morphischen Feld ab. Dem Kunde, der Kundin können so sehr gute Entscheidungshilfen an die Hand gegeben werden. Oder eine bestimmte Form der Sicherheit oder es wird wieder Zugang zu anscheinend längst verschütteten Gefühlen geschaffen und noch vieles vieles mehr. Ich liebe diese Arbeit von ganzem Herzen!! Sie ist so positiv gerichtet und die Rückmeldungen meiner Kunden sind phänomenal und sie schweben danach immer in so einem herrlichen Zustand, der dem Träumen ganz nahe ist oder sogar viel mehr als das. Oftmals ist es ein Gefühl des Erfülltseins, das Gefühl der Sicherheit, des Vertrauens. Ich behaupte mit Recht, dass Feldlesen Magie ist. Eine ZauberPower, die mich beben lässt und das Vertrauen in mein Leben so sehr bestärkt und mir jetzt und heute dieses wundervolle Gefühl der kribbelnden Vorfreude zurückgebracht hat! Wie kam ich jetzt dazu? Denn eigentlich lese ich für meine Kunden aus dem Feld, je nach dem, was gerade ansteht, welche Frage er hat, in welcher Situation er sich befindet. Doch heute war ich dran! Heute wollte ich ins Gefühl des Urvertrauens eintauchen und so bat ich meine Leserin (eine ganz ganz wundervolle und liebe Kollegin von mir) mich dieses Gefühl in jeder Zelle meines Seins spüren zu lassen. Wie fühlt es sich an, dieses Urvertrauen? Gibt es überhaupt ein Gefühl dazu? Und wenn ja, kenne ich es von irgendwoher? Dies waren die Fragen, die ich stellte. Und mit diesen ging meine Kollegin ins Feld. Zuerst betritt man in einer Art Ritual das Feld, bevor man für die andere Person mit dessen Fragen oder Anliegen ins Feld geht, um sich dort die Antworten zu holen. Diese wiederum zeigen sich in Form von Worten, Gefühlen, Bildern, Symbolen oder Empfindungen oder aus einem Mix von alldem. Manchmal muten sie etwas kryptisch an, doch mit ein bisschen Übung oder manchmal einfach auch nur mit ein bisschen Geduld wird das Ergebnis sichtbarer. In meinem Fall heute bat meine Leserin das Feld, für mich ins Gefühl des Urvertrauens zu gehen. Kurz danach erschienen schon Bilder, welche ich eindeutig für mich assoziieren konnte, zum Beispiel trat mein Krafttier dort auf. Vielleicht ist es noch spannend zu wissen, dass man als Leserin oft wenig bis überhaupt nichts aus dem Leben des Kunden weiß. Schon jetzt spürte ich Vertrauen. Ein warmes Gefühl, welches sich im ganzen Körper breitmachte und mir ein Lächeln ins Gesicht zauberte. Im weiteren Verlauf der Lesung wurde mein Körper ganz leicht und wohlige Schauer liefen mir über den Rücken, meine Hände kribbelten und ich fühlte mich ganz leicht. Als es nun daran ging, dass das Feld mir das Gefühl „Urvertrauen" zeigen sollte, war ich fast atemlos. Eines der schönsten, bezauberndsten Empfindungen, welche ich je gekannt hatte, machte sich in meinem ganzen Körper breit. Leichtigkeit, Gedankenlosigkeit, pures So-Sein, ein Wissen, dass immer alles gut ist und mit dieser riesigen Portion „Vorfreude" auf das, was noch in mein Leben kommen darf! Es war diesem Weihnachtsgefühl so nahe und ich trage es seit der Lesung in mir und bin noch immer ganz beseelt davon. Eine innere Ruhe, Schwerelosigkeit, glückseliges Lächeln, ein Wärmegefühl in der Herzgegend und dieses Vertrauen! Eine Zuversicht, wie ich es lange nicht mehr gespürt habe. Das absolute Wissen, dass alles für mich ist und dass alles genau so richtig ist, wie es ist. Plötzlich ist aller Druck wie weggeblasen, ich schwelge einfach nur in der Einfachheit des Seins. Und dieses Gefühl, diese Empfindung habe ich mir in der Lesung in jede Zelle einspeichern lassen und nun bin ich damit.

Was hat dies nun mit der weihnachtlichen Vorfreude zu tun? Nun, zum einen ist dies für mich ein Ausdruck eines wundervollen Gefühls, welches ich eher selten, also an Weihnachten und ein paar handvollen Erlebnissen übers Jahr verteilt, erleben durfte. Diese Magie, dieser wundervolle Augenblick, wenn du weißt, gleich gehen die Türen auf und vor dir steht der bezauberndste Baum, garniert mit Geschenken, geliefert vom Christkind. Welch unglaublich unschuldiges Gefühl des Glaubens und Wissens gleichzeitig. Und das ist für mich die Verbindung zum Urvertrauen. Ein unerschütterlicher Glaube, dass eine Höhere Macht (in diesem Fall das Christkindl) Magie für uns zaubert, gepaart mit dem Wissen, dass diese Magie Wirklichkeit wird.

Ich habe noch immer Gänsehaut und auch jetzt beim Schreiben wird mir wieder bewusst, wie „Magie" funktioniert. Und: Heute durfte ich auch erkennen, wieviel schöner diese Magie, dieser Glaube, dieses Wissen ist, hundertmal schöner als das ausgepackte Geschenk. Für mich war die Vorfreude der Hauptteil von Weihnachten. Jetzt darf ich das wieder in mir spüren und die Gewissheit haben, dass ich mir alles ins Leben holen kann, was ich möchte. Wenn ich mir nur gewiss bin und daran glaube. Dieses Gefühl des Urvertrauens, welches wieder Zauberkräfte in mir geweckt hat möchte ich auch so so gerne weitergeben!

Und hier an dieser Stelle möchte ich dir auch sagen, dass das auch für dich möglich ist! Das Feld gibt dir alles, was du dir wünschst, denn das Universum ist immer für uns!

Wir alle haben Zugang zu diesem höheren Wissen. Nur manchmal ist der Zugang verschüttet. Die Leitung nach oben ist in allen von uns vorhanden. Nur muss, beziehungsweise darf, wenn du das möchtest, diese einfach wieder freigebuddelt werden. Sobald du wieder offen bist und dein Kanal sozusagen freigeschaltet ist, sind deine Möglichkeiten damit fast unendlich. Möchten wir nicht alle Schöpfer unseres Lebens, unserer Wirklichkeit sein? Wer möchte nicht endlich für seine kühnsten Träume gehen, so dass das Herz wieder hüpft und das Glück in jeder Zelle deines wundervollen Körpers vibriert.

Das wünscht sich das Universum für alle von uns und ich wünsche es mir ganz besonders für dich!

Sei wild, frei, folge deinem Herzen und genieße das Leben!

ERWECKE DEINE ZAUBERPOWER UND GENIEßE EIN ERFÜLLTES LEBEN IM EINKLANG MIT DIR SELBST

Sabine Lara'Ana Netotea

Hallo, ich bin Sabine, glücklich verheiratet, Mama einer bezaubernden 5-jährigen Tochter und nun nochmals werdende Mama. ET 24.12.21 Lara'Ana ist mein Ursprungsname und bedeutet „Die das Heillicht überbringt". Dieser war auch mehr oder weniger der Startschuss in mein aktuelles Bewusstsein und energetisches Wirken. Es hat mich Stück für Stück dem näher gebracht, zu erkennen, wer und was wir in Wirklichkeit sind und dies möchte ich gerne auch mit euch hier teilen. Ebenso liebe ich es, künstlerisch tätig zu sein.

E-Mail-Adresse: sabine.netotea@web.de

Webseite: https://energetische-wirbelsaeulenaufrichtung.jimdosite.com/

Facebookseite: https://www.facebook.com/sabineanna.netotea.9

Erwecke Deine ZauberPower und genieße ein erfülltes Leben im Einklang mit dir selbst.

Viele von uns glauben ja, wir sind „nur" Menschen, die eine spirituelle Erfahrung machen wollen.

Dem ist allerdings nicht so.

Wir sind mehr als das, mehr als „nur" Mensch.

Mehr als „nur" Körper. Soviel mehr. Ewige, unendliche, magische, multidimensionale Wesen sind wir, die gewählt haben, eine menschliche Erfahrung in unserer ersten Schöpfung, unserem Körper, hier auf Erden zu machen.

Nun haben wir dies allerdings größtenteils vergessen, da wir sonst diese irdischen Erfahrungen nicht machen könnten.

Jedoch ist es nun an der Zeit, sich wieder daran zu erinnern. Wer wir wirklich sind.

Uns daran zu erinnern, welch großartiges Potenzial, Kraft und Macht in uns steckt.

Sich dessen bewusst zu werden und das Leben hier auf Erden in unserer schönsten und höchsten Frequenz und Fülle zu genießen. Wir sind Energie.

Alles um uns herum ist Energie. Ursprünglich feinstoffliche und hier auf Erden verfestigte oder auch materialisierte Energie. Wir alle sind miteinander verbunden.

Es kommt auf unseren Bewusstseinszustand an, in welcher Frequenz, welcher Energie wir schwingen.

Wenn wir z. B. auf gleicher Schwingung sind mit dem, was wir gerne in unserem Leben haben möchten, dann kann dies auf dieser Ebene viel einfacher zu uns kommen, als wenn wir tiefer als das schwingen.

Also uns dessen nicht bewusst sind und dementsprechend unbewusst handeln. Als wir hierher kamen, wurden wir geprägt, jeder einzelne auf eine gewisse Art und Weise.

Durch unser Umfeld, in das wir hineingeboren sind, haben wir viele Ansichten und „Wahrheiten" übernommen. Was „richtig" und was „falsch" ist. Wir haben uns so von unserem wahren Wesenskern entfernt und uns oft, viel zu oft an andere angepasst, um Erwartungen zu erfüllen, um geliebt zu werden.

Liebe ist unser Ursprung, wir alle sind Liebe und da wir dies vergessen haben, streben wir danach. Wir streben nach dieser Liebe und Anerkennung im Außen, bis uns bewusst wird, dass wir selbst diese Liebe sind.

Wir streben danach, anderen zu gefallen, es anderen recht zu machen, verbiegen uns, um den gesellschaftlichen Vorgaben „gerecht" zu werden, uns anzupassen. Kennt ihr das?

Den Weg des geringsten Widerstandes zu gehen und sich dabei selbst zu verleugnen, obwohl es sich nicht richtig anfühlt, trotzdem zu tun, um nicht anzuecken oder Aufsehen zu erregen?

Nicht aus dem Rahmen zu fallen?

Sich anzupassen?

Sich nicht frei entfalten zu können und für sich einzustehen. Ohne Angst, dafür verurteilt, nicht mehr geliebt und geachtet zu werden?

Seine eigene Wahrheit zu erkennen, zu sprechen und auch zu leben ist für viele nicht einfach. All dies macht sich mit der Zeit bemerkbar, seelisch sowie auch körperlich.

Durch unseren Körper können wir uns nicht nur erfahren und erleben, er ist auch Ausdruck unserer Seele.

Wenn wir uns selbst nicht viel wert sind, viel im Außen sind und immer für andere tun und machen, uns dabei selbst vernachlässigen und vergessen.

Dann spricht unser Körper mit uns in Form von gewissen Signalen, er warnt uns, dass etwas nicht stimmt. Etwas aus dem Gleichgewicht geraten ist. Er sendet uns Zeichen in Form von Symptomen, erst kleine, dann größere, dann werden es Schmerzen bis hin zu Krankheiten.

Wenn wir nicht frühzeitig darauf achten, bringt uns unser Körper buchstäblich zum Erliegen, um hinzuschauen. Um sich Zeit für sich zu nehmen, um zu erkennen und zu verändern.

Dem kann man auch ganz gut vorbeugen, indem man sich dessen bewusst wird. (Hier fällt aber ganz schön oft das Wort „bewusst", fällt mir gerade auf, aber genau das ist es ja auch, worum es hierbei hauptsächlich geht, Bewusstsein.) Deswegen möchte ich euch an dieser Stelle ein Beitrag sein und ganz herzlich dazu einladen, euch wieder mit eurer ZauberPower zu verbinden, die in jedem von uns schlummert.

Gerne teile ich hier meine Tipps mit euch, die ich sonst ausschließlich meinen Kunden nach der geistig-energetischen Wirbelsäulen-Aufrichtung zukommen lasse, damit sie auch nach der Ursachen- und Blockaden-Lösung im Gleichgewicht bleiben.

Denn nur die Symptome zu behandeln, ist nie die Lösung.

Here we Go:

Tipp Nr. 1: Nimm dir täglich Zeit für dich und lebe möglichst im gegenwärtigen Augenblick.

Tipp Nr. 2: Beobachte täglich ca. 10 Minuten deine Gedanken, ohne diese zu bewerten. Nimm sie wahr und lass sie wieder los. So wird dir bewusst, wie du über dich und andere sowie das Leben denkst. Bist du dir dessen bewusst, kannst du die Wahl treffen, dies zu verändern, sofern dir das nicht hilfreich/dienlich ist.

Tipp Nr. 3: Bewusstes Atmen kann wahre Wunder bewirken. Atme tief durch die Nase z. B. heilende Energie, Kraft, Gesundheit, Liebe usw. ein. 5 Sekunden halten und danach durch den Mund z. B. Schmerz, Krankheit, Stress usw. ausatmen. Mindestens 7x wiederholen und möglichst 3x täglich ganz bewusst.

Tipp Nr. 4: Finde heraus, was dir von Herzen Freude bereitet, woran du so richtig Spaß hast und nimm dir täglich die Zeit dafür, dies auch zu tun.

Tipp Nr. 5: Fühle dich mehrmals täglich in deinen optimalen geheilten Zustand ein. Wie geht es dir dabei? Wo bist du? Was tust du? Wer ist bei dir? Stell dir dies so intensiv vor, als wäre es bereits Realität.

Tipp Nr. 6: Bewege dich so oft es geht in der Natur, an der frischen Luft, verbinde dich mit Mutter Erde. (Auch gut mit den anderen Tipps kombinierbar und so noch wirkungsvoller) Nun wünsche ich euch ganz viel Spaß beim Ausprobieren und Umsetzen.

Zum guten Schluss möchte ich euch gerne noch eins meiner schönsten Beispiele teilen, wo mein Wirken mit der geistig-energetischen Wirbelsäulen-Aufrichtung wahre Wunder bewirkt hat: Mein Mann. Jahrelange, monatliche Panikattacken und Angstzustände, verbunden mit Zwängen, von den Ärzten nicht erklärbar oder behandelbar, konnten nach mehreren Aufrichtungen gänzlich gelöst und sogar seine Blutdruck-Tabletten abgesetzt werden.

Und allein dafür bin ich schon so unendlich dankbar, das Wirken mit dieser wundervollen Energie für mich und für andere entdeckt zu haben. Alles Liebe.

Sabine Lara'Ana

Energetische Heilerin und Künstlerin

ÖFFNE DEIN HERZ, LIEBE ZUERST DICH SELBST UND GIB DEINER ZAUBERPOWER NOCH ETWAS UNIVERSUMSGLITZER HINZU

Diana Hochgräfe

Diana Hochgräfe ist seit über 16 Jahren im Fitness- und Gesundheitsbereich - unter anderem als Personal Trainerin und Ernährungsberaterin sowie als Heilpraktikerin tätig und widmet sich insbesondere dem Zusammenspiel von Körper, Geist und Seele. Das Schreiben wurde Diana schon mit in die Wiege gelegt. Bereits mit 10 Jahren verfasste sie Gedichte und Kurzgeschichten, war Mitglied in einem Literaturzirkel und gewann kleinere literarische Preisausschreiben. Später ließ sie dieses Talent aufgrund äußerer Umstände ruhen. Nachdem sie im Jahre 2016 ihre kreative Ader wiederentdeckte, erschien ihr erstes Buch "Entdecke dich selbst und finde dein Glück" im September 2017 im Ellert & Richter Verlag, ihr zweites „Aus der Dunkelheit ins Licht – Mein Weg aus den Depressionen" sowie drittes „Ein kleiner Herzensbrecher namens Nepomuk – Aus dem Leben eines Hundes" veröffentlichte sie 2018 bei tredition. Des Weiteren ist sie mehrfache Co-Autorin. Als Mentorin begleitet Diana insbesondere tiefsinnige und feinfühlige Herzensmenschen, die sich innerlich leer fühlen und auf der Suche nach sich selbst sind. Sie unterstützt sie dabei, ihre Einzigartigkeit zu erkennen, ihr volles Potenzial zu entfalten und ihren ureigenen Seelenweg zu gehen. Was Diana auszeichnet, sind ihre Empathie und Tiefgründigkeit sowie ihre ausgeprägte Intuition.

E-Mail-Adresse: diana@fitcomplete.de

Webseite: https://www.diana-hochgraefe.com

https://www.fitcomplete.de

Facebookseite: https://www.facebook.com/diana.hochgrafe.9

ÖFFNE DEIN HERZ, LIEBE ZUERST DICH SELBST UND GIB NOCH ETWAS UNIVERSUMSGLITZER ODER FEENSTAUB HINZU!

Hast du schon einmal von glitzernden Zuckerwattewolken geträumt, bist auf Einhörnern geritten oder mit bezaubernden Elfen durchs Gras getanzt? Als Kind hast du dies oder ähnliche Dinge vermutlich getan, bis du von deinen Eltern wachgerüttelt beziehungsweise zurechtgewiesen wurdest.

Was, wenn diese Welt tatsächlich existiert und du sie nur nicht mehr wahrnehmen kannst? Was, wenn du dich wieder mit ihr verbindest und plötzlich Magie geschieht? Was, wenn du dein Herz wieder voll und ganz öffnest und sich dadurch dein gesamtes Leben verändert?

Auch ich lebte in solch einer Fantasiewelt und erlebte als Kind vielerlei Wunder, bis ich irgendwann als Träumerin verspottet wurde und mich innerlich immer mehr zurückzog.

Wie oft tragen wir einen Rucksack voller Glaubenssätze und Verhaltensmuster mit uns herum, die uns darin hindern, wirklich glücklich zu sein und unser volles Potenzial zu entfalten? Sicherlich kennst du das Bild von dem Eisberg, bei dem circa 95 Prozent unter der Wasseroberfläche liegen, die wir nicht sehen – gleichzusetzen mit unserem Unterbewusstsein. In neuesten Studien spricht man sogar von nur zwei Prozent, die wir bewusst erleben.

Was für Möglichkeiten hätten wir, wenn wir unser Unterbewusstsein mit einem Fingerschnips einfach neu programmieren könnten? Auf Freude, Fülle und Leichtigkeit – pure Glückseligkeit. Schließlich entspricht dies unserem ureigenen Bewusstseinszustand ... Es liegt allein an uns, uns diese Kraft und Macht – unsere ureigene ZauberPower – zurückzuholen!

Mit großer Wahrscheinlichkeit hast du bereits davon gehört, dass unsere Gedanken unsere Realität kreieren. Was kannst du also tun, um dein Leben nach deinen Wünschen zu gestalten?

Das Glück und die Magie beginnen stets in dir und alles hängt mit deiner Selbstliebe zusammen. Vielleicht sagst du dir jetzt: „Ich liebe mich doch selbst und habe bereits so viel für mein Mindset getan." Das dachte ich jahrelang auch, jedoch änderte sich im Außen scheinbar wenig. Bis ich begriff, was Selbstliebe wirklich bedeutet – nämlich mich und meine Bedürfnisse an die erste Stelle zu setzen und zwar stets und ständig! Dies ist nicht egoistisch, wie uns meist beigebracht wurde, sondern schlichtweg notwendig, um in unserer Mitte und bei uns selbst zu bleiben.

Wie oft bist du für andere da, wenn sie dich brauchen? Wie oft vernachlässigst du dafür deine eigenen Belange? Wie oft verbiegst du dich, um akzeptiert oder wertgeschätzt zu werden? Oder aus Angst, etwas oder jemanden zu verlieren? Ich kenne all diese Thematiken nur zu gut und habe einige Jahrzehnte gebraucht, um dies zu erkennen und aufzulösen.

Einen Großteil meines Lebens war ich eine Kämpferin – ich kämpfte stets um Liebe, Anerkennung, Freunde, Partner, Geld etc. Es dauerte eine halbe Ewigkeit, bis ich endlich bei mir selbst angekommen und wirklich meinen ureigenen Weg gegangen bin. Mich selbst zu lieben war dabei meine größte Herausforderung, weil ich mich ständig mit anderen verglich und mich nicht hübsch genug, schlank genug, gut genug und so weiter hielt. Selbstverständlich aufgrund von Erfahrungen und Erlebnissen in meiner Kindheit...

Dennoch folgte ich, was meinen beruflichen Werdegang anbelangt, stets meinem Herzen – trotz aller Herausforderungen. So ging ich direkt nach dem Abitur in eine völlig fremde Stadt, zog vom Osten in den Westen, um eine Berufsausbildung zur Fremdsprachensekretärin zu beginnen. Anschließend bewarb ich mich unter anderem in Luxemburg, weil ich die Sprachen auch praktisch anwenden wollte und kündigte wiederum meinen sicheren Job als Management Assistentin, als ich den Sport für mich entdeckte und feststellte, dass mich ein 40-Stunden-Job im Büro auf Dauer nicht glücklich macht. Abgesehen davon, dass mich zu dieser Zeit schwere depressive Phasen immer wieder in ein dunkles Loch zogen und ich keine wirkliche Freude verspüren konnte. Dies ist jedoch eine andere Geschichte und daraus entstand später ein komplettes Buch.

2005 traf ich eine Entscheidung aus tiefster Seele, wobei Spiritualität für mich zum damaligen Zeitpunkt noch ein Fremdwort war. Schließlich bin ich atheistisch aufgewachsen und hatte mit solchen Dingen absolut nichts am Hut. Nur einige Wochen vor meiner Abschlussprüfung zur Fitnessmanagerin, die ich unbedingt bestehen wollte, sprach ich innerlich die Intention aus: „Ich will wieder gesund werden!" und setzte von einem Tag auf den anderen aus eigener Verantwortung meine Antidepressiva ab.

Erst heute, rückblickend, weiß ich, was diese klare und feste Absicht alles in Bewegung setzte. Durch glückliche Umstände

(Zufälle gibt es keine, denn es fällt einem zu, was fällig ist...) durfte ich kurz nach meinem Abschluss als Trainerin auf der MS Deutschland arbeiten – für einen Zeitraum von 3,5 Wochen. Diese Auszeit und kleine Reise in eine andere Welt bewirkte tatsächlich Wunder. Ich erhielt während dieser Zeit so viel Wertschätzung und Aufmerksamkeit – einfach durch mein Sein und Wirken. Die Teilnehmer meiner Kurse (= Passagiere) waren derart dankbar und gleichzeitig schloss ich neue Freundschaften mit anderen Künstlern, wie Tänzerinnen, Sängern sowie mit der Frau des Schiffsarztes. Zudem lernte ich wundervolle Orte und zahlreiche Länder kennen, die ich sonst wohl nicht so schnell bereist hätte und verliebte mich erneut in Frankreich. Nach langer Zeit fühlte ich mich endlich wieder wohl in meiner Haut und spürte, wie gut mir das Meer und die Abwechslung taten. Ich genoss mit all meinen Sinnen und konnte wieder herzhaft lachen. Ja, ich hatte zuvor tatsächlich die Verbindung zu mir selbst verloren, weil ich teilweise nur funktionierte, eine Maske trug und nicht ich selbst war.

Durch meine Ausbildung zur Fitnessmanagerin kam ich zum allerersten Mal mit Yoga in Berührung, nachdem ich sonst eher am Powern war, was den Sport betrifft – Spinning, Langhanteltraining, Thaibo, Step-Aerobic etc. Nun ging es plötzlich ums Atmen, um Bewusstsein, Energiezentren und spirituelle Themen. Von da an wiesen mir mein Körper und meine Seele den weiteren Weg. Immer dann, wenn ich von dem abwich, was offenbar für mich bestimmt war oder mich von Dingen, die nicht zu mir und meinem neuen Selbst passten, nicht freiwillig trennen wollte (wie beispielsweise ein Teilzeit-Job, diverse Kurse oder bestimmte Menschen), verschwanden sie auf andere Weise aus meinem Leben.

Wie heißt es so schön in einem Sprichwort? „Wer nicht hören will, muss fühlen!" Diesen Spruch bekam ich häufig als Kind zu hören und auch zu spüren ... An sich wissen wir meist, wo es für uns hingehen soll, trauen uns jedoch oft nicht aus unserer Komfortzone heraus. Dort ist es ja so schön gemütlich ... Oder uns blockieren die besagten Glaubenssätze, die wir seit unserer Kindheit mit uns herumschleppen. Und manchmal sendet uns unser Körper dann Signale, die wir zunächst überhören ...

Ein Buch schreiben und veröffentlichen? „Davon gibt es doch schon so viele. Was willst du denn noch alles machen?! Konzentriere dich mal auf eines! Da gibt es doch andere, die das sicherlich viel besser können als du! ..." Kennst du solche Sätze?

Unser Umfeld kann uns echt unsere Träume zerstören, wenn wir nicht so tief bei uns selbst sind, dass uns solche Aussagen nicht mehr triggern beziehungsweise beeinflussen. Was, wenn alles möglich ist? Was, wenn du alles erreichen kannst, was du dir nur vorstellst?

Meine Wohnung zieren so einige Zitate, unter anderem: „If you can dream it, you can do it!" Ja, wenn du nur fest genug daran glaubst und absolut überzeugt von etwas bist, wenn es dein innigster Wunsch ist, wird es dir auch gelingen. Dann wird das Universum alles erdenklich Mögliche und Unmögliche in die Wege leiten, sofern du wirklich dafür bereit bist! Erinnerst du dich an meine Entscheidung, wieder gesund werden zu wollen? Und ich wurde es, obwohl mir von vielen gesagt wurde, dass es nicht möglich ist. Einfach deshalb, weil ich es mir aus tiefstem Herzen wünschte.

Und so bin ich heute ein Vorbild für andere und zeige ihnen, wie sie ihre Träume verwirklichen können, wie sie mehr Fröhlichkeit und Leichtigkeit in ihr Leben bringen, wie sie ihren Herzensweg gehen. Ich, die früher null Selbstwertgefühl hatte und absolut nicht wusste beziehungsweise verstand, was es heißt, sich selbst zu lieben.

Letztlich bedeutet es, dich so anzunehmen wie du bist und dich von allem (und jedem) zu trennen, was nicht deinem wahren Selbst entspricht. Es ist so immens wichtig, dich mit Leuten zu umgeben, die an dich und deine Träume glauben, die dich unterstützen und inspirieren – und nicht mit jenen, die dich vielleicht kritisieren, belächeln oder an dir zweifeln. Denn dies wirkt sich wiederum negativ auf dich und dein Energiefeld aus. Letztlich ziehen wir das an, was wir ausstrahlen und sollten deswegen dafür sorgen, unsere Schwingung hoch zu halten.

Das durfte ich wiederum selbst erleben, als ich 2016 tatsächlich wieder mit dem Schreiben begann, nachdem ich es seit meiner Jugend vernachlässigt hatte. Auch damals verglich ich mich mit anderen und meinte, ich wäre nicht gut genug, obwohl ich bereits im Alter von 11 Jahren einen regionalen Schreibwettbewerb gewonnen hatte und eine Woche mit anderen Jugendlichen in einem Literaturcamp verbrachte.

Diesmal war es ein sehr deutlicher Ruf meiner Seele – verbunden mit extremen Rückenschmerzen, als ich am Ostseestrand mit meinem vierbeinigen Seelengefährten (der übrigens einen Großteil zu meiner Heilung beitrug) spazieren ging. Während ich mich gedanklich mit dem Meer, meinem höheren Selbst, dem Universum, dem großen Ganzen verband, ganz tief bei mir war, vernahm ich eine Art Channeling, das mich über eine Stunde lang begleitete. Kurz bevor wir bei der nächsten Seebrücke ankamen, schwebte plötzlich eine Möwe direkt über mir und schaute mir in die Augen, als wollte sie sagen: „Breite deine Flügel aus und flieg!" Durch diesen Impuls ging ich in den nächsten Buchladen, kaufte mir ein wunderschönes Notizbuch und einen glitzernden Stift und begann zu schreiben – tat einfach das, was ich schon jahrelang vorgehabt hatte. Daraus entstand mein erstes Buch „Entdecke dich selbst und finde dein Glück" – wie von selbst, aus meiner Seele heraus. Ursprünglich sollte es „Seelengeflüster – Entdecke dein wahres Selbst" heißen, jedoch fand der Verlag, bei dem es anderthalb Jahre später veröffentlicht wurde, diesen Titel „zu spirituell".

Warum erst anderthalb Jahre später? Genau aufgrund all jener Zweifel und Miesmachereien von anderen Personen, die nicht an mich und meinen Erfolg glaubten. Glücklicherweise gab es auch einige in meinem Freundes- und Bekanntenkreis, die mir Mut machten und mich darin bestätigten, dranzubleiben. Und weil ich nicht aufgab und dem Universum bewies, dass ich es wirklich wollte, machte es mich im Januar 2017 auf einen kleinen Verlag aufmerksam, den ich zuvor nicht gekannt hatte (nachdem ich innerhalb von 5 Monaten circa 40 andere Verlage angeschrieben hatte). Zwei E-Mails, ein Telefonat, ein Gespräch vor Ort, Vertragsabschluss, Korrektorat, Buchsatz, und ein dreiviertel Jahr später war es dann soweit – einer der Gründe, warum ich meine Bücher heute im Self-Publishing veröffentliche, einfach weil es schneller geht und ich zudem die Rechte am Inhalt behalte.

So schickte mir das Universum immer wieder Zeichen und Engel auf meinen Weg – in Form von Menschen, Tieren, Impulsen,

Musik, Worten, und manchmal war es auch nur ein leichter Windhauch.

Warum erzähle ich dir das beziehungsweise schreibe es hier nieder – übrigens auch rein intuitiv, denn ich wusste anfangs gar nicht genau, was der Inhalt dieses Kapitels wird. Ich habe mich schlichtweg führen lassen und zuvor mein höheres Selbst beziehungsweise das Universum befragt, womit ich jetzt den meisten Mehrwert bieten kann. Spannend, oder? Diese Fragestellung habe ich erst kürzlich aus einem Mentoring-Kurs mitgenommen und nun darf sie direkt mit in diese Zeilen fließen – als kleiner Impuls und Unterstützung für dich...

Was, wenn alles möglich ist? Was, wenn jeden Tag Wunder geschehen? Was, wenn du das Wunder selbst bist?

Du bist einzigartig! Vergiss das nicht! Niemand trägt das Wissen und die Gaben in sich, die du hast. Du darfst sie nur noch entdecken und entfalten sowie dein Licht, deine ZauberPower in die Welt tragen – zu deinem Wohle und zum Wohle aller. Lass uns gemeinsam ganz viel Universumsglitzer und Feenstaub verstreuen!

Liebe, Licht & Energie, Diana.

DIE ZAUBERPOWER DEINER WEIBLICHKEIT

Susanne Benzing

Hallo, mein Name ist Susanne Benzing.

Ich bin Weiblichkeitsflüsterin und Wohlfühl-Spezialistin und liebe es, Frauen dabei zu begleiten, sich wieder mehr mit ihrer Weiblichkeit rückzuverbinden, um sie bereichernd für sich und ihre Umwelt einbringen zu können. Hierbei ist mein bevorzugtes Medium als Körpertherapeutin das "Geschenk".

E-Mail-Adresse: info@deine-weiblichkeit.de

Webseite: www.deine-weiblichkeit.space

Facebookseite: https://www.facebook.com/deineWeiblichkeit

Die ZauberPower deiner Weiblichkeit

Sicherlich kennst du diesen wundervollen Zustand, wenn du ganz mit deiner Weiblichkeit verbunden bist! In diesem Zustand passiert ja etwas ganz „Wundervolles" - plötzlich fühlst du dich mit Allem verbunden. Du brauchst dann nichts mehr, weil du ganz in deiner Fülle bist. Doch plötzlich bekommst du alles, was du willst und noch viel mehr (:-). Dein Leben ist leicht, du bist zur rechten Zeit am richtigen Ort. Es fügt sich einfach alles auf wundersame Weise zu deinem Besten. Du bist im Flow und genießt einfach dein Sein. Erfreust dich an deiner Umwelt, nimmst Gewohntes neu und dankbar wahr. Genießt es, dich vertrauensvoll hinzugeben, und fühlst dich angenommen, eingebunden und trotzdem so frei. Es durchströmt dich diese ganz besondere Energie – deine Weiblichkeit.

Du fühlst dich zentriert und ruhst in dir – oder so konträr wie die Weiblichkeit nun mal sein kann – das prickelnde Gefühl der Lebendigkeit, das dir auch ein Gefühl der unbestimmten Vorfreude gibt. In diesem Zustand bist du bereit für Wunder, so dass sich dein Leben jeden Moment tiefgreifend ändern kann. Alles ist möglich, nichts muss, aber alles kann. Du bist einfach im Vertrauen, dass für dich gut gesorgt ist und du bist bereit anzunehmen. Du ruhst in dir (prickelnde Ruhe), bist wach, aufmerksam und verpasst so keines der Geschenke, die das Leben für dich bereit hält.

In dieser Verbundenheit mit dir, verschwendest du keinen Gedanken an Selbstoptimierung oder haderst mit den Umständen, denn du fühlst, dass du und alles richtig ist, wie es ist und dass das Leben dich unterstützt und will, dass es dir gut geht und du weißt, dass du alles haben kannst. In dieser Gewissheit bist du unendlich anziehend.

Ich selbst bin natürlich auch nicht immer in diesem Zustand. Leider. Früher dachte ich, es ist Zufall - ein Geschenk dies fühlen zu dürfen und dass ich darauf keinen Einfluss habe, aber das stimmt nicht. Da ich schon immer gut im Manifestieren war und viele Geschenke bekam, habe ich es beobachtet und analysiert, ob ich irgendwelche Hinweise finde, wie ich in dieses Glücksgefühl kommen kann.

Dann fiel mir auf: Es war immer dann, wenn ich mit mir zufrieden war und mich verbunden gefühlt habe. Wenn ich mir einfach erlaubt habe zu sein. Und hier liegt der große Knackpunkt - in unserer noch stark geprägten patriarchalen Struktur ist Tun angesagt und nicht s e i n.

Verstehe mich nicht falsch - ohne Tun erschaffst du nichts, es braucht beides - die männliche und die weibliche Energie, aber in unserer Welt ist es aus der Balance gekommen, es fehlt das Weibliche und zwar die Wertschätzung hierfür und diese in erster Linie von uns Frauen. Denn wir können mit der Energie zaubern und erschaffen - es fällt uns leichter, weil es uns mehr entspricht. Auf weibliche „erfüllende" Weise erschaffen. Lange Zeit habe ich auf männliche Weise erschaffen, so wie es mir beigebracht wurde.

Dranbleiben, durchboxen, fleißig sein, machen … Was soll ich sagen, ja es hat funktioniert, aber mich nicht erfüllt. Wieder und wieder habe ich es versucht und Ziele erreicht, abgehakt und auf zum Nächsten ohne wirkliche Befriedigung, immer auf der Suche.

Aber wie wird auf weibliche Weise erschaffen?

Mit der Weiblichkeit bist du im Kontakt mit der Fülle und du darfst wählen, was du nähren willst. Nehmen wir als Beispiel, du wünschst dir ein Kind.

Dein Körper bereitet sich darauf vor, zu empfangen, du gibst deinem Wunsch einen Raum. Zum richtigen Zeitpunkt wird es passieren, du bist vertrauensvoll und gibst dich lustvoll hin. Du kannst es nicht erzwingen.

Was es braucht, ist, dass du vertraust, entspannst und bereit bist, zu empfangen.

Hast du den Samen empfangen und wurdest befruchtet, ist es noch lange nicht vorbei, es fängt jetzt eigentlich erst an. Du hegst und pflegst, idealerweise hörst du gut auf dich, was dir gut tut, denn das tut auch deinem Baby gut.

Du weißt, dass es wächst und zum rechten Zeitpunkt auf die Welt kommt, und auch hierfür bereitest du dich vor und schaffst einen Raum für dein Baby, wo es sich wohl fühlt und wo es alles bekommt, was es braucht. Das Erschaffen ist eng mit deinem Sein und Wohlbefinden verbunden.

Die weibliche Weise zu erschaffen, ist daher Raum gebend, prozess- und erlebnisorientiert und nicht vordergründig zielorientiert.

Daher ist es für uns Frauen sehr wichtig, zu wählen, was wir letztlich nähren wollen, wem oder was wir Raum geben wollen, für was wir unsere Energie einsetzen wollen, damit es wachsen kann und dann sichtbar wird.

Oft wissen wir aber gar nicht, was wir wirklich wollen und verschwenden dann unsere Energie an Dinge, die vielleicht andere wollen, uns aber nicht dienen. Umso mehr wir aber mit uns und unserer Weiblichkeit verbunden sind, umso mehr Wissen wir genau, was wir wollen und das Schöne ist, dass wir damit dann auch unser Umfeld bereichern.

Wie kann ich nun die Verbindung mit meiner Weiblichkeit stärken, um das anzuziehen, was gut tut? Am einfachsten geht es über eine liebevolle Beziehung zu deinem wundervollen Körper (wenn du magst gerne auch Körperin). Ich mag am liebsten die Begriffe: dein Zuhause beziehungsweise dein Geschenk.

Dieses wundervolle Besondere, das dir ermöglicht zu handeln und die Welt auf so vielfältige genussvolle Weise zu erfahren. Mit deinen Sinnen werden dir gleich 5 verschiedene Möglichkeiten des Erlebens geboten. Darüber hinaus funktioniert es im Großen und Ganzen weitgehend, ohne dein aktives Zutun.

Dein Herz schlägt, dein Atem kommt und geht und und und ... Ja und wie danken wir diesem Geschenk, das uns so gut begleitet und versorgt?

Wir nörgeln an ihm herum. Und neuerdings schnippeln wir auch an ihm herum, um ihn zu optimieren nach unseren Vorstellungen. Aber das ist nicht deine Schuld. Als Kind warst du noch weise und ganz begeistert von dir.

Es war spannend, dich zu erforschen und zu erkennen wie wunderbar du bist, und wie viel es zu erleben gibt. Deshalb möchte ich dir nun ein paar Inspirationen geben, wie du wieder dahin zurückkommen kannst. Denn eine Frau, die mit sich in

Kontakt ist + sich annimmt, ist strahlend und besitzt diese besondere Faszination, die ungemein anziehend ist - ganz egal wie sie aussieht. Komm zurück zu dir – lass los und entspanne dich.

Beobachte einfach deinen Atem, er ist wunderbar – du musst nichts tun – nimm einfach wahr wie er ein- und wieder ausströmt.

Freue dich, wie gut für dich gesorgt wird. Gib dich einfach der Erfahrung vertrauensvoll und neugierig hin. Mach diese kleine Übung immer mal wieder über den Tag verteilt und lasse dich überraschen was passiert. Nimm dich wahr - berühre dich, streichle deine Hände, deinen Arm, dein Gesicht liebevoll, aufmerksam und sanft und nimm wahr was es mit dir macht. Angenehme Berührungen schütten ein Wohlfühlhormon aus, das Verbindung schafft und dich entspannt.

Übung - das hässliche Entlein

Gibt es etwas was dir nicht an dir gefällt?

Das ist dein hässliches, trauriges Entlein: Gib Ihm liebevolle Aufmerksamkeit, tröste es, mach ihm Mut.

Du weißt ja, was aus dem hässlichen Entlein wurde: ein wunderschöner Schwan.

Lasse dich überraschen!

Tipp: Mache dein Makel zu deiner Marke (es ist dein Besonderes)

Deine 5 Minuten - einfach Sein. Nimm dir jeden Tag mindestens einmal 5 Minuten für dich, wo du einfach nichts tust!!!

Lasse dich davon nähren.

Es würde mich freuen, wenn du die Übungen ausprobierst und sie dein Leben bereichern würden, indem sie dich mehr und mehr mit dir verbinden und dich mit dir gut fühlen lassen. Denn wenn du ganz in dir ruhst, spürst du, wie wundervoll du bist.

Dann bist du verbunden mit der Quelle, die dir gerne jegliche Fülle schenkt. Ich segne deine Weiblichkeit. Lass es dir einfach gut gehen und genieße diese wundervolle Welt! Das ist der schönste Dank, den du schenken kannst.

Alles Liebe! Susanne

DER RUF MEINES HERZENS

Karin Pilz

Karin Pilz hat sich ihren Traum erfüllt und lebt heute am Mittelmeer in ihrer Wahlheimat Zypern. Als Expertin für emotionale Unabhängigkeit begleitet sie weibliche Führungskräfte und Coaches zur glücklichen Beziehung mit erfolgreicher Karriere.

An ihren deutschsprachigen Online-Programmen, sowie VIP-Mentorings live auf der Sonneninsel Zypern, nehmen Frauen aus allen Ländern der Welt teil.

Sie führt Frauen in ihren Selbstwert und ihre wahrhafte Größe, in den Urzustand der universellen Liebe. Sie birgt mit ihnen gemeinsam, ihre Talente und Begabungen sowie wohlwollende Beziehungen zum Wohle aller zu kreieren und zeigt ihnen, wie sie eine tief erfüllende Partnerschaft erleben und dabei ihre beruflichen Ziele realisieren.

E-Mail-Adresse: support@karin-pilz.de
Webseite: https://coaching.karin-pilz.de
Facebookseite:
https://facebook.com/LiebesglueckfuerBusinessfrauen

DER RUF MEINES HERZENS

Wir schreiben das Jahr 2016.

Von außen betrachtet läuft mein Leben großartig – wie im Bilderbuch.

Ein wundervoller Mann, ein traumhaft schönes Haus im Grünen, mein Wunschbusiness mit großartigen Räumen in unserem eigenen Haus, tolle Freunde und auch mein bereits in die Jahre gekommenes Seelenpferd, ist noch immer an meiner Seite.

Es schien alles perfekt.

Es schien genauso zu sein, wie man sich wünscht, alt werden zu können.

Es schien, als hätte ich es geschafft, alles erreicht.

Und faktisch war es das auch. Ich hatte das Leben, was sich viele Menschen wünschen. Doch dann war da in mir noch so eine Stimme, die sich immer wieder quälend zu Wort meldete, mitten hinein in dieses perfekte Leben.

Es war wie ein Flüstern, das über die Jahre immer lauter wurde. Immer öfter meldete sie sich zu Wort und immer präsenter wurde mir, dass ich zwar ein sehr gutes Leben lebe, doch nicht wirklich glücklich, nicht wirklich innerlich zutiefst erfüllt bin mit meinem Leben.

Lange Zeit schob ich diese innere Stimme beiseite, packte sie in die hinterste Ecke meines Herzens ... denn ich wusste, wenn ich ihr den Raum geben würde, sich zu entfalten, würde das nicht ein bisschen Veränderung bedeuten, es würde ein Erdbeben geben.

Und so kam es auch.

Sommer 2016, irgendwann im August.

Mein Telefon klingelt und eine liebe Kollegin ist am Apparat. Nach einem kurzen "Wie geht's" kommt sie auf den Punkt und erzählt mir von einem Seminar auf Zypern, bei dem ich unbedingt dabei sein sollte, mich jedoch schnell entscheiden müsse.

Ok, ich kann sehr spontan sein und da war auf einmal eine unglaublich kribbelige Energie in mir. Ich fühlte mich wie Dornröschen nach ihrem Jahrhundertschlaf... Aufregung, Vorfreude, Aktion!

Nach einem kurzen Telefonat mit dem Veranstalter sagte ich zu.

Kurze Zeit später meldete sich mein innerer Quatscher zu Wort und fragte mich so was wie „Bist du noch ganz bei Verstand? Du weißt nicht mal wo Zypern liegt, kennst nichts von dieser Insel, bist noch nie alleine geflogen und weißt eigentlich auch gar nichts über dieses Seminar!"

Ähm, ja stimmt.

Ja, es war vollkommen unlogisch, einfach zuzusagen, doch da war dieses Feeling – ich wusste einfach, ich muss da hin! Ich war vollkommen im Vertrauen und spürte eine unglaubliche Lebensfreude, die ich lange nicht hatte.

Es war die einschneidendste Spontanentscheidung meines Lebens. Meine innere Stimme hat mich geführt, es hat sich total richtig angefühlt und ich hatte so große Lust auf dieses Abenteuer.

Also buchte ich mir ein Zimmer, ein Leihauto und einen Flug. Die ganze Reise war aufregend und es lief alles etwas ... na sagen wir mal „speziell". Doch ich war so aufgefüllt mit Glückshormonen und so was von bereit für dieses Abenteuer, dass mich die ganze Reise über eine stoische Gelassenheit begleitete.

Schon kurze Zeit nach meiner Ankunft bekam ich eine Antwort auf die Frage „Warum bin ich hier?".

Die Insel hat mich verzaubert, vom ersten Moment an und das hält bis heute an. Es fühlte sich an wie nach Hause kommen, nach einer sehr, sehr langen Reise und ich wollte bereits damals nie wieder weg.

10 Tage dauerte der erste Besuch auf meiner Herzensinsel und als ich zurück nach Deutschland flog, fühlte es sich an, als ob ein Stück meines Herzens auf dieser Insel blieb.

Es folgten mehrere Aufenthalte, jedes Mal blieb ich länger und jedes Mal wollte ich nicht wieder weg. Ich wusste, hier will ich leben!

Doch ich wusste auch, mein Leben, so wie es war, war nicht darauf ausgerichtet und absolut nicht geeignet dazu, in ein anderes Land zu ziehen.

Es war klar, wenn ich diesem Ruf meines Herzens folgen möchte, muss ich alles, und ich meine wirklich ALLES, in meinem Leben ändern – alles auf den Kopf stellen, alles hinterfragen und mich von Vielem trennen.

Doch mir war auch klar, wenn ich das nicht tun würde, würde ich innerlich sterben. Ich würde mich verleugnen, meine Bedürfnisse übergehen … meinen Lebensmotor abdrehen.

So hatte ich die Wahl. Ein geregeltes, planbares Leben in Sicherheit oder Abenteuer und Unsicherheit in fast allen Lebensbereichen.

Ich entschied mich für das Abenteuer und fürwahr, das war es, mehr als ich mir ausgemalt hatte.

So begann ich mein Leben auszumisten und alles so einzurichten, was mir ein Leben auf Zypern ermöglichen würde. Sehr geholfen hat mir dabei mein großer Werkzeugkoffer an ZauberPower-Coaching Tools, der sich in über 20 Jahre angesammelt hat und ein Jahrescoaching, das ich für mich gebucht hatte.

Trotzdem zeigten sich immer wieder Stolpersteine und auch gesundheitliche Herausforderungen, doch ich wusste, nur wenn ich dem Ruf meines Herzens folge, bin ich 100% mein authentisches ICH. Mein großes Ziel stand deutlich vor meinem inneren Auge und Stück für Stück veränderte ich alles.

Von einem meiner Besuche auf Zypern hatte ich mir einen Stein vom Strand mitgebracht, der geformt ist wie ein Herz. Er wurde eine Art Talisman. Er sollte mich erinnern, besonders in den Momenten, in denen ich schwere Entscheidungen treffen musste.

Noch heute finde ich bei fast jedem Strandspaziergang Herzenssteine und die Liebe zu dieser Insel wächst noch mehr, je länger ich hier bin.

Von dem Moment an, als ich den festen Entschluss fasste, auf Zypern zu leben bis zu dem Tag meines Abflugs, dauerte es 1,5 Jahre. Der Weg war holprig, doch so sehr lohnenswert.

Zwei weitere Jahre dauerte es, bis sich meinen Traum von einem Haus am Meer hier auf der Insel manifestierte. Heute lebe ich so, wie es vor ein paar Jahren noch unvorstellbar weit weg war.

Zeitgleich manifestierte ich mir meinen Wunschpartner, doch das ist eine eigene, Roman-reife Geschichte, die ich mit meinen Kundinnen in meinen Coaching-Programmen für Businessfrauen „Karriere mit Liebesglück" teile.

Mit meiner Geschichte möchte ich dir Mut machen. Mut für dich, deine Träume und Wünsche einzustehen und alles zu tun was nötig ist, sie zu deiner neuen Realität zu machen.

Vielleicht gehörst du auch zu den Menschen, die sich bisher noch zurückgehalten haben. Dann möchte ich dir sagen, sei mutig, treffe eine Entscheidung und dann go go go for your dreams. Wenn ich es geschafft habe, kannst du es auch!

Meine sieben heißesten ZauberPower-Tipps für deine schnelle Manifestation:

1. Erkenne an und akzeptiere wo du jetzt aktuell stehst.

2. Sei jeden Tag dankbar für alles, was du schon hast in deinem Leben.

3. Setze dir Ziele und kleinere Zwischenziele und feiere dich für jeden Teilerfolg.

4. Miste aus und trenne dich von allem, was du nicht mehr brauchst.

5. Trenne dich von Menschen, die dir nicht guttun!

6. Sei im Vertrauen, dass sich alles für dich entwickelt, gerade wenn es mal nicht so perfekt läuft.

7. Hole dir jemanden an deine Seite, der das Ziel, das du hast, schon erreicht hat.

Los geht's! Dreh deine ZauberPower auf, steig ein und genieße die Fahrt!

Herzensgrüße aus Zypern

Karin

WENN DU DEINEN ZAUBERSTAB SCHWINGST, WIRD ES PLÖTZLICH GANZ LEICHT

Andrea Jessen

Andrea Jessen Keller, AAA FINANZ- und IMMOBILIENEXPERTIN Consulting & Mentoring; Manifestations - und Transformationsqueen. Ich lebe und arbeite seit vielen Jahren am Zürisee. Ich verstehe mich als Koordinatorin von Herz, Geist, Seele und Körper. Ich konnte schon immer ganz viel und wollte schon immer ganz viel. Was dazu führte, dass ich viele Jahre versuchte, das Eckige in das Runde zu pressen. Heute weiß ich, dass ich damit nicht alleine dastehe. Und ich begleite Menschen auf ihrem Weg weg von der Klippe, raus aus dem Labyrinth und Kuddelmuddel, runter vom falschen Pferd, rauf auf den Berg, rein in das beste Leben wo es gibt.

Webseite: https://andreajessen.com/

Facebookseite:https://www.facebook.com/andrea.jessen.90

Wenn du deinen Zauberstab schwingst, wird es plötzlich ganz leicht

Eigentlich wollte ich einen zweiten leichten Buchbeitrag schreiben. Doch dann hat mich in einem Workshop, den ich vor kurzem mitgemacht habe, etwas eingeholt, von dem ich ernsthaft geglaubt hatte, dass ich es easy an mir vorbei rauschen lassen kann.

Schlechtes Gewissen und Schuldgefühle

Erst dachte ich - schlechtes Gewissen, Schuldgefühle - da kann ich ganz entspannt zuhören. Und dann BÄM – voll in die Falle getappt «Du musst eine gute Tochter sein». Und dann war da plötzlich ganz viel Schwere.

Wieviel unbewusste Lernsätze, was man tut oder nicht tut, ich in meiner Kindheit verinnerlicht habe, ohne mich bewusst daran zu erinnern, kann ich nicht ermessen. Aber an eine Situation kann ich mich gut erinnern.

«Wenn du dich weiterhin so aufführst und wir wegen dir streiten, sind wir in einem Jahr geschieden». Vermutlich kann sich meine Mutter nicht mal mehr an diese Situation erinnern. Mir hatte er sich jedoch eingebrannt und heute kam es mir zum ersten Mal seit langem wieder in den Sinn.

Wenn ich keine gute Tochter bin, bin ich schuld am Unglück meiner Eltern. Nix mit ZauberPower. So eins, zwei, drei... Simsalabim...

Meine Eltern haben sich nicht scheiden lassen, sondern blieben mehr als 56 Jahre verheiratet.

Spürt ihr, was die Worte Schuld, Unglück, schlechtes Gewissen mit uns machen?

Fühlt ihr euch damit handlungsfähig oder eher lahmgelegt?

Wer kennt das nicht. Man nimmt sich etwas vor und dann hält man es nicht ein. Ich habe mir z. B. vorgenommen, keine Schokolade mehr zu essen. Ich habe es genau eine Woche durchgehalten.

Ich laufe zum gefühlt hundertsten Mal an dem Stapel Bügelwäsche vorbei. Und sie ist immer noch nicht gebügelt. Die Schuhe stapeln sich im Eingangsbereich und ich drehe zum x-ten Mal das Telefon in der Hand, um jemanden anzurufen, rufe dann doch nicht an, weil ich damit rechne, zu hören «ach meldest du dich auch mal wieder».

Es ist jeweils nicht viel. Doch jedes Mal ein winziger kleiner Stich – ein Funke von schlechtem Gewissen und ein immer wiederkehrender Störfaktor. Denn der winzige negative Gedanke ist bei jedem Mal Vorbeigehen an der Schokolade, an der Bügelwäsche und am Telefon dabei.

Und wenn wir das ständig und immer wieder tun - ein schlechtes Gewissen haben und uns schuldig zu fühlen, dann gibt es die Theorie, dass unsere Aura löchrig wird. Mein innerer Konflikt, meine «Zerrissenheit», die sich auch in der Aura zeigt. Dann fehlt uns der schillernde Umhang, der uns sichtbar und zauberhaft sein lässt. Dann fehlt uns unser Zaubermantel.

Wenn wir davon ausgehen, dass unsere Körper nicht nur eine feste Hülle als äußerste Schicht haben, sondern weitere unsichtbare (zumindest für die meisten Menschen unsichtbar), die quasi unsere Energieschichten darstellen, dann kann ständiges negatives Energieziehen / Energieräubern dazu führen, dass wir entweder ziemlich viel Kraft brauchen, um das Energielevel hoch zu halten oder eben ohne energetischen Ausgleich uns erschöpft und kraftlos fühlen.

Unsere Aura ist quasi unsere Ausstrahlung, die den Körper wolken- oder lichtkranzartig umgibt. Nach Ansicht der meisten Vertreter der Energiekörperlehre besteht diese aus mehreren Schichten, die zudem eng mit den Chakren des Menschen verknüpft sind. Häufig ist daher die Ansicht vertreten, die Aura des Menschen bestehe aus sieben Schichten, die den sieben Haupt Chakren entsprechen. Andere gehen lediglich von drei Schichten aus.

Aus energetischer Perspektive betrachtet ist der Mensch ja viel umfassender als der reine sichtbare feste Körper. Wenn man davon ausgeht, dass der gesamte menschliche Körper aus verschiedenen Schichten unterschiedlich schwingender Energie aufgebaut ist und die sichtbaren Schwingungsbereiche den sichtbaren Körper bilden und die übrigen energetischen Schichten durch unsichtbare Schwingungsbereiche (die Aura) gebildet werden, dann ist eben der gesamte Energiekörper ein zusammenhängendes Energiefeld.

Und so wie wir in unseren Zellen mit Hilfe von z. B. Glucose Energie speichern, speichern wir die Energie unserer Erfahrungen und Erlebnisse in unseren Energiekörpern.

Es sind Erklärungsmodelle, die dazu dienen, besser zu verstehen, dass wir die Summe aller unserer Teile sind und vieles davon ohne persönliches Zutun auf uns wirkt.

Schlechtes Gewissen und Schuldgefühle beschreiben einen Zustand und machen mich als Betroffenen zu einem passiven Menschen.

Woher kommt schlechtes Gewissen? In den meisten Fällen hat es nichts mit uns zu tun.

Überprüfe zum Beispiel die Situation, wo schlechtes Gewissen hochploppt, anhand der Frage: «Ist es meine Verantwortung?» Und wenn es meine Verantwortung ist, «Wie will ich es haben?»

Zurück zum Beispiel Schokolade: Anstatt ein schlechtes Gewissen zu haben, weil ich nicht eingehalten habe, keine Schokolade mehr zu essen, habe ich es für mich gedreht und so wurde aus ,keine Schokolade' im ersten Schritt ,Schokolade pur', heißt zumindest ,keine Kekse mit Schokofüllung' mehr. Das ist für mich schon mal ein Riesenschritt gewesen.

- Wenn ich eine andere Entscheidung treffen kann, kann ich auch eine andere Lösung finden.

- Wenn ich entscheiden kann, dass ich das nicht muss, dann findet sich auch eine andere Lösung.

Somit bin ich nicht mehr in einem Zustand gefangen, sondern bin wieder Handelnder und kann aktiv einwirken auf die Situation. Sobald ich nicht mehr nur Zustand = Emotion wahrnehme, kann ich die Gefühle, die mit dem schlechten Gewissen verknüpft sind und die Schuldgefühle, die mich runterziehen, betrachten, annehmen und muss nicht in der Bewertungsschleife stecken bleiben. Ich hole mir meine Kraft zurück.

Objektiv betrachtet weiß ich übrigens, dass es nicht mein Job ist, die beste Tochter zu sein. Doch die emotionalen Verstrickungen, gerade in familiären Konstellationen, sind besonders herausfordernd und langklebrig.

Hier hilft manchmal nur klare Abgrenzung. ZauberPower. Eins, zwei, drei, Simsalabim …

Einer meiner Kunden hatte folgende Situation. Seit vor einem Jahr der Vater verstorben ist, sitzt die verwitwete Mutter/Schwiegermutter mindestens drei Mal in der Woche bei der Familie im Wohnzimmer und sagt Sohn, Schwiegertochter und Enkelkindern, dass man sich nun um sie zu kümmern habe. Die Schwiegertochter leidet mehr als der Rest der Familie an der Situation. Der Sohn fühlt sich verantwortlich für seine Mutter, die Schwiegertochter empfindet es als übergriffig, da die Schwiegermutter auch ihre körperlichen Grenzen nicht respektiert, ihr den Hintern tätschelt und in den Töpfen rührt, wenn die Schwiegertochter kocht.

Inzwischen geht das Paar zur Paarberatung.

Im Austausch mit mir konnte ich bei der Kundin das Bewusstsein schaffen, dass sie für sich klärt, was nichts mit der Situation Familie – Schwiegermutter zu tun hat, sondern mit der Situation Schwiegertochter – Schwiegermutter. Dass sie im zweiten Schritt für sich Lösungen sucht, anstatt diese von den Ergebnissen der Paargespräche abhängig zu machen und in einem weiteren Schritt weg vom Außen sich auf das Innere zu verlagern, das heißt weg vom Fokus auf das, was wir nicht beeinflussen können, darauf, was in ihrem Einflussbereich liegt.

Sie konnte so das Schuldgefühl, in dem Zustand gefangen zu sein, verändern in «Was ist meine Verantwortung?».

Einer meiner Kraftsätze ist «Ich bin dafür verantwortlich, dass es mir gut geht!» Damit meine ich, dass es mir innerlich und äußerlich gut geht. Dass ich wohlwollend mit mir spreche und dass ich fürsorglich mit mir umgehe.

Und seit ich das immer öfter und besser leben kann, habe ich auch immer weniger Dilemma, wenn ich Ansprüche Dritter nicht erfülle. Denn damit habe ich auch gelernt, klarer zu sagen, was ich möchte und was ich nicht möchte.

Was nicht heißt, dass ich nicht immer mal wieder von meinen Prägungen eingeholt werde. Das ist so belastend wie «Der frühe Vogel fängt den Wurm» oder «nur wer... blablabla... kommt ins Paradies». Erstens kann mich der frühe Vogel mal und zweitens kreiere ich mir gerade mein Paradies auf Erden.

Wie habe ich nun die Schwere aufgelöst, die dieser Gedanke an die «gute Tochter» ausgelöst hat. Als erstes habe ich mich gefragt: «Ist das meins?» Und nachdem ich das Gefühl der Trauer dahinter aufgespürt hatte, konnte ich den Moment annehmen und dieses Gefühl dann ziehen lassen.

Denn was eine «gute» Tochter zu sein hat, ist ein Mix aus vielen Bestandteilen, die sich in meinem Energiesystem angesammelt haben. Sei es aus früheren Leben, aus Übernommenem von meinen Eltern und ihren Eltern und deren Eltern, mitgebrachtem Rucksack ins irdische Leben, Gehörtem, Aufgesaugtem, Eingepauktem, Aufgeschnapptem, Erlebtem und selbst Ausgedachtem.

Ein bunter Mix an Karma, Gedankenformen, Emotionen im feinstofflichen Energiesystem.

Je nachdem, wo sich das schlechte Gewissen und die Schuldgefühle in unserem System festsetzen, gibt es dann auch körperliche Symptome. Also meine Bitte an alle. Hört auf euren Körper, wenn er euch etwas mitteilt und wartet nicht erst, bis er in die Verweigerung geht!

Zähne zusammenbeißen, Last auf den Schultern tragen, Magenbrennen sind ganz deutliche Symptome, dass unser System nicht «happy» ist. Durch negative Gedanken bremsen wir uns häufig selbst aus.

Dabei steckt so viel Potential in uns, das gelebt werden will ... Und das Schöne an der «raus aus der Schuldgefühl-Falle» ist, dass wir dabei ganz viel Schönes und Neues kennenlernen dürfen.

Schuldgefühle sind nämlich negative Emotionen und Gedanken, die durch Handlungen oder Vorstellungen entstehen, die wir als Abweichung von unseren Wertmaßstäben interpretieren. Und das basiert auf der negativen Bewertung eines jeweiligen Verhaltens. Und die Wertmaßstäbe sind wiederum die uns anerzogenen. Meine heutigen sind nicht mehr die gleichen wie vor 10 Jahren.

Und um aus dem Zwiespalt rauszukommen, können wir uns die vielen positiven Emotionen und Gedanken zu Nutze machen, die die Emotionspalette bietet. Hier seien als Erstes Glück und Freude genannt. Dazu gehören auch Akzeptanz, Zuneigung, Anerkennung, Wohlbefinden, Liebe, Spaß, Begeisterung, Hoffnung, Humor, Motivation, Leidenschaft und Zufriedenheit.

Wow, so viele. Positive Emotionen beziehen sich auf angenehme Gefühle.

Und der Vorteil von positiven Gefühlen ist außer, dass sie sich angenehmer anfühlen, dass sie die Aufmerksamkeit steigern, das Gedächtnis, das Bewusstsein fördern, sondern uns eben auch möglich machen, dass wir uns Dinge besser merken können. Wenn wir positiv gestimmt sind, können wir uns viel besser mobilisieren.

Also dann, nix wie los!! Eins, zwei, drei, Simsalabim ... Magische ZauberPower!

Wenn wir entspannt sind, gelingt das meistens auch ganz gut. Doch was machen wir in der Akutsituation? Dann, wenn es sich eben genau grade eng, heiß und extrem bedrängend anfühlt und uns die Schuldgefühle wirklich einschränken?

Mir hilft da so zu tun, als ob ich neben mir stehe. Und mich von außen betrachte. Mir zuraune «Das ist spannend, aber ist das wirklich wahr?»

Mit der Frage «Ist das wirklich wahr?» sagen wir schon mal STOP zum Auslöser des Schuldgefühls.

Bin ich wirklich egoistisch, wenn ich mich um mich selbst kümmere?

Ist mein schlechtes Gewissen berechtigt oder bremst es mich lediglich aus?

Ist es wirklich wahr, dass ich keine Zeit für mich haben darf? Oder darf ich mir erlauben, Zeit für mich in meinen Alltag einzubauen?

Ist es wirklich wahr, dass andere wichtiger sind und ich als Letztes komme?

Gerade in herausfordernden Zeiten fühlen wir uns mit Fragen, die uns und unsere Befindlichkeiten betreffen, oft allein. Wir trauen uns nicht, uns zu wehren, wenn wir glauben, dass man uns etwas zu «Unrecht» aufbürdet. Fangen an, an uns zu zweifeln, werten uns ab oder wissen einfach nicht, wie wir dieses innere Dilemma lösen sollen.

Rundherum fordert unser Umfeld regelmäßig viel Aufmerksamkeit. Im Job, im Alltag, die Familie. Und zu alldem haben wir vielmals Angst vor Ablehnung oder drohen zu ersticken – an der großen Verantwortung, die vermeintlich auf unseren Schultern lastet.

All das sind Faktoren, die von außen nach innen, von unserer Umwelt auf unser Inneres wirken. Die drängen uns in die Defensive.

Wenn es gelingt, die Entscheidungskraft wieder zurückzuholen - zu mir, nach innen, in mich, weg vom vermeintlich unabänderlichen Äußeren, dann kann ich etwas tun. Ich bin die Kraft. Ich bin der Akteur. Und nicht mehr «ich lasse geschehen».

Um diese innere Balance zu schaffen, ist es ausschlaggebend, mit sich selbst wohlwollend und wohltuend umzugehen. Das kann man z. B. erreichen, indem man neue Routinen und Rituale einführt, die gut für den Körper, die Seele und den Geist sind. Die uns selbst helfen, nicht zu kurz zu kommen. Denn bei aller Liebe, nur wenn wir liebevoll mit uns selbst sind, strahlen wir das aus und können andere damit anstecken! Komplimente, Fürsprache und Fürsorge für sich selbst helfen uns wieder zurück an unseren Kern – unsere Intuition – zu kommen. Und das ist magisch.

Hier ein paar Beispiele für «SELFCARE», die sehr wirksam und wertvoll sind:

Ressourcentraining:

Ich entscheide mich, ab sofort und jeden Tag extrem coole Ideen zu empfangen, die mich, mein Leben, meine Umwelt und Umgebung und meine Liebsten bereichern. Ich treffe diese Entscheidung. JETZT.

Gehe zur Haustüre und öffne sie und lade die extrem coolen Ideen ein, zu dir zu kommen:

«Ich entscheide mich, ab sofort und jeden Tag extrem coole Ideen zu empfangen. Ideen, die mich, mein Leben, meine Umwelt und Umgebung und meine Liebsten bereichern. Ich treffe diese Entscheidung. JETZT. Ich lade diese extrem coolen Ideen ein, kommt herein und bringt all eure Freunde mit: die lustigen Ideen, die verrückten Ideen, die unvorstellbaren Ideen und die bunten ... Ich bin bereit euch willkommen zu heißen!»

Das mache jetzt 22 Tage lang.

Ihr wisst doch. Es braucht 21 Tage, bis sich ein neues Mindset implementiert hat. Mein Geschenk an euch. Denkt es und tut es! 22 Tage hintereinander. Ohne Ausrede.

Natürlich könnt ihr eure eigenen Formulierungen finden. Achtet jedoch darauf, dass ihr so sprecht, als ob es schon so ist.

Bewegung

Gehe zu Fuß! Nimm dir Zeit, neue Wege zu entdecken, jeden Tag mindestens 10 Minuten flott marschieren; Treppe anstatt Aufzug; Geh' raus ins Grüne, mach mal einen Umweg. Wir tanzen z. B. in unserer Küche (da kommen Bewegung und Heiterkeit zusammen und ganz viel Glitzer für das Miteinander).

Heiterkeit

Dir wird sicher etwas einfallen, das du gern tust: Sei es ein lustiger Film, Witze erzählen, Kabarett, eine Comedy Show oder ein Clown im Zirkus. Singen, TikTok-Videos, Karaoke.

Entspannung

Was tut dir gut? Sauna, ein Vollbad, Massage, Düfte im Raum, Friseur ... Was hast du dir noch nie gegönnt?

Ich hatte dieses Jahr zum ersten Mal in meinem Leben eine «Pediküre mit Lack». Ich habe mich sehr majestätisch gefühlt mit so wunderbaren Füßen!

Leidenschaft

Wofür kannst du dich begeistern? Welche Realität willst du kreieren? Wie cool ist das denn! In dieser Melodie gesprochen und Mauern einreißen – Leidenschaft sei willkommen!

Bist du bereit, dafür zu empfangen? Es ist ein Wunder, dass jeder von uns auf dieser Welt gelandet ist, dass wir hier sind. Jetzt ist die Zeit, die Wunderkräfte wieder zu aktivieren.

Ich erzähle mir nicht mehr die Geschichte, dass ich nichts ändern kann. Ich glaube nicht mehr den Bullshit, der das Außen spaltet. Wieviel mehr Liebe und Wohlstand kann durch mich in die Welt?

Welche neuen Wege kannst du gehen? Unser Mindset mit prickelnden Gedanken auffüllen anstatt sich gegenseitig mit Angst und altem Schei* kleinzuhalten.

Wie schnell kannst du von A nach B kommen? Oder mit deiner Energie Herzen berühren? Erlaube dir die Magie zu sein, die du bist! Was, wenn du dir nicht mehr die Geschichten erzählst, warum und wieso etwas so ist wie es ist? Stattdessen mit prickelnden neuen Gedanken dein Mindset betankst?

Wieviel mehr Fülle kannst du erlangen? Welche Magie möchtest du in dein Leben ziehen?

Wenn du aufhörst in «wenn..., dann...» zu denken. Wenn ich groß bin, werde ich König oder Königin. Du bist schon groß und du bist bereits König und Königin!

Geh' los und beginne es zu fühlen! Nicht «wenn ich losgehe» sondern «ich gehe los»!

Ich gehe heute los und nehme nicht den Bus zur Arbeit. Ich gehe heute los und kaufe mir einen Strauß Blumen. Ich gehe los und verschenke ein Lächeln. - Und dann hat auch viel weniger schlechtes Gewissen Platz in deinem Leben!

Alles eine Frage der Übung. Also nicht vergessen. Jeden Tag eine Änderung macht in einem Jahr schon 365 und in 3 Jahren sind das schon 1095! Eins, zwei, drei, Simsalabim...

COPYRIGHT, HAFTUNGSAUSSCHLUSS UND DATENSCHUTZ

HAFTUNGSAUSSCHLUSS

Dieses Buch ist konzipiert, um Informationen in Bezug auf das behandelte Thema zur Verfügung zu stellen. Es ist Zweck dieses Buches, zu bilden und zu unterhalten.

Es wird unter der Voraussetzung verkauft, dass weder der Herausgeber noch die Autoren eine psychologische Beratung durchführen und dass die Prozesse in diesem Buch weder psychologisch noch diagnostisch sind.

Dieses Buch enthält Links zu anderen Seiten im Internet. Diese Links wurden zum Zeitpunkt der Erstellung des Buches sorgfältig recherchiert und zusammengestellt. Der Herausgeber hat keinen Einfluss auf die Gestaltung und Inhalte der verlinkten Seiten und ist nicht für den Inhalt der verlinkten Seiten verantwortlich und macht sich deren Inhalte nicht zu eigen. Ausschließlich der Anbieter der verlinkten Seiten haftet für deren Inhalte.

Diese Erklärung gilt für alle angezeigten Links und für alle Inhalte der Seiten, zu denen die in diesem Buch vorhandenen Links führen.

Weder Simone Herzog noch irgendein Verkäufer oder Importeur haftet gegenüber der Käuferin oder dem Käufer für Fehler und Schäden, die direkt oder indirekt durch dieses Buch verursacht oder angeblich verursacht wurden.

DATENSCHUTZ

Simone Herzog nimmt am Amazon EU- Partnerprogramm teil.

Amazon setzt dazu Cookies ein, um die Herkunft der Bestellungen nachvollziehen zu können.

Dadurch kann Amazon erkennen, dass du auf einen Partnerlook geklickt hast.

Weitere Informationen zur Datennutzung durch Amazon findest du in der Datenschutzerklärung von Amazon:

https://www.amazon.de/gp/help/customer/display.html/ref=fo oter_privacy?ie=UTF8&nodeId=3312401

Printed in Poland
by Amazon Fulfillment
Poland Sp. z o.o., Wrocław